Alexandra Laignel-Lavastine

Esprits d'Europe

Autour de Czeslaw Milosz, Jan Patočka, István Bibó

*Essai sur les intellectuels
d'Europe centrale au XXᵉ siècle*

Gallimard

*À nos « enfants d'Europe »,
à Joachim,
Luna & Roman…*

*et à la mémoire de Karel Bartosek
et Haymo Kindler*

Introduction

LE CONTINENT IMMERGÉ

Dans ses célèbres conférences prononcées à Vienne et à Prague en 1935, Edmund Husserl, déjà interdit de parole par les nazis, nous avait prévenus : la crise de l'Europe n'a que deux issues. Ou bien elle « sombrera dans la haine de l'esprit et dans la barbarie ; ou bien l'Europe renaîtra de l'esprit de la philosophie ». Et de conclure : « Le plus grand péril qui menace l'Europe, c'est la lassitude[1] ».

Résultat : l'Europe fut dévastée par la haine de l'esprit et par la barbarie. Quant à la lassitude, nous n'en sommes pas loin. À moins de faire l'autruche, en effet, force est d'admettre que l'Europe réunifiée se présente à une partie importante de l'opinion comme un *nous* désespérément vide, comme une entité bureaucratique bientôt accessible aux seuls initiés. Pour autant, la construction européenne demeure, malgré ses immenses faiblesses, ce que les Européens auront fait de mieux au XXᵉ siècle.

Reste, nous dit Husserl, une issue : que l'Europe renaisse de l'esprit de la philosophie. Quel contenu, nous autres Européens de ce début du XXIᵉ siècle, pourrions-nous donner à cette proposition dont chacun sent bien à la fois la justesse et l'urgence ? Cet essai procède de la certitude que nous n'y parviendrons qu'à

---

1. Edmund Husserl, *La Crise de l'humanité européenne et la Philosophie*, édition bilingue, trad. de l'allemand par Paul Ricœur, Paris, Aubier, 1987 [1977], p. 105.

condition de nous réapproprier la part centre-européenne de notre héritage intellectuel. Les trois principaux penseurs auxquels ces pages sont consacrées – un Polonais, un Tchèque, un Hongrois – le prouvent : s'il existe quelque chose comme une Europe philosophique, une obstination à poser le problème de son sens, de sa finalité spirituelle, mais aussi des valeurs qui la fondent, c'est bien là, au cœur du Vieux Continent, en ces lieux singulièrement malmenés par le sort, que cet effort d'élucidation quant à savoir *ce qu'être européen veut dire* a été poussé le plus loin tout au long du XXe siècle[1].

Je relis la préface de l'essai écrit par Jacques Rupnik et Dominique Moïsi, *Le Nouveau Continent. Plaidoyer pour une Europe renaissante*, publié aussi, en 1991, aux éditions Calmann-Lévy. D'emblée, les coauteurs confiaient avoir entamé leur livre dans la joie et l'espoir, la chute du mur de Berlin ayant signifié pour eux comme la réconciliation du cœur et de la raison. Mais de déplorer aussitôt combien l'atmosphère s'est alors rapidement dégradée : « La célébration des retrouvailles européennes a cédé la place à un climat de lendemain de fêtes[2] », observent-ils dès la fin 1990.

Deux décennies plus tard, alors que nous célébrons en grande pompe le vingtième anniversaire de la chute du mur de Berlin, avons-nous su pour autant puiser auprès des artistes et des intellectuels hier persécutés de

---

1. Sur ce point, je me permets de renvoyer à mon article : « La dissidence peut-elle encore nous aider à penser l'Europe ? », *in* Patrick Savidan (dir.), *La République ou l'Europe ?*, Paris, Le Livre de poche/Grasset, 2004, p. 251-281.
2. Dominique Moïsi, Jacques Rupnik, *Le Nouveau Continent. Plaidoyer pour une Europe renaissante*, Paris, Calmann-Lévy, « Liberté de l'esprit », 1991, p. 11.

l'ancien Rideau de fer de quoi réenchanter l'Europe ? Ce n'est pas certain et c'est ce à quoi ces pages voudraient contribuer.

ÉCOUTER « L'EST »

L'inspiration, l'imagination nous ont manqué pour faire de l'Europe notre dernière utopie et lui insuffler un supplément d'âme ? Il nous aurait suffi – il nous suffirait – de tendre l'oreille, la gauche surtout, pour entendre la réflexion, extraordinairement riche et exigeante, dont l'idée d'Europe n'a cessé, des années vingt aux années quatre-vingt, de faire l'objet parmi un certain nombre de penseurs de l'autre Europe.

Dans mon dernier ouvrage, *Cioran, Eliade, Ionesco. L'oubli du fascisme* [1], j'avais exploré la part obscure de cet héritage. Celle qui avait pu conduire des intellectuels de la stature d'un Mircea Eliade ou d'un Cioran à céder, dans la Roumanie des années trente et avant leur arrivée en France, à la tentation fasciste, nationaliste et antisémite qui, entre les deux guerres, emporta de nombreux clercs de la région. En contrepoint, le dramaturge Eugène Ionesco incarnait, lui, une pensée ouverte sur l'universel, pour laquelle être européen signifie toujours souscrire à une culture de la mise à distance de soi, du questionnement, de la confrontation critique à ses propres traditions. Dans le prolongement de cet esprit, et après sa part d'ombre, je me

1. Alexandra Laignel-Lavastine, *Cioran, Eliade, Ionesco. L'oubli du fascisme*, Paris, PUF, « Perspectives critiques », 2002.

suis cette fois attachée à mettre au jour la part *lumineuse* de ce que j'appellerais l'héritage philosophique de l'autre Europe.

Des héros de notre temps

Comment faire en sorte que l'homme ne puisse plus, à l'avenir, «tout faire de l'homme» (Gombrowicz)? À cette question, de nombreux intellectuels d'Europe centrale ont consacré leur œuvre, leur engagement, leur vie même. Aussi est-il plus que temps de redécouvrir cette formidable communauté d'esprits dominée par trois figures emblématiques. Trois hommes debout au parcours exemplaire, qui comptent aussi parmi les plus grandes consciences de notre temps.

Le poète et essayiste polonais Czeslaw Milosz (1911-2004), prix Nobel de littérature en 1980, à qui l'on doit la notion même d'«autre Europe» et dont l'œuvre est de part en part hantée par la tragédie du XXᵉ siècle. Le philosophe et opposant tchèque Jan Patočka (1909-1977), mort assassiné à Prague par la police politique, et qui fut, avec Václav Havel, le premier porte-parole de la Charte 77 pour les droits de l'homme et les libertés démocratiques. Son souci majeur — comment rendre à nouveau visible le sens de «l'héritage européen»? — reste plus que jamais le nôtre. Même préoccupation chez István Bibó (1911-1979), sans doute le moins connu des trois. Penseur politique hongrois et héros de la révolution de 1956, son analyse visionnaire des «hystéries collectives» qui secouent à intervalles réguliers les sociétés européennes ont pris, depuis le 11-Septembre, une résonance nouvelle. Dans les années soixante-dix/quatre-vingt, leur impact fut considérable sur l'intelligentsia de l'ex-Europe de l'Est déçue par le marxisme. Au-delà, la tentative de ces trois phares de la dissidence en vue de repenser en profondeur les fondements éthiques de la civilisation européenne se révèle d'une fascinante actualité. Elle n'est pas derrière nous. Elle est devant nous. Avec Milosz, Patočka et Bibó, l'Europe centrale – mieux : l'Europe tout court – trouve sans doute son expression philosophique, morale et politique la plus accomplie et la plus achevée. Le ferment d'une future Europe de la pensée.

C'est donc autour des idées, du parcours et du rayonnement de ces trois passagers emblématiques du siècle que nous avons choisi d'organiser notre propos. Entre histoire des idées, biographies intellectuelles et diagnostic sur le temps présent, nous avons retracé leurs itinéraires hors du commun tout en restituant, en arrière-plan, l'époque dramatique qui les a façonnés. Trois pôles, en quelque sorte, autour desquels nous ferons entendre, en écho, de nombreuses autres voix d'Europe centrale. Les unes célèbres, de Kafka à Kundera en passant par Václav Havel, Imre Kertész (prix Nobel de littérature 2002) ou le philosophe Leszek Kolakowski ; les autres moins, qu'il s'agisse de l'écrivain polonais Kazimierz Brandys ou de l'essayiste pragois Ivan Klíma. Nous souhaitons par là faire ressortir correspondances souterraines, affinités électives [1] et

---

1. Nous empruntons cette notion, appliquée à la sociologie des faits culturels, à Michael Löwy, dans son ouvrage *Rédemption et Utopie. Le judaïsme libertaire en Europe centrale*, Paris, PUF, « Sociologie aujourd'hui », 1988. L'auteur y met remarquablement en lumière l'existence d'un courant particulier du monde culturel juif de la Mitteleuropa incarné par des auteurs dont les écrits puisent en même temps à des sources allemandes (le romantisme) et

influences réciproques, de Musil à Milosz et de Husserl à Patočka, de Hannah Arendt à Arthur Koestler (né à Budapest), ou de Max Weber à Zygmunt Bauman, l'auteur de *Modernité et Holocauste*[1], quant à lui originaire de Varsovie.

D'où vient que ce continent englouti de la culture européenne soit passé, à l'Ouest, quasi inaperçu ? De ces grands témoins hantés par le crépuscule de l'Europe et par la question du Mal en politique, le public aura assurément lu certaines œuvres, tantôt réexhumées à la faveur de la mode « Vienne-fin-de-siècle », tantôt découvertes lors de l'épopée dissidente, effet Solidarność aidant. Un intérêt, donc, mais point de vision d'ensemble. Quel rapport entre *L'Homme sans qualités* de Musil (1930) et *Le Zéro et l'Infini* de Koestler (1945) ? Entre *Le Procès* de Kafka (1926) et *La Pensée captive* de Milosz (1945) ? Entre *Divorce à Buda* de Sándor Márai (1935) et *La Valse aux Adieux* de Kundera (1975) ? Champ éclaté, références éparses : cette réception a du coup largement empêché de saisir ce qui fait à la fois l'unité, la spécificité et l'universalité de la pensée centre-européenne.

---

juives (le messianisme). Parmi eux, Franz Kafka, Walter Benjamin, György Lukács, Ernst Bloch, Erich Fromm ou Franz Rosenzweig : « Ce n'est qu'à une époque historique déterminée – la première moitié du XXᵉ siècle – et dans une aire sociale et culturelle précise – l'intelligentsia juive d'Europe centrale – que cette homologie ou correspondance, observe-t-il, devient *dynamique* et prend la forme, dans l'œuvre de certains penseurs, d'une véritable *affinité élective* entre messianisme et utopie libertaire. » (p. 31)

1. Zygmunt Bauman, *Modernité et Holocauste*, trad. de l'anglais par Paule Guivarch, Paris, La Fabrique, 2002.

L'expérience centre-européenne :
un « trésor sans prix »

En quel sens parler d'une pensée centre-européenne? Nous ne nous risquerons pas à trancher ici
l'indécidable question de savoir où commencent les
frontières de l'Europe centrale et où précisément elles
finissent. Nous laisserons également de côté le problème de savoir s'il vaudrait mieux parler d'Europe du
Centre-Est ou d'Europe danubienne, à moins que les
notions de « deuxième » Europe ou d'Europe médiane
ne soient plus appropriées. Vaste débat, qui a déjà
donné lieu à une immense littérature[1].

En première approximation, on peut toutefois affirmer que la Mitteleuropa désigne une aire géographique, culturelle et historique unifiée par la culture
germanique, notamment par l'Empire austro-hon-
grois. C'est sur ses ruines que la plupart des États de
la région vont gagner leur indépendance après la Première Guerre. Au cours des années trente, la région se
retrouve dans l'œil du cyclone. Ravagée par le second
conflit mondial, elle est ensuite dévorée par l'Empire

1. Pour un aperçu problématisé, voir Krzystof Pomian, « L'Europe centrale : essais de définition », *Revue germanique internationale*, n° 1, 1994, p. 9-23 ; Eugène Faucher, « Les Tchèques et l'idée
d'Europe centrale », *in* Michel Maslowski (dir.), *L'Europe du
milieu*, Nancy, Presses universitaires de Nancy, 1991, p. 69-81 ;
George Schöpflin, Nancy Wood (dir.), *In Search of Central Europe*,
Cambridge, Polity Press, 1989 ; ou encore le numéro spécial de la
revue *Hérodote*, « Europe médiane ? », n° 48, premier trimestre
1988 ; et Patrick Michel (dir.), *L'Europe médiane. Au seuil de l'Europe*, Paris, L'Harmattan, « Aujourd'hui l'Europe », 1997. Et aussi
Jacques Droz, *L'Europe centrale. Évolution historique de l'idée de
Mitteleuropa*, Paris, Payot, 1960.

soviétique. Nouvelle communauté de destin : pendant près d'un demi-siècle, l'ensemble des petits pays situés entre l'Allemagne et la Russie disparaît dans les brumes du bloc de l'Est.

C'est dire que l'Europe centrale apparaîtra surtout, à travers les penseurs réunis ici, comme le lieu d'une expérience historique et politique unique. Ainsi le philosophe tchèque Karel Kosik rappelait-il dans les années quatre-vingt-dix que « l'expérience exceptionnelle que l'Europe centrale a vécue, subie, et qui ne connaît pourtant pas encore de définition précise, est étroitement liée aux énigmes du XXᵉ siècle que sont le nazisme, le communisme, le mal de Munich ». Mais il s'agit, ajoutait cet ancien déporté en pesant ses mots, d'un « trésor sans prix »[1]. En écho à cette définition, l'Europe centrale nous intéressera d'abord en tant qu'elle fut le théâtre d'un siècle incomparablement plus meurtrier et plus dévastateur qu'à l'Ouest. En son centre, ne l'oublions pas, le siècle européen fut en effet marqué par la double expérience du nazisme puis du communisme, vécus dans leur terrifiante succession. La chose semble si évidente qu'on passerait presque à côté. Nous avons pourtant là un « patrimoine » absolument singulier qu'aucun autre continent ne partage sur cette planète. Et si de là – ou plutôt des enseignements qu'il s'agirait d'en tirer – résidait justement le socle à partir duquel reconstruire aujourd'hui une nouvelle identité européenne ?

Depuis leur séjour prolongé au cœur des ténèbres, Milosz, Patočka et Bibó nous ramènent justement

1. Karel Kosik, *La Crise des temps modernes. Dialectique de la morale*, présentation de Michael Löwy et Horacio Tarcus, Paris, Les Éditions de la Passion, 2003, p. 113.

quelques découvertes philosophiques majeures, à même de modifier notre vision de l'Europe, du monde, de l'exigence démocratique, de nous-mêmes. De notre détermination à écouter leur message pourrait bien dépendre notre capacité à donner à cet espace politique inédit qu'est l'Europe réunifiée l'impulsion qui lui fait si cruellement défaut. « Il faut parfois descendre au fond du puits pour voir les étoiles », assurait ainsi Václav Havel, qui fut l'élève de Patočka, dix ans avant la chute du communisme.

UNE CONSTELLATION INTELLECTUELLE

En cela, on peut aussi entrer dans cet essai comme on partirait à la découverte d'un continent immergé ou encore mal identifié de notre culture – une sorte de « royaume de l'esprit » qui nous aurait jusqu'à présent échappé. Milosz, Patočka et Bibó participent en effet d'un univers culturel que nous avons tenté de reconstituer à la fois en amont et en aval. Un univers qui autorise, nous semble-t-il, à parler d'une véritable constellation intellectuelle ou d'une « communauté des ébranlés », selon la formule chère à Jan Patočka – ébranlés dans leur foi en le jour, la vie, la paix.

Un Polonais, un Tchèque, un Hongrois.
Et trois générations

Trois générations se croisent et s'entrecroisent ainsi dans ces pages. La première est composée d'écrivains « habsbourgeois » nés dans le dernier quart du XIXᵉ siècle, dont certains appartiennent à ce qu'on a coutume d'appeler la culture judéo-allemande[1]. Songeons à la pléiade des grands romanciers centre-européens, à Kafka bien sûr, mais aussi à Joseph Roth, Robert Musil, Karl Kraus, Hermann Broch ou Jaroslav Hašek, l'auteur du *Brave soldat Chvéïk*. Avec eux, l'Europe centrale s'impose comme une sorte de « laboratoire du crépuscule » (Kundera), comme le lieu d'où nous furent révélées quelques-unes des contradictions majeures opérant au sein même de la « maison modernité ». Tous ont pressenti avec une extraordinaire lucidité la déshumanisation potentielle induite par l'identification de la Raison à l'impersonnalité de l'uniforme, à l'anonymat de la loi, à la neutralité de l'État et des appareils bureaucratiques toujours enclins à évoluer « par-delà le bien et le mal »[2]. Comme si le *rationnel* et l'*impersonnel* étaient synonymes, comme si l'universel ne pouvait se conjuguer qu'à la troisième personne du singulier. Partant de ce constat, une interrogation lancinante traverse leurs écrits : comment repenser l'universalisme européen afin qu'il ne puisse en aucun cas arracher l'individu au « je » et au « tu », à la responsabilité de ses actes et au monde partagé avec d'autres ?

La deuxième génération, qui s'inscrit pleinement dans le sillage de ces mises en garde trop peu entendues, est précisément celle de Milosz, Patočka et Bibó, parvenus à l'âge adulte dans les années trente. Elle est

1. Sur ce point, voir Jacques Le Rider et Fridrun Rinner (dir.), *Les Littératures de langue allemande en Europe centrale, des Lumières à nos jours*, Paris, PUF, « Perspectives germaniques », 1998.
2. Sur ce point, voir l'essai de Václav Belohradský, « La précession de la légalité ou l'empire d'Autriche comme métaphore ». *Le Messager européen*, nᵒ 1, Paris, POL, 1987, p. 249-278.

au cœur de cet ouvrage. Tout en se réclamant de l'esprit européen, ces hommes ont rien de moins que jeté les bases d'une nouvelle culture politique, bouleversant largement les modèles traditionnels. Ce qui les rassemble ? Une manière inédite de conjoindre un point de vue moral et humaniste radical à une fidélité jamais démentie, bien que toujours critique, à l'héritage des Lumières. Fidélité critique au sens où les esprits centre-européens les plus créatifs de cette génération partagent un regard impitoyablement démystificateur sur le totalitarisme certes, mais aussi, et plus largement, sur les promesses avortées de la civilisation moderne dans son ensemble. Du moins toutes les fois que celle-ci s'autorise à dissoudre les impératifs éthiques les plus fondamentaux dans la logique inexorable de la Révolution du Marché, de la Technique ou de la Croissance.

On pourrait ainsi avancer que l'originalité de ces penseurs a consisté à faire *passer à gauche* (non communiste s'entend) deux grands thèmes. À gauche, la critique de la modernité technique, dont le communisme tardif incarnait à leurs yeux la pointe la plus avancée, la rencontre historique, en somme, de la dictature et de la société de consommation. Une critique émise, autrement dit, au nom même des vertus émancipatrices de la modernité politique. À gauche encore, la problématique morale : soit l'idée que la conscience individuelle constitue, de nos jours, l'instance subversive par excellence. Par leur insistance sur *l'horizon éthique de la démocratie* et leur plaidoyer en faveur d'une politique de la conscience soucieuse de se placer sur un terrain avant tout existentiel, ces penseurs ont bel et bien quelque chose d'essentiel à nous offrir s'agissant de nous orienter dans le monde, ou plutôt dans le chaos contemporain.

On distingue enfin une troisième génération, formée d'hommes nés pour la plupart aux alentours de la Seconde Guerre mondiale, soit la génération des opposants ou des «dissidents», ceux qui occuperont le devant de la scène au cours des années soixante-dix/quatre-vingt. Ils sont présents dans ces pages dans la mesure où Milosz, Patočka et Bibó feront figure, parmi eux, de maîtres à penser.

Dans un célèbre essai de 1986 intitulé «L'Europe centrale existe-t-elle?», l'essayiste américain Timothy Garton Ash rapprochait ainsi trois noms : ceux d'Adam Michnik, de Václav Havel et de György Konrád. Là encore, un Polonais, un Tchèque et un Hongrois. Et de remarquer que ces intellectuels dissidents partagent «un certain ensemble d'attitudes, d'idées et de valeurs qui fait d'eux un groupe assez nettement caractérisé[1]», les distinguant de ceux qu'on pouvait par exemple rencontrer à Paris, à Londres ou à New York. L'auteur de *La Chaudière* résumait cette communauté de vue en soulignant que ces résistants de l'intérieur posaient d'abord «non pas la question de l'État et de la société, mais celle de l'être humain individuel – de ce qui touche à sa conscience, de sa "subjectivité", de son devoir de vivre selon la vérité, de son droit à vivre dans la dignité[2]».

Sur l'importance de cette pensée dissidente, écoutons Milosz lui-même qui en fut l'un des inspirateurs et qui, de son exil californien, écrivait en 1982 : «Il me semble depuis longtemps que, s'il existe encore un espoir sur le continent européen, il se cache dans les

1. Timothy Garton Ash, *La Chaudière. Europe centrale 1980-1990*, Paris, Gallimard, «Témoins», 1990, p. 197.
2. *Ibid.*, p. 200.

possibilités, artificiellement réprimées, des pays situés entre l'Allemagne et la Russie, dans cette deuxième Europe qui, au cours des dernières décennies, s'est mise à regarder la première sans admiration[1]. »

Air de famille et affinités électives

Il pourrait paraître audacieux, voire paradoxal, de regrouper sous le même toit des personnalités aussi diverses, de surcroît issues de générations différentes. Ce qui frappe, pourtant, c'est bien un air de famille. Un destin partagé, marqué ou non par l'exil mais toujours par l'épreuve du XXᵉ siècle. Un destin, un ton et un style, souvent à mi-chemin entre essayisme et littérature. Ce qui relie par ailleurs ces trajectoires, c'est à l'évidence leur inscription dans une même aire historico-culturelle, bouleversée par les mêmes expériences collectives fondatrices. Tous ont également en commun une marginalité de l'intérieur et une identité d'*outsiders* qui confèrent à leur regard une acuité exceptionnelle. D'où, pour peu qu'on y regarde de près, l'étonnante communauté de thèmes et de préoccupations qui unit ces penseurs.

En effet, que ces intellectuels se réclament plutôt de la phénoménologie (Jan Patočka, Benjamin Fondane, Václav Havel), du marxisme critique (Karel Kosik, György Lukács, Lucien Goldmann), qu'ils s'inscrivent dans la culture protestante (István Bibó) ou relèvent de la condition juive (György Konrád, Imre Kertész),

---

1. Czeslaw Milosz, *Témoignage de la poésie*, trad. du polonais par Christophe Jezewski et Dominique Autrand, Paris, PUF, 1987 [1983], p. 6.

qu'ils soient fascinés par les hérésies (Czeslaw Milosz, Leszek Kolakowski) ou qu'ils mêlent ces différentes perspectives selon des dosages variés, comme c'est souvent le cas, un fil rouge relie leurs écrits : tous se sont efforcés de repenser de fond en comble les liens entre morale et politique, et tous ont haussé de façon décisive le conflit entre l'individu et les Pouvoirs impersonnels au rang de thème majeur de la culture européenne moderne. En cela, ils inaugurent quelque chose comme une modernité sceptique, une sorte d'«antimodernité moderne» selon Milan Kundera.

On se souvient à cet égard du fameux avertissement que Havel, en bon disciple de Patočka autant qu'en lecteur attentif de Milosz, nous adressait en 1984 : «En ce qui concerne ses relations avec les systèmes totalitaires, la plus grande faute que l'Europe occidentale pourrait commettre serait de ne pas les comprendre tels qu'ils sont en dernière analyse, c'est-à-dire comme un *miroir grossissant de la civilisation moderne* en son entier et une invitation pressante – peut-être la dernière – à une révision générale de la façon dont cette civilisation se conçoit[1]. » Si le contexte a changé (plus de régimes totalitaires à l'Est), cet avertissement n'a cessé, depuis, de gagner en pertinence : le méditer à nouveaux frais, telle devrait être la priorité philosophique de l'intellectuel dissident du XXIe, surtout s'il se trouve être européen.

---

1. Václav Havel, *Essais politiques*, textes réunis par Roger Errera et Jan Vladislav, trad. du tchèque par Jacques Rupnik *et al.*, Paris, Calmann-Lévy, «Liberté de l'esprit», 1989, p. 234.

Voilà donc plusieurs décennies que la question de l'Europe – celle de son *sens* et de sa *vocation* – se voit rouverte non pas depuis Paris, Londres ou Berlin, mais parmi les intellectuels indépendants de Prague, de Budapest et de Varsovie. Or, depuis 1989, qu'ont fait les architectes-technocrates de l'Union de ces invites pressantes à un retour sur soi de l'esprit européen ? À peu près rien. Tout juste sommes-nous capables de balbutier quelques vagues idées dès lors qu'il s'agit de se définir *contre*, en l'occurrence contre la Turquie, et bien entendu contre les États-Unis.

De l'ignorance dans laquelle les Européens de l'Ouest maintiennent la moitié « Est » de leur héritage intellectuel – celle-là même sur laquelle il s'agirait de s'appuyer –, la faute, en bonne part, leur incombe. Deux Europes, deux hémisphères d'expérience. Dans son immense générosité, l'Ouest aurait consenti à « s'élargir » vers l'Est comme on offre l'hospitalité à des parents pauvres. D'où l'Union à Vingt-Sept. Mais comme on tend la main à un prisonnier qui vient d'être amnistié, et non comme on accueille quelqu'un qui aurait quelque chose de précieux à nous apprendre.

Irak : le mépris et l'incompréhension

Conséquence : tandis que la sortie du communisme s'était partout accomplie en 1989 sous la bannière du « retour en Europe », voilà que d'un idéal fondé sur un projet de civilisation nous sommes passés à un processus consistant à exporter vers l'Est des normes juridiques et économiques. Gigantesque Bhaghavad-Gîta administrative dans laquelle il n'est plus question que de quotas, de «reprise de l'acquis communautaire» et autres laborieux rapports d'évaluation et de contrôle. Faut-il dès lors s'étonner qu'un peu partout l'enthousiasme européen s'érode? En particulier parmi ceux qu'il est très poétiquement convenu d'appeler, désormais, les PECO... pour Pays d'Europe centrale et orientale.

Un exemple récent de notre indifférence au vécu d'en face : les malentendus nés du soutien apporté par plusieurs pays de l'ex-Europe de l'Est à l'intervention américaine en Irak. L'idée que, pour eux, il s'agissait moins d'entrer dans l'Europe pour sortir de l'Amérique que d'y *rentrer* pour sortir des épreuves du XXᵉ siècle et se protéger de la Russie – cette idée ne nous a pas effleurés une seconde. Pointent là encore les leçons contrastées que les uns et les autres jugent bon de tirer des sanglantes aventures de l'histoire européenne récente, les Européens de l'Est inclinant à considérer que seuls les États-Unis sont à même de prémunir le Vieux Continent contre ses propres démons.

Peut-on absolument leur donner tort? N'oublions pas le nettoyage ethnique des années quatre-vingt-dix en Bosnie puis au Kosovo, autrement dit les pires tueries de masse que l'Europe ait connues sur son sol depuis 1945. Cette fois nous savions. Et ce n'est assurément pas notre introuvable politique étrangère commune, la mythique PESC, qui y mit un terme, mais bien deux interventions américaines. La politique exterminatrice de Vladimir Poutine en Tchétchénie? Nous savons aussi. Que fait l'Europe? Elle regarde ailleurs, ne trouve rien à redire et continue d'entretenir les meilleures relations qui soient avec l'apprenti boucher du Kremlin.

Irresponsabilité d'autant plus fascinante qu'elle se double d'une intarissable bonne conscience. Il n'y a pourtant pas de quoi plastronner, ni de quoi tancer les (ex-)Européens de l'Est, car l'impuissance satisfaite de Bruxelles, forcément, ne rassure pas. Ex-Yougoslavie, Tchétchénie : les dirigeants européens avaient là deux occasions de démontrer qu'ils ne se précipitent pas sous la table chaque fois que les circonstances les somment de prouver que l'Europe existe. Et pas n'importe quelles circonstances. « Jamais plus ! » : au lendemain de la Seconde Guerre mondiale, ces deux mots avaient quand même présidé à la naissance de l'Europe.

On comprend aussi la colère de Michnik lorsqu'un éditorialiste du journal allemand *Die Tageszeitung* annonçait en 2003 que Havel, Konrád et lui, après être apparus des années durant comme des autorités morales pour l'Europe, étaient devenus depuis des « traîtres ». La question n'est pas de savoir s'ils eurent ou non raison de soutenir Washington sur l'Irak. On peut ne pas les suivre. Mais la moindre des choses aurait été d'entendre leurs arguments. Adam Michnik explique que s'ils ont estimé « juste » la guerre entreprise contre Saddam Hussein, au même titre qu'était juste la guerre de la Pologne contre Hitler ou celle de la Finlande contre Staline, ce n'est pas que l'administration américaine de Bush leur soit sympathique, loin de là. C'est, écrit-il, parce que « nous estimons que ce qui mène à la suppression des règles humanitaires dans les relations internationales, c'est plutôt le fait de tolérer des dictatures et de passer lâchement sous silence les crimes des régimes totalitaires en Irak et en Corée du Nord, en Libye ou encore à Cuba ». En outre, soutient Michnik, il se trouve que ni lui ni Havel ni Konrád n'ont oublié l'expérience de la dictature et qu'ils ont de plus une assez bonne mémoire. D'où les leçons qu'ils tirèrent des attentats du 11-Septembre : « Comme l'assassinat de Matteotti avait dévoilé la nature même du fascisme italien, comme les grands procès de Moscou avaient montré au monde ce qu'était le régime stalinien, comme la nuit de Cristal avait dévoilé la vérité sur le nazisme hitlérien, j'ai compris en regardant s'écrouler les deux tours du World Trade Center que le monde faisait face à un nouveau défi totalitaire. La violence, le fanatisme et le mensonge ont lancé un défi aux valeurs démocratiques[1]. »

Relents d'arrière-boutique

Autre exemple : juillet 2004. Souvenons-nous : Bronislaw Geremek, personnalité de premier plan de l'ex-opposition polonaise, se porte candidat à la présidence du premier Parlement de l'Europe à Vingt-Cinq. Un symbole en soi, l'incarnation de plusieurs décennies d'un combat pour la liberté sans lequel nous n'aurions aujourd'hui ni Europe libre ni Europe réunifiée. Les députés, à l'évidence, auraient dû l'élire d'une seule voix. En cette enceinte démocratique, l'occasion rêvée pour l'Europe d'affirmer haut et fort ce qu'elle entendait être, de le dire à la face du monde et de se le dire à elle-même. La cuisine politico-politicienne prit le dessus. Et l'ancien leader de Solidarność de se voir illico renvoyé à son strapontin.

---

1. Adam Michnik, « Nous, les traîtres de l'Europe », *Libération*, 8 avril 2003.

De surcroît, et au-delà même du poids de l'histoire, que nous a répété pendant plus de trente ans ce grand historien que fut Bronislaw Geremek – et ce, dans le droit fil de Milosz, Patočka et Bibó ? Que l'identité européenne est consubstantielle à l'idée de liberté et qu'elle doit se fonder sur un travail de réflexion critique plutôt que sur la simple adhésion à une tradition. Que cet esprit critique est d'ailleurs ce qui fonde son identité même ; que celle-ci est d'abord un acte de responsabilité, mû par le souci de répondre à la question du bien et du mal dans l'héritage du passé ; et que l'héritage culturel de notre continent est aussi la clé de son avenir. Son héritage culturel, autrement dit la croyance selon laquelle agir en homme libre et intègre a toujours un sens, même si les effets de cette croyance ne sont pas toujours immédiatement visibles ou rentables. Mais cette langue n'était pas celle qui prévalait à Bruxelles. Le sera-t-elle demain ?

À ce chapitre, le vocabulaire même de l'élargissement n'est pas moralement neutre [1]. Outre qu'il eût été difficile de trouver mot plus laid et symboliquement plus muet pour désigner ce qui restera, au regard de l'Histoire, l'un des événements majeurs de ce début du XXIe siècle, il témoigne, une fois de plus, de notre arrogance envers le point de vue de « l'Est ». Après Munich puis Yalta, pour les pays naguère situés de « l'autre côté », cette échéance signifiait d'abord réparation historique. Aussi auraient-ils de loin préféré les termes

---

1. Jacques Rupnik insiste sur cet hiatus dans son étude : « Europe, les malentendus de l'élargissement », *Les cahiers de En Temps réel*, avril 2003. Voir aussi Christian Lequesne, Jacques Rupnik, *L'Europe des Vingt-Cinq. 25 cartes pour un jeu complexe*, Paris, Autrement, « Ceri-Autrement », 2004.

d'«unification» ou de «réunification». Là encore, Bruxelles fit la sourde oreille.

LE SENS DE L'EUROPE

Il s'agirait enfin de se demander quelle signification nous souhaitons donner à l'Europe. Cette réflexion n'a jamais été aussi impérieuse. Elle n'a jamais été aussi absente. Que l'Europe doive renouer avec «l'esprit de la philosophie» (Husserl), soit avec la question du sens, telle était aussi l'idée-force de Jan Patočka, référence intellectuelle dont la quasi-totalité des (ex-)dissidents se réclament. Au point que dans la tradition européenne le mot «philosophie», souligne le penseur tchèque, n'a jamais rien désigné d'autre qu'un combat d'un genre particulier – ce combat sans cesse recommencé au gré duquel l'individu tente de se libérer du quotidien, mais cherche dans le même temps à concilier cette émancipation avec la plus haute conscience de soi. La distinction entre le quotidien et ce qui sort du quotidien (la participation aux rituels, au sacré, ou encore à l'extase consumériste) est certes présente dans chaque société. Mais pour le philosophe de Prague, il revient précisément à la culture européenne d'avoir pensé la liberté sur un mode non extatique : comme devant être impérativement soumise à la responsabilité personnelle et à la raison, ouvrant ainsi sur un territoire arraché à ce qu'il nomme le démoniaque. «C'est cette lutte pour maintenir consciemment la distance avec l'asservissement au quotidien qui unit l'Europe en un sens infiniment plus profond que les liens inventés par les bureaucrates de Bruxelles[1] », rappelait, au printemps 2004, son disciple Václav Belohradsky. L'Europe de demain ne pourra advenir que dans l'espace dessiné par cette lutte.

Dans le sillage de la réflexion développée par Husserl sur la crise de l'Europe, réflexion dont la pensée dissidente s'est faite à ce jour la plus fidèle héritière, cet essai est né d'une conviction.

Ou bien l'Europe s'obstine dans une voie purement institutionnelle, économiste et comptable, et elle se destine à devenir au mieux un grand marché dominé par l'idéologie de « la Croissance pour la Croissance » (Belohradsky). C'est la voie de la colonisation du sens par les fins. Encore que l'intérêt et le bien-fondé de cet objectif-là demeurent à long terme, pour l'humanité européenne et pour l'humanité tout court, plus qu'énigmatiques…

Ou bien nous comprenons qu'il y a urgence à inverser la perspective et à inaugurer une sorte de révolution copernicienne dans notre approche de l'Europe centrale. L'écrivain hongrois György Konrád nous rappelait ainsi en 1982 que l'Europe est d'abord un état d'esprit, ou plutôt un état des esprits, dont le centre de gravité est la préservation de la dignité humaine et dont la priorité devrait résider dans la mise en œuvre d'une nouvelle « morale politique » transcendant les frontières nationales.

Si l'autre Europe pouvait apparaître dans les années quatre-vingt comme le lieu où l'esprit européen était

---

1. Václav Belohradsky, « Intermundia. Après la modernité », entretien avec Antonella Pocecco, *La Nouvelle Alternative*, vol. XIX, n° 60-61, mars-juin 2004, p. 189.

menacé d'anéantissement, elle apparaît aujourd'hui, via ses plus grands penseurs, comme le lieu de son possible relèvement.

Cet essai aura donc rempli l'un de ses objectifs s'il pouvait rendre caduc ce constat désabusé d'un intellectuel tchèque émis au début des années quatre-vingt-dix : «De nos jours, l'Europe centrale est une notion que seuls comprennent les météorologues.» Bref, s'il contribuait à ce que nous cessions enfin de regarder l'histoire de l'autre Europe et de ses penseurs comme une *autre* histoire. En 1997, Michel Winock publiait *Le Siècle des intellectuels* (Seuil). Mais *quid* du siècle des intellectuels centre-européens ?

Première partie

CZESLAW MILOSZ

Sortir du siècle de l'indifférence :
un plaidoyer désespéré
pour une autre Europe

J'ai le sentiment que ce siècle n'a jamais été raconté.
Nous essayons de l'embrasser, mais il nous échappe toujours.

Czeslaw MILOSZ

Le poète polonais Czeslaw MILOSZ, disparu le 14 août 2004 à l'âge de quatre-vingt-treize ans, s'impose comme l'un des témoins majeurs de notre temps[1]. Sa figure est aussi de celles qui viennent le plus spontanément à l'esprit dès lors qu'il s'agit de penser le destin de l'Europe. Qui est-elle ? Où va-t-elle ? D'où vient-elle ? Tandis que le continent enfin réunifié se laisse porter sans véritable impulsion nouvelle, ces questions sont aujourd'hui plus brûlantes que jamais. Mais penser l'Europe avec Milosz, qu'est-ce à dire au juste ?

Le nom de l'écrivain, couronné par le prix Nobel de littérature en 1980, est bien sûr associé à *La Pensée captive,* magistral essai sur l'asservissement des consciences dans les « démocraties populaires » de l'Est, publié chez Gallimard en 1953. La portée de cet ouvrage, parmi les plus célèbres de Milosz, excède cependant de beaucoup les seuls problèmes soulevés par la « trahison des clercs » sous le stalinisme. Le philosophe allemand Karl Jaspers ne s'y était pas trompé dans sa préface lorsqu'il remarquait en 1953 que « c'est la possibilité même de se comporter en homme qui s'y trouve mise en question[2] ». Witold Gom-

1. Voir notre article : « Czeslaw Milosz, porte-parole de la deuxième Europe », *Le Monde,* 17 août 2004.
2. Czeslaw Milosz, *La Pensée captive. Essai sur les logocraties populaires,* trad. du polonais par A. Prudhommeaux et l'auteur, préface de Karl Jaspers, Paris, Gallimard, « Les Essais », 1983 [1953], p. 8.

browicz, qui découvre *La Pensée captive* depuis son exil argentin, une lecture qui l'amène aussitôt à reconnaître en Milosz un talent de premier plan, en retient pour sa part qu'au « païen », la révolution révèle surtout « une conscience nouvelle qui peut se formuler comme suit : *l'homme peut tout faire de l'homme* »[1].

À l'Ouest, ce manifeste de liberté intérieure deviendra bientôt un classique de la pensée antitotalitaire à l'égal du *Zéro et l'Infini* (1945) d'Arthur Koestler, quant à lui né en Hongrie en 1905, six ans plus tôt que Milosz. Aussi *La Pensée captive* va-t-elle hisser son auteur parmi les tout premiers dissidents d'Europe de l'Est. Mais Milosz est également l'auteur d'*Une autre Europe*, qui paraît quelques années plus tard (1964 pour la traduction française), envoûtante méditation autobiographique mue par « le désir de faire mieux connaître l'Europe aux Européens »[2]. Le poète reviendra souvent sur cette douloureuse ambition : « L'étrangeté de la région d'où je viens et l'impossibilité où je suis de transmettre l'histoire de mon pays est l'obsession de ma vie d'émigré[3] », déclarait-il à Paris en 1987.

Comment peut-on être un Européen venu d'une autre Europe ? Telle est en effet la question à laquelle, dans ces deux livres, Milosz va tenter de répondre, réfugié en France en 1951 et brutalement confronté à cette triste réalité : l'ensemble des petites nations coincées entre l'Allemagne et la Russie vient de disparaître de la carte de l'Europe

---

1. Witold Gombrowicz, *Journal 1953-1956*, t. I, trad. du polonais, revu et complété par Allan Kosko, Paris, Christian Bourgois, 1981, p. 40. (C'est moi qui souligne.)

2. Czeslaw Milosz, *Une autre Europe*, trad. du polonais par Georges Sédir, Paris, Gallimard, 1980 [1964], p. 8.

3. Nicole Zand, « Les confins perdus de l'Europe », *Le Monde*, 15 mai 1987.

et, à l'Ouest, ce drame est passé quasi inaperçu. Soulignons d'emblée le coup de génie de l'écrivain polonais : dans les années cinquante/soixante, le fait même de parler d'une « autre Europe » à propos de ces entités incertaines englouties sous l'appellation indistincte de « satellites de l'URSS » bouleversait totalement les représentations en vigueur. Ce titre programmatique revenait de droit à réaffirmer la pleine appartenance de ces pays mal connus et de leurs capitales – dont Prague, Budapest, Bratislava, Varsovie, Cracovie ou Wilno (Vilnius) – à la culture et à l'histoire européennes, même si le cours de leur évolution avait suivi des lignes de développement très différentes de celles des grandes nations occidentales.

Une évidence qui, à l'époque, n'allait nullement de soi : il faudra attendre près d'un quart de siècle pour que la formule – « une autre Europe » plutôt que le bloc soviétique ou « de l'Est » – devienne une sorte de mot de passe parmi les intellectuels occidentaux qui, au réveil d'une longue hibernation idéologique, vont réaliser qu'une bonne partie de leur propre héritage leur avait échappé et qu'eux-mêmes s'en trouvaient appauvris. Entre autres indices de cette redécouverte de l'Europe centrale – relayée à l'Ouest au début des années quatre-vingt par l'écrivain tchèque Milan Kundera avec un essai lui aussi appelé à faire date, « Un Occident kidnappé ou la tragédie de l'Europe centrale[1] » –, on verra paraître à Paris, en 1984, une revue précisément intitulée *L'Autre Europe*. En exergue, cette phrase de Milosz : « Je voudrais montrer que dans les pays englobés par l'empire de l'Est, la vie cache bien des mystères. »

---

1. Milan Kundera, « Un Occident kidnappé ou la tragédie de l'Europe centrale », *Le Débat*, nᵒ 27, novembre 1983.

ENFANTS D'EUROPE OU FILS D'ULRO ?

Au moment où l'Europe entreprend de refaire son unité, saurons-nous enfin prêter attention à ces « mystères » et mieux entendre la voix de celui en qui Constantin Jelenski, qui fut son traducteur[1], voyait l'un des témoins les plus clairvoyants de notre temps ? D'où vient, chez Milosz, le primat absolu accordé au thème de la responsabilité morale ? Pourquoi cette inquiétude au sujet de la destinée de l'homme ? Pourquoi cette hantise du mystère du mal à l'œuvre dans l'Histoire ? Ces deux interrogations, formulées par le poète à propos des penseurs russes mais qui s'appliquent parfaitement à son œuvre, de part en part hantée par la tragédie du XXᵉ siècle, sont de fait indissociables de sa trajectoire d'Européen de l'Est. L'homme, qui se définit comme « un enfant d'Europe », nous en avertit d'ailleurs dans *Témoignage de la poésie* : « Nous appréhendons la condition humaine avec terreur et pitié, non pas dans l'abstrait, mais toujours par rapport à un lieu et une époque, une certaine province, un certain pays[2]. »

Quelle est donc cette expérience proprement *autre-*

---

1. Essayiste et critique de grand talent, ami de Milosz, Constantin Jelenski (1922-1987), dit « Kot » (le chat), dont la famille, comme celle de Milosz, était originaire du grand-duché de Lituanie, a joué un rôle central, dès les années cinquante, dans des revues antitotalitaires comme *Preuves*, mais aussi *Survey* ou *Encounter* aux États-Unis. Il représentait, dans les milieux intellectuels parisiens, une gauche laïque toujours méfiante à l'égard du national-catholicisme polonais. Il fut aussi, dans les années soixante, l'avocat et l'agent de Gombrowicz, qu'il contribua à faire connaître en France.

2. Czeslaw Milosz, *Témoignage de la poésie, op. cit.*, p. 146. (Nous utilisons pour cette citation la traduction de Tomas Venclova dans « Rédemption par la poésie », *L'Autre Europe*, nᵒ 5, 1985, p. 74.)

européenne à partir de laquelle le penseur n'aura de cesse, après la guerre, de dire et redire, dans sa poésie comme dans ses essais, son désaccord fondamental avec l'ordre actuel du monde, ou plutôt avec sa folie ? Au point, lui qui s'avoue pourtant « incurablement » européen, de nous enjoindre à aborder le siècle écoulé à la manière d'une épreuve intellectuelle et morale nous obligeant à une remise en cause radicale de la façon dont nous pensons notre civilisation.

Car cela ne fait aucun doute à ses yeux : il faut bien que quelque chose ait failli dans le projet des Lumières – s'y soit durci, dévoyé ou perverti – pour que notre époque ait pu offrir un tel spectacle de bassesse, d'indifférence et de cruauté. « Jamais auparavant on n'avait, en si peu de temps, infligé la mort à tant de millions d'êtres humains, jamais auparavant l'extermination froidement planifiée de nations entières n'avait eu à sa disposition des moyens techniques aussi perfectionnés », écrit-il dans *Visions de la baie de San Francisco*[1]. Or pour Milosz comme pour l'ensemble des penseurs réunis ici – c'est une des intuitions qui les rassemblent –, il serait à la fois vain et irresponsable de rechercher ailleurs qu'en Europe l'origine de ces catastrophes : ailleurs qu'au sein même des contradictions internes logées depuis longtemps au cœur du rationalisme européen. L'historien Bronislaw Geremek, qui fut l'une des personnalités de premier plan de l'opposition démocratique en Pologne avant d'être nommé ministre des Affaires étrangères en 1997, l'affirme avec force : « C'est bien ici, sur le sol européen, que les deux grandes idéologies totalitaires de ce siècle sont nées et se sont imposées. Ne pas

---

1. Czeslaw Milosz, *Visions de la baie de San Francisco*, trad. du polonais par Marie Bouvard, Paris, Fayard, 1986 [1980], p. 126.

nous en sentir responsables serait créer une situation très dangereuse pour l'Europe et pour l'avenir[1]. »

De Milosz à Geremek, un trait distingue d'emblée la plupart de ces intellectuels est-européens : c'est leur conscience particulièrement aiguë de l'Histoire jointe à l'extraordinaire proximité où se tient, dans leur pensée, le legs du XXᵉ siècle. Tous s'accordent ainsi pour considérer que l'identité européenne, qui depuis des décennies occupe une part essentielle de leur réflexion, est inséparable d'une éthique de la responsabilité. Tandis que les Occidentaux précipitent volontiers l'avant-1989 dans l'ère du révolu, comme si cette date venait clore une fois pour toutes la parenthèse totalitaire, les intellectuels de l'autre Europe inclinent au contraire à voir dans les deux totalitarismes les versions les plus dévastatrices et les plus extrêmes de tendances nihilistes néanmoins toujours à l'œuvre, bien que de façon souterraine, à l'intérieur même de la modernité. Prenez garde, nous enjoignait Václav Havel dans ses essais des années soixante-dix/quatre-vingt : l'Europe de l'Est pourrait être regardée comme un mémento pour l'Occident, lui dévoilant ses tendances latentes. D'où l'idée que développe encore Bronislaw Geremek à propos de la période postcommuniste, selon laquelle, dans une phase de grand bouleversement, l'Histoire doit être plus présente que jamais. Chaque fois qu'on regarde en arrière, dit-il, « c'est elle qui fixe les limites à ne pas dépasser, c'est elle, d'une certaine façon, qui dessine l'avenir par opposition au passé[2] ».

Dans le même esprit, Milosz allait jusqu'à dire au début des années quatre-vingt que l'opposition Est-Ouest mas-

---

1. Bronislaw Geremek, Juan Carlos Vidal, *L'Historien et le Politique* (entretiens), Montricher (Suisse), Noir sur blanc, 1999, p. 75.
2. *Ibid.*, p. 140.

quait quelque chose d'essentiel. Pourquoi ? Parce que « les vertus démoniaques de la civilisation du XXᵉ siècle restent cachées [dans cette opposition] et que ce qui n'est qu'un symptôme est donné pour la cause de la maladie [1] ». Ce serait également commettre une erreur, soutient-il toujours dans *L'Immoralité de l'art*, que de reléguer la première moitié du siècle dans la rubrique « passé ». Sa voix prend ici un tour presque prophétique : « Tout indique que le monde des camps de concentration ne fut et n'est toujours que la première des formes prises par le Léviathan émergeant des eaux primordiales, l'État omnipotent, la Bête de l'Apocalypse. Les hommes qui se trouvèrent pour la première fois confrontés à lui en tant que réalité sentaient confusément que les concepts de l'homme et de la société utilisés jusqu'alors étaient renversés, qu'une nouvelle dimension se dévoilait, non par l'ampleur du crime mais par son caractère impersonnel [2]. »

Dans quelle mesure notre monde a-t-il su tirer de ce que Milosz appelle la « civilisation du XXᵉ siècle » les leçons qu'imposait ce renversement inédit ? Dans une très faible mesure : à ses yeux, l'horreur qui s'est déchaînée en 1914 nous accompagne depuis. Or, l'opinion générale aujourd'hui, lui semble-t-il, serait plutôt pour considérer que « tout est arrangé ou en passe de l'être ». Autrement dit, comme le proclame un autocollant américain qu'il raconte avoir aperçu sur une voiture aux États-Unis : *One Earth, one Humanity, one Spirit*. La terre dévastée du XXᵉ siècle est pourtant bien celle, pour Milosz, que nous persistons à cultiver chaque jour en continuant d'entretenir, sous divers travestissements, la fiction d'un savoir abstrait, neu-

---

1. Czeslaw Milosz, *L'Immoralité de l'art*, trad. Marie Bouvard, Paris, Fayard, 1988 [1985], p. 215.
2. *Ibid.*, p. 222.

tre et impersonnel, de plus en plus radicalement détaché de l'humanité concrète. Dans *La Terre d'Ulro*, un ouvrage que l'on peut tenir pour son journal intellectuel intime, publié en français en 1985, Milosz admet avoir longtemps habité une telle contrée sans en connaître le nom jusqu'à ce qu'il le découvre sous la plume de William Blake. Dans les « Livres prophétiques » de Blake, Ulro, qui vient sans doute de *unrule* (le dérèglement), renvoie au royaume du tourment, de la souffrance et de la mort. C'est notre monde matériel déchu qui a perdu le contact avec l'éternité, monde d'erreurs et d'illusions où tout est renversé, créé par Ulizen, « la raison raisonnante », et gouverné par ses lois[1]. Cette terre stérile, qui est celle de l'homme nivelé et quantifié, désigne pour Milosz ce séjour où il n'est permis de considérer comme important que ce qui est général, social, statistique. Le penseur, toutefois, n'en démordra pas : les forces qui tendent à pulvériser l'humanité de l'homme peuvent encore être battues en brèche par notre conscience et notre mémoire.

Mais à quelles conditions et au prix de quel revirement ? L'entrée dans l'Europe des pays que l'on situait naguère de l'autre côté – où, dans le domaine de la pensée, la dimension mystificatrice du paradigme moderne s'est vue dénoncée avec une force inédite – sera-t-elle à même de favoriser notre sortie d'Ulro ? Czeslaw Milosz, désormais reconnu comme l'un des plus grands poètes contemporains, « peut-être le plus grand » suggérait l'écrivain russe Joseph Brodsky, son compagnon d'exil en Californie, peut à cet égard nous servir de premier guide.

---

1. William Blake, « The four Zoas » (1797, révisé jusqu'en 1804), in *Œuvres*, t. IV, trad. de l'anglais par J. Blondel, Paris, Aubier, 1983, p. 119.

LA TRAJECTOIRE D'UN HÉRÉTIQUE

Tomas Venclova, poète lituanien né en 1937, exilé aux États-Unis en 1971, l'affirmait sans hésiter dans un essai consacré à *Témoignage de la poésie* : « La vie de Czeslaw Milosz constitue, à mon sens, la plus extraordinaire biographie d'écrivain de notre siècle[1]. » Elle l'est d'autant plus que Milosz, qui se cabrait chaque fois qu'on le qualifiait de philosophe – « la politique, prétend-il, n'a jamais été mon fort » – s'est toujours perçu comme un homme en permanence blessé par la cruauté de son temps, comme un poète hermétique contrarié, jeté bien malgré lui dans la tourmente de son époque. Rappelons brièvement, à ce stade, quelques jalons de cet itinéraire, détour d'autant plus indispensable que Milosz a toujours médité l'histoire européenne comme la plus intime et la plus personnelle des aventures[2].

Issu des confins multiethniques de l'Europe, Czeslaw Milosz est né en 1911 à Szetejnie (Lituanie), non loin de Wilno – Vilnius pour les Lituaniens, Vilna pour les Russes, Vilnè en yiddish – dans une famille de la petite noblesse polonaise ruinée. À l'époque, Wilno, cette cité cosmopo-

---

1. Tomas Venclova, « Rédemption par la poésie », *op. cit.*, p. 74 : recension consacrée au recueil *Témoignage de la poésie*, *op. cit.*, qui rassemble six conférences de Milosz.

2. Pour un aperçu des lignes générales de la biographie et de l'œuvre de Milosz, on peut se reporter à Wojciech Karpinski, « Czeslaw Milosz, un enfant d'Europe en quête d'identité », *in* Andrée Bachoud, Josefina Cuesta, Michel Trebitsch (dir.), *Les Intellectuels et l'Europe, de 1945 à nos jours*, Paris, Publications universitaires Denis Diderot, 2000, p. 123-130 ; et, du même auteur, sur la réception du poète à l'Ouest : « Milosz en France et ailleurs », *L'Autre Europe*, n° 5, Paris, L'Âge d'Homme, 1985, p. 127-129.

lite à l'architecture baroque et italienne que Milosz situe à la frontière de Rome et de Byzance et que les Juifs appelèrent longtemps « la Jérusalem du Nord », faisait encore partie de l'Empire russe, la Pologne ayant disparu dans les partages depuis plus d'un siècle. Après une enfance secouée par la Première Guerre mondiale et la révolution russe, il passe sa jeunesse dans cette partie de la Lituanie qui glisse en 1918 sous souveraineté polonaise. La province sera ensuite occupée par les nazis de 1941 à 1944, puis dévorée par l'Union soviétique, pour ne redevenir indépendante qu'en 1991. De cette étrange contrée que, par paresse ou par ignorance, les Occidentaux abandonnèrent longtemps aux brumes de l'Est, nous viennent pourtant plusieurs géants du XXe siècle. Comme Romain Gary, lui aussi originaire de Wilno, où il naquit trois ans après Milosz, ou le philosophe Emmanuel Levinas, qui vit le jour à Kovno six ans plus tôt (en 1905), à une centaine de kilomètres de là.

Milosz fait donc ses études au lycée du roi Sigismond-Auguste de Wilno, puis entre les murs épais de la vieille faculté de droit de la ville. D'éducation catholique, il entretiendra toujours une relation tourmentée avec sa religion en particulier, et avec le verbe « croire » en général. « J'ai été un homme profondément croyant. J'ai été un homme totalement incroyant. La contradiction est si flagrante que je ne sais pas comment vivre avec[1] », résume-t-il dans Le Chien mandarin, un recueil publié en 1999. Aussi ses préférences vont-elles très tôt aux hérétiques, avec un penchant pour les gnostiques, les manichéens, les Albigeois et les païens en tous genres. Un travers qu'on retrouve d'ailleurs chez d'autres penseurs polonais, de

1. Czeslaw Milosz, *Le Chien mandarin*, trad. du polonais par Laurence Dyèvre, Paris, Fayard/Mille et une nuits, 2004 [1999], p. 17.

Geremek, éminent historien des marginaux au Moyen Âge, à Leszek Kolakowski qui, dans sa quête des fondements du monde moderne, se plongea en philosophe dans l'étude des hérésies. Quant à Jan Patočka, il n'est pas indifférent de remarquer que son livre le plus connu s'intitule... *Essais hérétiques sur la philosophie de l'histoire* (1975). Ce curieux phénomène trouve peut-être son explication dans le fait que l'hérétique représente justement, pour le système, l'individu le plus dangereux en ce qu'il l'observe du dedans mais le juge comme s'il était au-dehors. Milosz le souligne très explicitement dans *La Pensée captive* à propos du penseur hongrois György Lukács : un professeur de philosophie qui, sous le communisme, s'en tient à des conceptions idéalistes plus ou moins désuètes n'est pas particulièrement menaçant, note-t-il. En revanche, un philosophe qui prend des libertés avec l'orthodoxie en se référant à Marx et Engels risque de semer des graines dont peuvent sortir des récoltes – et des révoltes – imprévisibles. Ces lectures précoces sur les hérétiques, assure en tout cas Milosz, « m'ont inspiré un dégoût instinctif de la violence masquée sous l'idéologie et un certain scepticisme devant les raisons de tous les civilisateurs[1] ». Le poète qui a grandi dans un tel univers aurait dû rechercher la vérité par la contemplation. Le destin en décidera autrement.

De Wilno à Varsovie

En 1937 survient ce qu'il a baptisé son « premier exil » : Milosz s'établit à Varsovie où il travaille un temps pour la radio, dans un climat de plus en plus polarisé entre l'extrême droite nationaliste, antisémite et fascisante d'une

---

1. Czeslaw Milosz, *Une autre Europe*, *op. cit.*, p. 14.

part, et de l'autre le camp des démocrates de gauche, une mouvance incluant des sympathisants du socialisme et du libéralisme ainsi que de nombreux représentants des minorités nationales. Ce jeune pourfendeur des bourgeois qu'est alors Milosz se sent naturellement proche de cette gauche humaniste un peu floue, moins par conviction marxiste que par aversion pour ceux qu'il appelle les « nationalistes obscurantistes ».

Sur le plan littéraire, il s'impose déjà, par son recueil *Trois Hivers* (1936), comme un des écrivains les plus doués de sa génération et un des principaux animateurs de l'école dite « catastrophiste », un groupe de jeunes poètes fortement marqués par le pressentiment qu'une catastrophe guettait l'Europe, déjà prise en tenaille entre nazisme et stalinisme. Aussi ne faut-il pas s'étonner, dira-t-il, que « dans cette atmosphère, notre groupe fût gauchiste. Cependant, l'attente de la révolution, pour nous, allait curieusement de pair avec celle d'une catastrophe apocalyptique : c'était une intuition, une vision prophétique [...]. Tout simplement, pour un homme sensible, l'épouvante flottait dans l'air [1] ». L'un de ses poèmes de 1936 parle ainsi de façon étonnamment prémonitoire de « crématoires tels les rochers blancs », la fumée s'échappant « des nids de guêpes mortes » [2]. Milosz expliquera maintes fois combien il était alors hanté par la complète absurdité de ce qui se passait sur la planète, un véritable cauchemar qui, à ses yeux, ne pouvait que mal se terminer et qui, de fait, trouva son expression extrême dans les barbelés des camps de concentration et les chambres à gaz. Et d'insister,

---

1. Czeslaw Milosz, *Témoignage de la poésie, op. cit.*, p. 53.
2. Poème intitulé « Le fleuve majestueux » (1936), in *Europe*, trad. du polonais par Jacques Donguy et Michel Maslowski, juin-juillet 2004, p. 218-219.

notamment dans *La Terre d'Ulro*, sur le fait qu'on n'échappe pas aux données de son destin : « Hier catastrophiste, je le suis resté en quelque sorte toute ma vie[1] », confie-t-il en 1977.

Le cataclysme redouté se produit en 1939 : le dépeçage de la Pologne par Hitler et Staline. Le pays s'apprête à vivre la période la plus noire de son histoire. Milosz a vingt-huit ans. Il traverse les années de guerre dans Varsovie occupée par les nazis, entre dans la Résistance, traduit *À travers le désastre* de Jacques Maritain et participe à la vie littéraire clandestine. Il est ainsi témoin de la liquidation du ghetto en 1943 – sur laquelle il écrira deux de ses plus beaux poèmes –, puis assiste à l'insurrection et à la destruction de Varsovie en 1944.

Arrive la fin de la guerre. Wilno, où la quasi-totalité de la communauté juive a été exterminée, n'est plus qu'un monde englouti. À Varsovie, les rues ne sont qu'amas de pierraille. La vie y est chaotique et improvisée. La Pologne, le monde, tout est secoué, ébranlé. La mainmise soviétique sur le pays se met en place. À quoi tient alors le ralliement des intellectuels ? Cela dépendait en grande partie, explique l'écrivain Kazimierz Brandys – né à Lodz en 1916, de la même génération que Milosz –, du centre de gravité intérieur, de sa localisation. « Le nouvel état des choses était accepté en général par ceux qui étaient liés aux traditions de la gauche, de l'intelligentsia radicale et laïque, du rationalisme éclairé, des mouvements prolétaires et paysans. Il était rejeté par ceux qui avaient été formés dans l'autre courant de la tradition, non révolutionnaire, bourgeoise ou terrienne, issue d'une certaine idée de la nation,

---

1. Czeslaw Milosz, *La Terre d'Ulro*, trad. du polonais par Zofia Bobowicz, Paris, Albin Michel, 1985 [1977], p. 309.

de la solidarité nationale ou catholique[1]. » C'est dans un état d'esprit proche du premier courant décrit par Brandys que Milosz décide finalement de soutenir le nouveau régime[2].

Paris, la solitude d'un poète polonais

Milosz entre ainsi dans le service diplomatique de la Pologne « populaire » où il occupe cinq années durant le poste d'attaché culturel, à New York puis à Washington. Non sans états d'âme, et déjà en proie à de violents conflits intérieurs, comme en témoigne son *Traité moral*, écrit en 1948, véritable charge contre le réalisme socialiste. Une anecdote révélatrice : Milosz raconte que les lettres *DP* inscrites sur sa Chevrolet le faisaient rêver. Pour des millions d'Européens, elles se référaient au sort misérable des *displaced persons*, alors qu'en l'occurrence elles signifiaient *diplomatic personnel*. « J'avais presque envie d'arrêter les passants pour m'excuser auprès d'eux de me présenter comme différent de ce que j'étais en réalité[3]. »

1. Kazimierz Brandys, *En Pologne, c'est-à-dire nulle part...*, trad. du polonais par Adam Lach, Paris, Seuil, 1978, p. 76. Brandys est mort en 2000. Il avait quitté la Pologne en 1981 et s'était installé en France en 1983.

2. Sur cette période, et sur l'entre-deux-guerres, on lira l'extraordinaire autobiographie du poète futuriste Aleksander Wat, né à Varsovie en 1900, un homme dont Milosz souligne qu'il vécut physiquement, sous leurs formes les plus tangibles (il séjourna dans quatorze prisons) les philosophies du XXᵉ siècle. Cet ouvrage, intitulé *Mon siècle. Confession d'un intellectuel européen*, fut réalisé à partir d'entretiens avec Milosz qui en rédigea aussi la préface ; Éditions de Fallois/L'Âge d'Homme pour la trad. française de Gérard Conio et Jean Lajarrige, 1989.

3. Czeslaw Milosz, *Une autre Europe*, *op. cit.*, p. 261.

Nommé ensuite à l'ambassade de Pologne à Paris, il fréquente les réceptions chic, de celles où l'on croise Eluard, Aragon ou Neruda. « Que pouvait-il y avoir de mieux alors, à Paris – pour le prestige – que d'être diplomate d'un pays socialiste, ou aspirant au socialisme[1]... » ! Mais voilà : certaines choses lui deviennent, à lui, insupportables. Poussé par une sorte de « réflexe moral », Milosz rompt définitivement avec la Pologne. Et par là même avec son milieu linguistique, ses lecteurs, son public : une décision douloureuse entre toutes pour un poète. « La plus pénible de ma vie », dira-t-il.

Il demande donc asile politique à la France le 1er février 1951. Une décennie difficile s'ensuit, « car c'est une déchéance en effet que la destinée d'un réfugié [...][2] ». Quant à la politique, elle le poursuit. Milosz estime ne pouvoir donner un sens à sa situation qu'en écrivant la vérité sur le stalinisme. D'où *La Pensée captive*, suivie quelque mois plus tard de *La Prise du pouvoir*, un roman sur le même thème[3]. « Je n'étais pas philosophe, insiste-t-il encore. Ce sont les événements qui m'ont précipité dans le courant des pressions philosophiques de mon siècle [...][4]. » Or, les événements placent derechef cet éternel

1. Czeslaw Milosz, *Milosz par Milosz. Entretiens avec Ewa Czarnecka et Aleksander Fiut*, trad. du polonais par Daniel Beauvois, Paris, Fayard, 1986, p. 111.

2. Czeslaw Milosz, *Une autre Europe*, *op. cit.*, p. 292.

3. Czeslaw Milosz, *La Prise du pouvoir*, trad. du polonais par Jeanne Hersch, Paris, Gallimard, 1953. Milosz était très proche de Jeanne Hersh. Dans un texte en douze points intitulé « Ce que j'ai appris de Jeanne Hersch », on lit notamment « 4. Que la vérité est preuve de liberté et qu'on reconnaît l'esclavage au mensonge » et « 7. Que l'habitude des intellectuels du XXe siècle était le "baratin", c'est-à-dire un bla-bla-bla irresponsable », in *Europe*, juin-juillet 2004, p. 226

4. Czeslaw Milosz, *Une autre Europe*, *op. cit.*, p. 294.

hérétique à contre-courant. Devant l'Est mythique, se souvient-il, « c'étaient des oh ! et des ah ! comme devant une montagne de très haute altitude. Là-bas étaient le progrès, le sens de l'Histoire[1] ».

Les milieux intellectuels de la rive gauche témoignent certes du respect envers le poète antinazi, mais l'émigré de l'Est fuyant les îles du bonheur socialiste leur paraît plus que suspect. Bref, Milosz se retrouve en porte-à-faux de tous côtés : à droite, en raison de sa profonde aversion pour le capitalisme. Lui-même expliquera plus tard avoir accepté de servir la Pologne communiste par opposition à la Pologne capitaliste d'avant guerre, qu'il décrit comme une société présentant des clivages sociaux considérables, où la quasi-totalité de la population n'avait pas la moindre chance de promotion sociale, où l'industrialisation était impossible. Même équivoque à gauche, du fait cette fois de ses positions antistaliniennes[2]. Le texte qu'il écrira pour la revue *Preuves* au lendemain de la mort d'Albert Camus, en 1960, est de ceux qui permettent de cerner au plus près son isolement et sa solitude d'alors. Milosz rappelle que l'auteur de *L'Homme révolté*, qui jouait lui-même à contre-emploi dans l'atmosphère idéologique du Paris

1. Czeslaw Milosz, *Empereur de la terre*, trad. de l'anglais et du polonais par Laurence Dyèvre, Paris, Fayard, 1987, p. 26.
2. Une anecdote significative : Milosz raconte que, lorsqu'il proposa à Gallimard le manuscrit de *Une autre Europe*, le directeur du département étranger de la vénérable maison d'édition demanda une fiche de lecture à Jerzy Lisowski, un membre du Parti communiste polonais qui séjournait alors à Paris, « dans l'espoir qu'il démolirait le livre. En d'autres termes, commente Milosz, il procéda comme au XIXᵉ siècle, où l'on sollicitait l'avis de l'ambassade tsariste sur les émigrés. Lisowski en fit une critique élogieuse. Le livre fut publié ». *In* Czeslaw Milosz, *Abécédaire*, trad. du polonais par Laurence Dyèvre, Paris, Fayard, 2004 [1997], p. 86.

d'après guerre, fut l'un des rares à lui tendre la main. « À droite, pas de langage commun ; à gauche, un malentendu complet car mes vues politiques étaient en avance de quelques années sur ce qui est devenu monnaie courante après 1956. [...] Jamais les intellectuels hégéliens ne comprendront quelles conséquences ont pu avoir leurs arguties sur le plan des relations humaines, et quels abîmes ils creusaient entre eux et les habitants de l'Europe de l'Est[1]. »

L'auteur de *La Pensé captive* trouve cependant un soutien auprès du Congrès pour la liberté de la culture, avec lequel il entretient des relations ponctuelles à une époque où l'entreprise, qui se donne pour tâche de lutter contre les doctrines totalitaires, s'incarne surtout dans des hommes ayant embrassé puis répudié la cause communiste comme Arthur Koestler, Ignazio Silone ou Manès Sperber. C'est ainsi que Milosz interviendra en 1955 aux côtés de Hannah Arendt, Raymond Aron et Denis de Rougemont, entre autres, à l'importante conférence internationale de Milan sur « l'avenir de la liberté »[2]. La prestigieuse revue de l'exil polonais fondée en 1947 et installée à Maisons-Laffitte, *Kultura*, lui offre par ailleurs un port d'attache, tan-

1. Czeslaw Milosz, « L'interlocuteur fraternel », *Preuves*, n° 110, avril 1960. Dans un article non signé publié en mai 1951, on note que le n° 3 de la revue *Preuves* restait un rien circonspect. Tout en retraçant l'itinéraire de Milosz sous le titre « Un poète polonais : Czeslaw Milosz », et en saluant sa décision de quitter la Pologne, « un choix qui mérite non seulement le respect, mais la compréhension fraternelle des écrivains plus fortunés des pays encore libres », l'article émettait un bémol : « Disons toutefois que Czeslaw Milosz était de ces intellectuels auxquels le régime offrait une existence de privilégiés, pour peu qu'ils veuillent bien mettre leur prestige à son service. »

2. Sur ce point, voir Pierre Grémion, *Intelligence de l'anticommunisme. Le Congrès pour la liberté de la culture à Paris (1950-1975)*, Paris, Fayard, 1995, p. 212 et suiv.

dis qu'il se voit attaqué par l'establishment de l'émigration polonaise à Londres qui le soupçonne... d'être un agent communiste !

Pour le reste, Milosz doit se contenter d'expédients et de petits travaux, et rappellera souvent qu'il vécut à Paris « pauvre comme une souris à l'église », comme on dit en polonais. Prendre la mesure de cette amère expérience française – laquelle ne nous honore pas – exige de revenir un instant sur ce qu'avait pu signifier Paris pour le jeune homme qu'était Milosz en 1931 lorsqu'il y effectua son premier voyage. Avant guerre, ce stage dans la Ville lumière constituait en effet une étape plus ou moins obligée pour tout poète de vingt ans natif de ces régions dont les Français, eux, ne savaient à peu près rien. Voici ce qu'il en écrira un demi-siècle plus tard dans un poème intitulé *Rue Descartes* :

En passant par la rue Descartes
Je descendais vers la Seine, jeune barbare en voyage,
Intimidé d'être dans la capitale du monde.

Nous étions nombreux, venus de Jassy et de Szeged, de Vilna
Et de Bucarest, de Saïgon et de Marrakech.
Un peu honteux de nos mœurs domestiques dont il ne fallait
Parler ici à personne [...].
Je quittais les districts brumeux
Pour entrer dans l'universel, admiratif, désirant [...][1].

L'universel, lui, ne le retiendra pas.

1. Czeslaw Milosz, *Poèmes 1934-1982*, trad. du polonais par C. Jelenski, Paris, Luneau Ascot, 1984, p. 216.

D'où, en 1960, un nouvel exil : Milosz accepte le poste de professeur de littératures slaves que lui propose l'université de Berkeley. Et de se transplanter des bords de la Baltique aux bords du Pacifique. Aux États-Unis, au moins, nous sommes tous des immigrés, soulignera-t-il volontiers[1]. Il y mène une double vie : d'un côté, il est un professeur américain ; de l'autre, un poète polonais. Car Milosz a toujours avoué son incapacité à écrire dans une langue autre que sa langue maternelle. Une fidélité qu'il attribue également au traumatisme vécu entre 1939 et 1945. « Parler polonais signifie, en un certain sens, parler avec les morts [...]. Ma fidélité au polonais est étroitement liée au péché d'avoir survécu[2]. » Depuis son exil californien, et pour la « purification » de la Pologne, il va d'ailleurs entreprendre de traduire la Bible de l'hébreu – appris à soixante ans – en polonais. « Pour le poète de l'autre Europe, écrit-il à ce propos en 1980, les événements désignés sous le terme d'Holocauste constituent une réalité si proche dans le temps qu'il ne peut essayer de s'affranchir de leur présence obsédante dans son imagination qu'en traduisant les Psaumes de David[3]. »

À Berkeley, dans les années soixante, son cours sur Dostoïevski devient de plus en plus couru, les jeunes contesta-

---

1. Sur la période américaine de Milosz, voir les éclairages de Jan Blonsky, « L'Europe de Milosz », in *Europe*, juin-juillet 2004, p. 274-285, et Clare Cavanagh, « L'américanisation de Milosz », *ibid.*, p. 286-297.

2. Czeslaw Milosz, *Milosz par Milosz, op. cit.*, p. 274.

3. Czeslaw Milosz, *De la Baltique au Pacifique*, trad. du polonais par M. Bouvard, Paris, Fayard, 1990 [1985], p. 254 (discours de réception du prix Nobel prononcé devant l'Académie royale de Suède en décembre 1980).

taires californiens y découvrant avec stupeur leur propre préhistoire. Constantin Jelenski nous en rapporte cet épisode savoureux : un jour, un groupe entreprit de séquestrer ce maître insolite, vaguement soupçonné d'être un « réactionnaire ». Milosz, poursuit Jelenski, « sortit pour les affronter, avec sa carrure d'ours brun lituanien, en fronçant ses sourcils en broussaille, et scanda de sa retentissante voix de basse : *"Make away – you spoilt children of the bourgeoisie !"* Horrifiés d'apprendre qu'ils étaient les enfants gâtés de la classe privilégiée, les étudiants le laissèrent passer et ne lui causèrent plus jamais d'ennuis [1]... »

Des années soixante aux années quatre-vingt, Milosz n'en garde pas moins le regard rivé sur le Vieux Continent. « Cette Europe partagée, mutilée : chaque homme sensible devrait être inconsolable de cette division », répète-t-il dans les entretiens qu'il accorde à la presse, plaidant sans relâche pour une Europe centrale fédérée de la Baltique à l'Adriatique [2]. À ses élèves, il explique que la carte littéraire de l'Europe telle que l'Occident se la représente est trouée de nombreuses taches blanches, au point qu'à l'est de l'Allemagne on pourrait inscrire *Ibi leones* : domaine des animaux sauvages. Quand éclate le mouvement de grèves en Pologne, l'écrivain se porte naturellement aux premières loges et présidera même le Comité français de soutien à *Solidarność* (Solidarité) après la tentative d'écrasement du mouvement par le coup d'État de décembre 1981.

Un appui précieux. Car, tout au long de cette période, la gloire de Milosz n'a cessé de croître dans sa patrie. Le nom

---

1. C. Jelenski, « Czeslaw Milosz : du côté des hommes, faute de mieux », *Le Monde*, 2 mai 1986.
2. Thème encore repris en 1989, par exemple dans ses déclarations au *Nouvel Observateur* : « Mon retour de Pologne », 16-22 novembre 1989.

du « traître » va certes disparaître des publications officielles dès les années cinquante. Mais ses poèmes n'en pénètrent pas moins dans le pays, dissimulés au fond des valises de touristes, dans la poche de visiteurs ou dans des lettres. La jeune génération apprend ses vers par cœur, puis, dans les années quatre-vingt, les opposants publient ses volumes en *samizdat* dans leurs maisons d'édition clandestines. Ainsi, lorsque Milosz, fort de son prix Nobel, retourne à Varsovie en juin 1981, pour la première fois depuis trente-deux ans d'absence, il y est acclamé comme un héros national. À Cracovie, deux mille personnes se rassemblent spontanément dans le vieux couvent des Dominicains pour réciter sa poésie[1]. Comme le relève Tomas Venclova, ses poèmes, souvent hermétiques, « avaient eu sur le destin du pays une influence sensiblement plus profonde que celle exercée depuis trente ans par toutes les autorités (et il serait malvenu d'accuser les autorités d'avoir manqué de zèle)[2] ». Après plus de trois décennies passées aux États-Unis, Milosz retournera vivre en Pologne à la fin des années quatre-vingt-dix, à Cracovie, où il disait retrouver un climat proche du Wilno d'autrefois. Il y réitérait encore, en juin 2003, son souhait de toujours : voir finir « cette division entre deux Europes[3] ».

1. L'écrivain Pierre Pachet, dans un texte où il raconte comment il en est venu à découvrir Milosz, mais aussi d'autres écrivains polonais dont Zbigniew Herbert ou Kazimierz Brandys – comme si « mon corps et mon esprit s'élargissaient ou s'ouvraient sur une dimension est-européenne » –, évoque les circonstances dans lesquelles lui parvint la nouvelle du Nobel décerné à Milosz : « C'est d'ailleurs en Pologne, écrit-il, un soir à Wroclaw lors d'une représentation théâtrale, que j'ai appris, en même temps que le public transporté, que Milosz venait de recevoir le Nobel de littérature. » Pierre Pachet, *Aux Aguets. Essais sur la conscience et l'histoire*, Paris, Maurice Nadeau, 2002, p. 16.
2. T. Venclova, « Rédemption par la poésie », *op. cit.*, p. 73.
3. « J'espère que cette division entre deux Europes va finir », entretien avec Jean-Pierre Thibaudat, *Libération*, 9 juin 2003.

C'est à Cracovie, où une rue portera bientôt son nom, qu'il est mort le 14 août 2004, trois mois après la réunification de l'Europe. Sa disparition a suscité, en Pologne, une vague d'éloges quasi unanime, quoique assombrie par des attaques en provenance de la frange la plus conservatrice de la droite ultracatholique qui lui reprocha d'être un « sympathisant du communisme » tout en lui faisant grief de ses « insultes à l'adresse des Polonais » (sic). Un comité alla même jusqu'à contester, sans succès, son inhumation au Panthéon de Cracovie, dans la crypte du monastère de Skalka où le poète repose désormais aux côtés d'autres grands artistes polonais. Plus de sept mille personnes suivirent le cortège funèbre et la cérémonie fut transmise en direct par la télévision. Faute de troupes, la manifestation anti-Milosz fut finalement annulée[1].

Formidable condensé du siècle : à Gdańsk, gravé au pied du monument érigé en souvenir des ouvriers des chantiers navals abattus par la police, ces vers de Milosz :

> *Toi qui as fait tant de mal à un homme simple*
> *En éclatant de rire à la vue de sa souffrance*
> *Ne te crois pas sauf*
> *Car le poète se souvient*[2].

Ces mots avaient été écrits en 1950 en mémoire des victimes du nazisme.

---

1. Sur ces réactions, voir Christophe Châtelot, « Un prestige intact dans la Pologne post-communiste », *Le Monde*, 17 août 2004, et, du même auteur, « Controverse posthume sur Milosz en Pologne », *Le Monde*, 3 septembre 2004.
2. On trouvera, sous le titre « Toi qui as fait du tort », une traduction complète de ce poème dans *Europe*, juin-juillet 2004, p. 238.

LA VOIE PHILOSOPHIQUE

Que la trajectoire de Milosz ait été celle d'un Européen exemplaire, voilà ce que nul, au seuil du XXIᵉ siècle, n'oserait plus contester. On se gardera toutefois de s'en féliciter à trop bon compte. Réparer le sort de « parent pauvre » et de « réactionnaire » que les intellectuels français surent lui réserver dans les années cinquante demanderait aujourd'hui que nous ne l'enfermions pas, sur une base pour ainsi dire renversée, dans un antitotalitarisme devenu certes consensuel, mais trop confortable en l'occurrence pour ne pas être réducteur. Car cela équivaudrait à nous rendre sourds une seconde fois à ce que Milosz pourrait avoir d'essentiel et de dérangeant à nous dire sur notre présent.

De cette traversée du siècle nous parvient en effet une voix chargée d'accents bien étranges, une tonalité plus grave, plus proche des questions métaphysiques, bref, un son auquel nos oreilles occidentales se sont largement déshabituées. A-t-on par exemple idée, comme le fait Milosz, d'insister à ce point sur ses « racines » ? Dans un entretien de 1991, celui-ci va même jusqu'à préciser que s'il a réussi, en Occident, à préserver son autonomie, s'il a « résisté à l'anéantissement provoqué par la civilisation technologique », c'est précisément parce qu'il a su maintenir la conscience de ses origines[1]. Cette conviction, chèrement acquise, qu'un homme sans passé n'est rien, éclate dès les premières pages de *Une autre Europe*. Il s'y explique sur son projet en ces termes : « Ma patrie était aussi en ces lieux, écrit-il en 1950 à propos de la France et de l'Europe de l'Ouest, mais c'était une patrie qui, comme par un ordre d'en haut, évitait de se connaître

---

1. « La Pologne et ses voisins : une interview de Czeslaw Milosz », *Nouvelle Europe*, nᵒ 4, janvier 1991, p. 5-6.

comme un tout et distinguait parmi ses habitants la vraie famille (famille brouillée mais famille quand même) des parents pauvres [entendre : les Européens de l'Est]. Que de fois ai-je dû m'enfermer dans le silence parce que, issu de ces régions brumeuses dont les livres et les manuels disent si peu de choses, d'ailleurs fausses, j'aurais dû tout reprendre depuis le commencement ! Mais cette fois-là ma paralysie fut combattue par une révolte devant la résignation. » Suit ce passage capital : « Non, je n'imiterai jamais ceux qui effacent leurs traces, répudient leur passé et deviennent des morts, bien qu'ils essaient par leurs acrobaties intellectuelles de faire croire qu'ils sont encore vivants. J'ai mes racines là-bas, à l'Est, et pour toujours » [1].

Autre exemple : à la question d'un journaliste qui lui demandait, en 1987, « Qu'est-ce qui est le plus important pour vous ? », Milosz fit cette réponse très déconcertante : « Dans mes écrits, j'ai essayé avant tout de dire l'importance de ce que j'appelle la piété, au sens de respect, de dévotion, d'amour. J'y tiens beaucoup. » Et d'ajouter qu'il concevait une telle attitude indépendamment de toute croyance religieuse : « La piété dont je parle, c'est la piété envers ce qui est » [2]. Dans le même sens à une lettre près, et cette fois dans un très beau texte écrit dans la Pologne ravagée de l'immédiat après-guerre, « Élégie », on trouve cette affirmation saisissante : « Après tout ce que nous avons vécu, je ne considère comme durables que les seules actions humaines inspirées par la pitié [3]. »

1. Czeslaw Milosz, *Une autre Europe*, *op. cit.*, p. 8.
2. « Czeslaw Milosz : porte-parole de la deuxième Europe », propos recueillis par Sophie Foltz et Frédéric de Towarnicki, *Le Magazine littéraire*, octobre 1987, p. 101.
3. Czeslaw Milosz, « Elégie » (1945), *Polityka*, 27 juin 1987 ; trad. du polonais par Anna Sniadower, *L'Autre Europe*, n° 17-18-19, 1988, p. 199.

Que penser encore du passage qui clôt *Une autre Europe*, à la sonorité au moins aussi énigmatique : « À travers les désastres et les catastrophes, écrit-il en 1959, l'humanité recherche l'élixir de jeunesse, celui de la *voie philosophique*, celui d'une ardeur qui soutient la foi en l'utilité générale de notre effort individuel, même si celui-ci, en apparence, ne change rien aux mécanismes du monde. » Et il ajoute : « Il n'est pas exclu que nous, hommes d'Europe orientale, soyons à l'avant-garde sur cette voie. Obligés de choisir, nous avons dû sacrifier certaines valeurs à d'autres, ce qui est l'essence de la tragédie. Mais c'est seulement au prix d'une expérience si aiguë que les vieilles vérités apparaissent dans une lumière nouvelle »[1]. Une position qui anticipe de façon frappante sur ce qui deviendra l'un des leitmotive de la culture dissidente des années soixante-dix/quatre-vingt, soit l'idée que la clé de l'avenir réside moins dans la situation objective des États que dans l'orientation subjective des individus, dans leur faculté à sauvegarder l'intégrité de leur conscience et à réveiller en eux le sentiment accru d'une responsabilité pour le monde ; et que cette détermination, quand bien même elle resterait sans effets visibles dans l'immédiat, n'en est pas moins chargée d'une signification éthique et, partant, politique considérable au sens où elle actualise un idéal universel dont l'inspiration finit par se déposer dans la conscience et la mémoire de la société. C'est ce que Milosz nomme la « voie philosophique ».

1. Czeslaw Milosz, *Une autre Europe, op. cit.*, p. 302. (C'est moi qui souligne.) On retrouve la même idée dans « Ce que j'ai appris de Jeanne Hersch » (*op. cit.*, p. 226) à savoir, explique Milosz au point n° 10, « qu'indépendamment du destin des confessions religieuses, nous devrions garder une "foi philosophique", c'est-à-dire la foi en la transcendance en tant que trait essentiel de notre humanité », p. 226.

Deux décennies plus tard, dans *Témoignage de la poésie*, il maintiendra la même thèse, avançant que s'il reste un espoir sur le continent européen, il pourrait bien se cacher dans les potentialités réprimées des pays de cette deuxième Europe qui s'est mise à regarder la première d'un œil critique. Tel fut au demeurant le cas de Milosz lui-même qui a toujours tenu à dire son « dégoût pour la loi du marché[1] », soulignant que, s'il considérait le système communiste comme invivable, il n'acceptait pas pour autant l'autre « avec joie[2] ». « Pourquoi, en définitive, devrait-on aimer les sociétés fondées sur la peur, que ce soit la peur de la misère ou la peur de la police politique ? », maintient-il à ce propos dans son *Abécédaire*, publié en français en 2004[3].

DU CŒUR DES TÉNÈBRES DU XXᴱ SIÈCLE

Obstination des traces, piété envers l'être, insistance sur l'éthique, « vieilles vérités », scepticisme envers les promesses émancipatrices de la civilisation technique : que signifie tout cela ? Milosz nous revient en vérité de ce qu'il nomme le fond des enfers du XXᵉ siècle est-européen en homme certes déçu par les utopies révolutionnaires ; mais aussi, et plus profondément, en homme revenu de toute illusion quant à l'idéologie du sujet conquérant, héroïquement élevé par les Temps modernes au rang de maître et possesseur de la nature, posture qu'il résume d'un mot :

1. Czeslaw Milosz, *La Terre d'Ulro*, *op. cit.*, p. 11.
2. Czeslaw Milosz, *Milosz par Milosz*, *op. cit.*, p. 108.
3. Czeslaw Milosz, *Abécédaire*, *op. cit.*, p. 41.

« l'idolâtrie positiviste ». On trouve ainsi chez lui une critique très directe du subjectivisme exacerbé, de cette vision prométhéenne selon laquelle le sujet ne reconnaît ni limitation à sa domination sur le monde ni fondement extérieur à son propre acte législateur. « Il faut être aveugle, note-t-il dans *La Pensée captive*, pour ne pas voir la situation tragique dans laquelle s'est trouvée l'espèce humaine lorsqu'elle a conçu le désir de prendre elle-même sa destinée en main et d'éliminer le hasard[1]. » Milosz, pourtant, ne se sent aucune affinité avec le message d'un Soljenitsyne par exemple. Il ne se reconnaît ni dans sa haine de l'Occident et des Lumières, ni dans l'apologie de la Tradition, ni dans ce fondamentalisme religieux lourdement grevé de ces inflexions nationalistes qu'il abhorre par-dessus tout.

Ce point est capital. Et l'on pourrait avancer que ce qui fait l'actualité de Milosz par-delà le chapitre de la dissidence – la sienne mais aussi celle de tous les penseurs est-européens évoqués ici – tient justement à sa tentative de se frayer un chemin hors du XXe siècle qui échappe à cette alternative idéologique étouffante où, depuis la chute du mur de Berlin, bien des réflexions sur l'Europe nous enferment. La montée d'une anti-Europe nationaliste et populiste nous sommerait en effet de choisir une bonne fois entre deux grandes configurations rivales. Selon la première, tout attachement digne de ce nom à l'individu passerait obligatoirement par sa valorisation en tant que délié de toute communauté particulière. D'où, dans cette optique, l'idéalisation de la transparence, de la mobilité, du marché, de tout ce qui, dans le domaine des échanges et de la communication, serait susceptible d'accélérer la conversion du lointain en prochain et de hâter, par là, l'avène-

---

1. Czeslaw Milosz, *La Pensée captive. Essai sur les logocraties populaires*, *op. cit.*, p. 297.

ment d'un monde postconflictuel, de plus en plus pacifié parce que de plus en plus unifié. Du coup, la position sceptique quant à la perspective d'un avenir aussi radieux se voit volontiers stigmatisée comme dissimulant mal de sulfureuses tentations, sinon assimilée à une exaltation du passé et à une dénonciation, à peine masquée, de l'universalisme et de la modernité comme tels.

Or, tout l'intérêt de la réflexion de Milosz vient justement de ce qu'il récuse les termes mêmes de ce dilemme, non pas en dépit mais en vertu des épreuves politiques qu'il lui a été donné de traverser. Il y aurait autrement dit urgence, selon lui, à envisager le problème de l'humanité de l'homme – de sa trahison ou de sa sauvegarde – autrement qu'à l'intérieur de cette alternative opposant le paradis de l'universel à l'enfer de la différence, la raison abstraite aux appartenances concrètes. La richesse et l'étrangeté apparente de la pensée de Milosz – mais ces deux qualités constituent à maints égards une spécificité est-européenne – tiennent en vérité à ce double ancrage philosophique qui en fait l'héritière d'une certaine critique romantique de la modernité industrielle et capitaliste (par l'insistance sur le respect dû à la diversité des héritages culturels, mais sans son versant nationaliste) en même temps que l'héritière de l'universalisme des Lumières (par la dignité de l'individu posée en valeur suprême, mais sans son versant progressiste). L'essentiel, pour Milosz, résiderait plutôt dans l'impérieuse nécessité de résister à ce divorce : de résister à cette conception « pure » de l'universel qui ne pourrait s'accomplir qu'en se formalisant dans des abstractions – l'Histoire, la Technique, la Modernisation – où chaque singularité est vouée à se résorber.

Le XXe siècle lui a enseigné que c'est précisément lorsque l'aspiration à l'universel et au rationnel quitte le terrain de la conscience individuelle et du concret que celui-ci devient la proie du démoniaque : du sans-égards pour rien. On retrouve ici un accent qui transparaît chez la plupart des penseurs de l'autre Europe. Ainsi chez Jan Patočka et István Bibó qui, nous le verrons, partagent avec Milosz une extrême sensibilité à l'antagonisme potentiel qui oppose toujours les valeurs personnelles à l'emprise déshumanisante des pouvoirs anonymes et impersonnels.

Une double filiation

Saisir l'originalité de cette vision, à mille lieues de toute rhétorique réactionnaire, implique quelques précisions quant à sa généalogie et à son univers culturel. Il convient d'abord de la resituer dans le prolongement de ce grand courant de la littérature centre-européenne tardive qui, de Hermann Broch à Robert Musil, en passant par Franz Kafka ou Joseph Roth, a su anticiper avec une fascinante lucidité les conséquences désastreuses, pour le monde moderne, de la croyance selon laquelle l'universalisme et la raison ne pourraient se réaliser qu'à travers une impersonnalité croissante. Le philosophe tchèque Václav Belohradsky, disciple de Jan Patočka, a remarquablement mis en lumière les motifs pour lesquels cette orientation décisive de l'histoire contemporaine – lui-même parle d'une « eschatologie de l'impersonnalité » – a rencontré parmi les écrivains de la vieille Autriche ses critiques les plus pénétrants. L'Empire autrichien, ultra-légaliste et qui souffrait, du fait de son caractère multinational, d'un défaut permanent de légitimité, a trouvé son élément unificateur, souligne Belohradsky, dans la bureaucratie et dans le caractère impersonnel de la loi – la rationalité de la machine administrative servant pour ainsi dire de ciment entre ses nombreuses nationalités. Tout, de la politique au quotidien, se verra dès lors régi par la norme de l'impersonnalité.

D'où le thème central de cette littérature mitteleuropéenne qui, mieux qu'aucune autre, explore la façon dont la norme de l'impersonnalité pénètre la vie de chacun, s'en empare et la vide de sens ; elle analyse son langage et ses rituels, la manière folle, aussi, dont l'État tente d'opposer à l'universalité subjective de la vie son système objectif de lois, de bureaux, de réglementations, de circulaires et d'uniformes – d'experts et de technocrates, dirions-nous aujourd'hui. « Les chaînes de l'humanité torturée sont en papier de bureau », écrivait Kafka, comme le rappelle le sociologue Michael Löwy dans son bel essai sur *Kafka, rêveur insoumis*[1]. Milosz lui-même a bien vu la façon dont l'apparition de Kafka coïncide avec cette mutation historique : si l'auteur du *Procès* marque la fin de la description dite réaliste, c'est précisément que celle-ci suppose l'existence d'une personne qui se déplace sur sa propre orbite. Or, les héros de Kafka ne peuvent agir : ils sont agis, souligne le poète polonais. Ils sont au pouvoir de forces dont les traits essentiels sont l'omnipotence, et, selon une expression qu'on retrouve fréquemment sous la plume de Milosz, le « caractère impersonnel ».

Il en résulte deux conséquences majeures. La première, brillamment analysée par Musil, se rapporte à ce sentiment d'absurdité croissant qui saisit les sujets de l'Empire, peu à peu gagnés par la conviction que leur existence est insuffisamment fondée. Or on découvre une idée très proche chez Milosz qui, dans plusieurs textes, aura lui aussi l'intuition du lien qui rattache ce manque de fondement ou de légitimité de l'existence individuelle à la facilité avec

1. Michael Löwy, *Kafka, rêveur insoumis*, Paris, Stock, « Un ordre d'idées », 2004.

66

laquelle les hommes du XXᵉ siècle ont pu se soumettre à la terreur totalitaire. Un déficit qui n'est certainement pas étranger, suggère-t-il, à l'idée qu'un million de gens de plus ou de moins ne fait guère de différence. C'est là aussi le sens du malaise éprouvé par Lucien Goldmann (1913-1970), intellectuel marxiste originaire de Roumanie et disciple de György Lukács quand, en compagnie de Milosz, il assista à Paris à l'une des premières représentations de *En attendant Godot*. Goldmann était furieux, rapporte Milosz, non pas d'un point de vue religieux mais en tant qu'humaniste laïc. « Il étouffait de rage et me dit : "À quoi conduit donc un art de ce genre ? Aux camps de concentration !" [1] » L'auteur du *Dieu caché*, précise aussitôt Milosz, savait naturellement que Beckett était aux antipodes de ce genre d'idée. Mais il n'en rejetait pas moins ce désespoir métaphysique exprimé de manière clownesque, réaction qui a suffisamment frappé le poète polonais pour qu'il rapporte l'anecdote en plusieurs endroits de son œuvre.

Deuxième conséquence, étroitement liée à la première : la violence. Cette rationalité impersonnelle de l'État, ce monde étalonné par les « vérificateurs des poids et des mesures » (Musil) va en effet se révéler comme le terrain où la guerre s'enracine le plus facilement. Troublante analogie : dans ses antiutopies, le romancier polonais S.I. Witkiewicz allait lui aussi annoncer, avant de se suicider en 1939, l'avènement d'un parti des Niveleurs et d'un ministère de la Mécanisation de la culture, tandis que l'écrivain tchèque Karel Čapek (1890-1938) introduisait à la même époque le mot « robot » dans la littérature mondiale. Tous décrivent l'effondrement interne d'une société trop faible pour s'opposer efficacement à la force d'attraction de cette

1. Czeslaw Milosz, *Milosz par Milosz, op. cit.*, p. 239.

Raison conçue comme épuration continue, au point d'en venir finalement à arracher l'individu au monde partagé par l'humanité et à la solidarité envers la communauté. « La rationalité fondée sur l'appareil impersonnel de l'État et de la science, observe Belohradsky, implique la disparition de la responsabilité personnelle de l'homme à l'égard de ses actes. Alors l'absence terrifiante de conscience et de scrupules fait irruption dans l'histoire. Le mal banal du nazisme dont parle Hannah Arendt dans son livre célèbre [*Eichmann à Jérusalem*] se situe dans cette absence de conscience, dans ce silence total des scrupules où l'homme apparaît capable de tout[1]. »

Pour une part, donc, les analyses de Milosz sur le mal qui ronge l'homme moderne s'inscrivent incontestablement dans cette filiation centre-européenne. Mais le poète va aussi greffer sur cette souche une constellation assez singulière et hétéroclite d'auteurs qu'il revendique comme sa propre famille spirituelle. Parmi eux, le mystique Emmanuel Swedenborg, William Blake et, surtout, le poète francophone Oscar Vladislav de Lubicz Milosz (1877-1939), son parent éloigné, rencontré à Paris au début des années trente, qui appelait son époque le siècle de la « laideur méprisable » et dont l'influence sur son neveu fut considérable. « C'est de lui avant tout, nous dit Milosz, que me vient mon antimodernisme[2]. » O. V. de L. Milosz et Blake puiseront une part de leur inspiration dans les écrits de Swedenborg qui, bien plus tôt que quiconque, avait prédit la défaite guettant l'homme à l'intérieur du modèle newtonien de l'univers, observe Milosz. On trouve aussi, dans ce curieux panthéon, Goethe, Mic-

1. Václav Belohradsky, « La précession de la légalité ou l'empire d'Autriche comme métaphore » *op. cit*, p. 262-263.
2. Czeslaw Milosz, *Témoignage de la poésie, op. cit.*, p. 37.

kiewicz, Dostoïevski, Léon Chestov (né à Kiev en 1886 et mort à Paris en 1938), qui fut par ailleurs le maître de Benjamin Fondane, poète et philosophe venu de Iasi (Roumanie), exilé à Paris dans les années vingt et assassiné à Auschwitz en 1944. À l'instar de ce dernier, Milosz salue dans la pensée de Chestov la lutte contre les évidences de la raison et la grande offensive menée contre l'ensemble des philosophies où le singulier est sacrifié à l'universel. Et puis il y a la philosophe Simone Weil, d'une immense importance pour le poète en ce qu'elle poussa à l'extrême son désaccord avec le monde et les pouvoirs qui règnent sur lui [1]. Milosz s'est également passionné pour certaines analyses tentant d'expliquer l'apparition du romantisme en Europe, en particulier celles du Polonais Stanislaw Brzozowski, mort à trente-deux ans [2]. Chaque fois, l'écrivain s'interroge sur les conditions d'émergence du climat social au sein duquel l'anéantissement de myriades d'êtres humains au nom d'une prétendue hygiène sociale pourra être envisagé. « C'est bien la science qui a fourni les moyens techniques du génocide [3] », constate-t-il.

Dans de nombreux essais, le poète nous invite ainsi à une sorte de voyage initiatique sur un continent immergé de la culture européenne. Ceux en qui il reconnaît ses « guides » témoignent selon lui d'une commune révolte contre un ordre absurde, d'un même refus de s'agenouiller devant la terreur exercée par la science, d'une même foi dans l'humanité rédimée. Tous opposent à la logique

1. Milosz a publié, en 1958, un volume d'*Œuvres choisies* de Simone Weil, traduites par lui en polonais.
2. De Czeslaw Milosz sur Stanislaw Brzozowski, voir notamment son essai : « Une armée d'un seul homme : Stanislaw Brzozowski » (1961), *in* Czeslaw Milosz, *Empereur de la terre*, op. cit., p. 234-315.
3. Czeslaw Milosz, *Témoignage de la poésie*, op. cit., p. 69.

orgueilleuse de la raison une logique du miracle, le miracle résidant dans la capacité de l'homme à nier ce qui l'écrase. « Une société, une civilisation ne durent, telle est en tout cas ma conviction, que grâce aux infimes parcelles ou graines de vertu qui élisent leur siège dans tel ou tel individu[1] », explique Milosz, qui reconnaît volontiers que son intérêt pour ces hommes procède directement de sa constante réticence face à la civilisation occidentale qui résulte de la *Weltanschauung* scientifique. Tous ont finalement cherché, au prix de la folie, à sortir de cette situation, à esquisser une autre possibilité, un ordre du monde différent. Tous ont rêvé d'une voie complètement nouvelle. Un rêve inaccessible ? Peut-être. Il n'empêche, écrit magnifiquement Milosz, que « c'est là, dans notre protestation morale contre l'ordre du monde, dans notre questionnement sur l'origine de ce cri de terreur, que commence la défense de la place singulière de l'homme[2] ».

Ombres et lumières de la Raison

Une voie nouvelle ? Là réside précisément toute la difficulté : comment sauver l'idéal d'autonomie et d'émancipation – la reconnaissance de l'inaliénable singularité propre à chaque individu – sans que cet idéal débouche sur son contraire : sur le nihilisme d'une émancipation absolue qui reviendrait à rêver d'un être humain coupé de tout sol natal et de toute culture, indifférent aux exigences les plus élémentaires d'un possible partage du monde avec d'autres. Car cela reviendrait à l'exposer le plus sûrement à ce que Simone Weil qualifiait de « véritable malheur » :

1. Czeslaw Milosz, *La Terre d'Ulro*, op. cit., p. 259.
2. Czeslaw Milosz, *Le Chien mandarin*, op. cit., p. 84.

l'anéantissement du « moi » par les forces extérieures, le fait d'être contraint par les autres de se considérer comme un objet, un numéro interchangeable. Milosz l'approuve sur ce point : « Entre se voir comme un chiffre dans des statistiques et concevoir son destin comme quelque chose de personnel et d'unique, il y a une grande différence[1]. » Une différence à laquelle on conçoit que le poète, passé par les deux totalitarismes, soit particulièrement sensible : tout système totalitaire ne tend-il pas, après avoir renversé l'ordre ancien, ses coutumes et ses traditions, à la glorification de l'impersonnel et à la destruction systématique, en chaque homme, de la moindre parcelle d'individualité, d'initiative et d'autonomie ? Une intuition encore renforcée chez lui par la lecture de Léon Chestov, déjà évoqué, parti en guerre contre la « vision grecque » selon laquelle l'existence individuelle est mauvaise tandis que tout ce qui est général est bon : « Chestov m'a convaincu que j'étais une personnalité irréductible, c'est pourquoi je hurlerai "non !", s'exclame Milosz, tant que l'on voudra me détruire[2]. »

Cette insistance sur le thème de l'individualité est symptomatique : elle montre combien l'Europe centrale apparaît derechef, avec Milosz, comme le lieu où le potentiel de barbarie contenu dans cette dualité fatale, propre aux Temps modernes, associant liberté et domination rationnelle sur la réalité, se voit mis au jour sur le mode le plus radical. Les propos tenus par l'écrivain lors de son discours de réception du prix Nobel de littérature, prononcé devant l'Académie royale de Suède en décembre 1980, sont très éclairants à cet égard. Après avoir rappelé qu'il « existe, sans nul doute, deux Europes » et qu'« il nous a

1. Czeslaw Milosz, *Empereur de la terre*, op. cit., p. 154.
2. Czeslaw Milosz, *Milosz par Milosz*, op. cit., p. 232.

été donné à nous, habitants de la seconde, de pénétrer au cœur des ténèbres du XXᵉ siècle », Milosz souligne à quel point ni lui ni ses contemporains n'étaient prêts à affronter ces événements. À aucun moment, toutefois, il n'explique ce désastre par l'hypothèse d'une quelconque rechute de l'Europe dans l'irrationnel et la barbarie. Au contraire, comme l'illustre ce passage qui mérite d'être cité en entier : « Tels des aveugles, nous marchions au hasard, exposés à toutes les tentations auxquelles la raison, en ce siècle, s'expose elle-même. Il n'est pas facile de distinguer la réalité de l'illusion lorsqu'on vit à l'époque du grand bouleversement qui a commencé il y a quelques centaines d'années sur la petite péninsule occidentale du continent euro-asiatique et qui a précipité toute la planète, en l'espace d'une seule vie humaine, dans un culte unique – celui de la science et de la technique. Dans certains pays d'Europe, il était particulièrement difficile de résister aux multiples tentations d'idées dégénérées qui, ayant pour but de dominer les hommes comme on domine la Nature, ont conduit à des paroxysmes de révolution et de guerre et coûté la vie à des millions d'hommes, tués physiquement ou spirituellement[1]. »

C'est donc bien la Raison qui se trouve ici stigmatisée. Mais Milosz insiste ailleurs sur le fait qu'à ses yeux ce n'est pas la raison comme telle qui porte la responsabilité des malheurs du siècle : c'est la raison « insuffisamment raisonnable », écrit-il, celle qui se coupe celle de nos dons, « grâce ou attachement aux valeurs », dont elle devrait être inséparable[2]. Le drame vient plutôt, pour lui, du mouvement qui poussera l'homme moderne à assimiler la rai-

---

1. Czeslaw Milosz, *De la Baltique au Pacifique, op. cit.*, p. 249-250.
2. Czeslaw Milosz, *Visions de la baie de San Francisco, op. cit.*, p. 186.

72

son à une instance suprapersonnelle et à finalement tomber sous sa fascination, se trouvant ainsi pris au piège de sa propre création. Autrement dit, Milosz a compris que ce qui s'oppose à l'objectif et à l'universel, ce n'est pas le monde prétendument impur et subjectif de la conscience, de l'émotion, de la conviction personnelle, des scrupules, bref, ce qu'il nomme aussi « l'humanité désordonnée ». La conscience est au contraire la seule instance où le rationnel peut trouver à se ré-enraciner dans le raisonnable. Dès l'instant où la raison entreprend de s'affranchir de l'homme, de son expérience et de sa conscience, ne se libère-t-elle pas du même coup de l'horizon absolu auquel toute responsabilité se rapporte en ce monde ?

De ce séjour « au cœur des ténèbres », le poète ne ramène donc aucune grande théorie sur l'avenir de la société, mais une découverte philosophique aussi humble que capitale. De là, dit-il, « notre *conquête* la plus précieuse », à nous autres Européens de l'Est, c'est « le respect et la reconnaissance de tout ce qui préserve les hommes de la désintégration intérieure et de la soumission a la violence »[1].

La question des limites

En quel sens concevoir une conquête qui ne soit pas de l'ordre de l'expansion, de la domination, de la colonisation, mais au contraire de l'ordre de la préservation, commandée par une attitude de sauvegarde et de reconnaissance ? C'est là une façon, pour Milosz, de faire valoir que la question décisive de notre temps est désormais celle

1. Czeslaw Milosz, *De la Baltique au Pacifique, op. cit.*, p. 250. (C'est moi qui souligne.)

des *limites* : que tout n'est pas possible, qu'il existe des limites à notre prétention à régner en maîtres sans scrupule sur la réalité, des limites à notre volonté d'organiser la société pour réaliser le sens de l'Histoire, à l'idée funeste qu'aucune zone d'ombre ne puisse ni ne doive demeurer impénétrable aux lumières de la raison.

Nous sommes ici confrontés à un état d'esprit qui, dans la mesure même où il ne se conjugue pas à une position politique traditionaliste ou de « droite », représente là encore un trait caractéristique de l'essayisme est-européen des dernières décennies. Ainsi la notion de respect apparaît-elle de façon récurrente chez Václav Havel, l'ex-dissident tchèque devenu en 1990 président de la République, par exemple lorsqu'il conviait les Européens des deux bords, en 1986 déjà, à un « respect renouvelé envers les principes spirituels », touchant à la liberté et à la dignité de l'homme, à l'origine même de l'esprit européen[1]. Milan Kundera, quant à lui, n'hésite pas devant le mot « conservation ». Ainsi lorsqu'il relève que les révoltes est-européennes – 1956 en Hongrie, 1968 en Tchécoslovaquie, 1980 en Pologne – ont quelque chose de conservateur, presque d'anachronique dans leur tentative désespérée pour « restaurer le temps passé, le temps passé de la culture, le temps passé des Temps modernes[2] ».

Ce ton, ce regard critique sur la modernité, on les rencontre aussi dans les textes d'Ivan Klíma, l'un des romanciers tchèques contemporains les plus talentueux. Né en 1931 à Prague, où il vit toujours, Klíma a lui aussi successivement connu les horreurs de l'occupation nazie (il fut

---

1. Václav Havel, *L'Angoisse de la liberté*, La Tour d'Aigues, L'Aube, 1994, p. 60.
2. Milan Kundera, « Un Occident kidnappé ou la tragédie de l'Europe centrale », *op. cit.*, p. 22.

interné au camp de Terezin), les années staliniennes, le miracle du Printemps de Prague puis son écrasement, l'audace de la Charte 77 et la révolution de Velours en 1989. Dans un discours justement intitulé « Notre tradition et les *limites* de la croissance », prononcé un an après la chute du communisme – à Stockholm comme celui de Milosz une décennie plus tôt, mais cette fois devant le Comité suédois pour la coopération en Europe –, Klíma s'interroge à son tour sur le passé récent.

Pourquoi, dans un siècle qui a vu le génie humain atteindre des sommets, y a-t-il eu deux guerres dévastatrices, des exterminations de masse, des camps de la mort ? Comment se fait-il que tant de gens instruits aient accepté sans protester, parfois avec enthousiasme, un comportement qui outrageait toutes les traditions humanistes de la culture européenne ? Faut-il en conclure que cette culture aurait été violée et mise à mal ? Et si c'était l'inverse, se demande Klíma dans le sillage de Milosz et de Patočka : si les qualités les plus précieuses de notre culture – son dynamisme, son esprit de compétition, son idée que c'est à l'homme de se saisir de ce qui existe pour le porter à un point de perfectionnement supérieur –, et si ces qualités s'étaient retournées contre elles-mêmes ? Il serait peut-être temps, suggère-t-il, de revenir sur la conception d'un progrès linéaire et sans fin qui postule que « nos possibilités, nos sources, nos objectifs ne connaissent pas de limites » ; de réviser la certitude selon laquelle nous pourrions continuer de « nous élever, autant que nous le voudrons, sans aucune barrière » [1]. Comme chez Milosz, le sens de ce questionnement n'est pas, on l'a compris, pour aboutir à un rejet de la culture européenne : il consiste plutôt en une

---

1. Ivan Klíma, *Esprit de Prague*, trad. de la version anglaise par Béatrice Dunner, Paris, Le Rocher, « Anatolia », 2002, p. 183.

invite à s'interroger, aujourd'hui, sur les compromis par lesquels la modernité européenne pourrait et devrait se garder des abîmes qu'elle recèle afin de tempérer ses propres excès. Admettre qu'il existe des limites dans le champ intellectuel, explique l'écrivain pragois, c'est postuler que le dynamisme de notre culture implique l'existence de mécanismes d'auto-évaluation susceptibles de dompter son impétuosité.

Ivan Klíma tient ainsi à rappeler la manière dont son compatriote Karel Čapek – l'auteur visionnaire de *La Guerre des salamandres* (1935), écrit trois ans avant le premier viol de la Tchécoslovaquie –, consterné par l'effondrement de l'intelligentsia, avait tenté de définir, un demi-siècle plus tôt, le rôle de la culture. Un propos combien urgent aujourd'hui : « Savoir au moins quelque chose des expériences, des valeurs, du savoir auxquels l'humanité est déjà parvenue [...] et ne pas perdre de terrain, ne pas accepter de retomber en dessous de ce niveau », suggérait Čapek en 1990 cité par Klíma. « Oui, tranchons d'un mot : l'éducation, en ce sens, c'est de la conservation », osait avancer ce grand critique du totalitarisme. « La culture représente avant toute chose la cohérence des activités déployées jusqu'ici par l'être humain, et cet acquis ne peut se laisser perdre [...]. Le défendre est un combat, aussi important que de prendre d'assaut des positions nouvelles. L'esprit humain serait un bien piètre soldat s'il s'assignait pour unique tâche de marcher à l'avant-garde sans se donner les moyens de défendre et de consolider ses conquêtes [1]. » Pour Klíma, l'époque qui, au détriment de toute autre valeur, a porté au pinacle le développement rapide, l'innovation et le changement – cette époque est désormais close. Même conclusion chez

1. *Ibid.,* p. 188.

Milosz qui, en 1986, déclarait pour sa part que le concept de scientificité hérité du XIXᵉ siècle doit passer son chemin.

Mais quelles sont au juste ces frontières dont le franchissement apparaît au poète polonais comme intolérable : ouvrant la voie à la désintégration intérieure de l'homme et à sa soumission à la violence ? Ces limites inentamables semblent pouvoir se définir, chez lui, comme ressortissant à deux types de liens fondamentaux. Les premiers se rapportent à la solidarité pour ainsi dire originaire qui lie les hommes entre eux. Or Milosz a été successivement témoin de leur effroyable rupture, sous le nazisme d'abord, sous le communisme ensuite. Les seconds concernent ce qu'il appelle « les liens qui existent de manière organique entre les êtres, en quelque sorte d'eux-mêmes, maintenus par la famille, la religion, le voisinage » et qui constituent, écrit-il, « notre héritage commun ». En un mot, « toute l'humanité désordonnée, illogique, si souvent ridiculisée dans ses attachements et ses loyautés provinciales » [1]. Ces liens ont ceci de particulier qu'ils précèdent la raison : considérer qu'ils ne peuvent, comme tel, n'être que préjugés, et devraient donc être réduits au silence, n'est-ce pas justement ce projet qui va embarquer la modernité vers le pire ? C'est-à-dire en premier lieu, pour Milosz, vers la perte de tout fondement quant à la distinction du bien et du mal.

LE BIEN ET LE MAL

Souvent associée à sa réflexion sur l'expérience historique qui distingue les deux Europes – celle de l'Est, selon

1. Czeslaw Milosz, *De la Baltique au Pacifique, op. cit.*, p. 250.

lui, ayant eu à cet égard le privilège de se trouver à l'avant-garde de l'inhumanité –, la question du bien et du mal constitue un motif obsédant chez Milosz. Pour un homme de l'autre Europe, remarque-t-il souvent, il ne s'agit pas là de notions philosophiques : elles se confondent avec la vie quotidienne, au même titre que le goût du pain. Dans un entretien accordé à l'hebdomadaire américain *Newsweek* du 6 juin 1983, il précisait ainsi qu'à ses yeux la principale différence entre nos sociétés « consiste en ce que nous, gens de l'Est, accordons foi aux notions primitives de bien et de mal. Ceci recouvre, bien sûr, notre expérience du nazisme et notre expérience du communisme qui ne sauraient être séparées ». Et il concluait sur cette note catégorique : « Nous croyons au bien et au mal, un point c'est tout. » Que cette position n'aille nullement de soi pour un Occidental, qu'elle puisse, sur un autre registre, passer pour philosophiquement naïve, le prix Nobel en est parfaitement conscient. Il raconte ainsi que la seule fois où il est entré en conflit avec ses étudiants intervint le jour où il leur déclara être intimement persuadé de l'existence du bien et du mal, « opinion qu'ils jugèrent aussitôt insupportablement réactionnaire ». Pour eux, le comportement des hommes ne pouvait que dépendre de déterminants sociaux et psychiques. Or, commente-t-il, c'est précisément cette façon de « dégager l'individu de sa responsabilité » qui accablait l'auteur des *Frères Karamazov*[1]. Et serait-on tenter d'ajouter : Milosz lui-même.

Rien d'étonnant, donc, si cette préoccupation fondamentale pour l'éthique occupe une place importante dans une conférence intitulée « Sur notre Europe », prononcée par le poète en 1986 à l'occasion d'un colloque organisé aux États-Unis sur l'identité centre-européenne. L'Europe

1. Czeslaw Milosz, *La Terre d'Ulro, op. cit.*, p. 284.

centrale, avançait-il dans ce contexte, n'est pas tant un concept géographique qu'un ensemble culturel renvoyant à une série d'attitudes ou de modes de pensée. Prenez la littérature en langue tchèque, polonaise, hongroise ou estonienne, lituanienne ou serbo-croate, dit-il : on y perçoit un ton et une sensibilité qu'on ne rencontre nulle part ailleurs, ni en Europe de l'Ouest, ni en Amérique, ni en Russie. Et d'évoquer, parmi ces traits distinctifs, une perception du temps étroitement liée au sentiment de danger qui menace la communauté – par où il suggérait une ressemblance avec la littérature juive –, ou encore un sens aigu des dilemmes qui surgissent quand on s'appuie sur l'État et sa bureaucratie, qui tend à se reproduire sans fin.

Milosz, toutefois, insiste avant tout sur cette conscience aiguisée du péril qui s'attache à « la relativisation absolue du bien et du mal ». L'auteur de *La Pensée captive* voit même dans cette *in-différence* un événement décisif dans l'histoire de l'esprit européen. Aussi Nietzsche, qui prédisait le « nihilisme européen », ne lui paraît-il pas moins apocalyptique que Dostoïevski anticipant dans *Les Possédés* les principaux traits de la révolution bolchevique. De fait, poursuit Milosz, « le refus de comprendre que la perte d'un fondement métaphysique est une grande tragédie » – ailleurs, il parle de la tragédie même du XXe siècle – « caractérise aujourd'hui les hommes exactement comme le prévoyait Nietzsche ». Puis surgit de nouveau sa fameuse thèse sur ce qui fait la différence entre un Européen de l'Ouest et un Européen de l'Est : elle tient à ce que celui-ci, dès l'instant où il trouve sur son chemin l'État totalitaire, se voit privé des subterfuges qui permettent à l'autre de fuir le problème. L'homme qui comprend qu'il devient une victime parmi d'autres à liquider « découvre pour ainsi dire empiriquement la frontière absolue qui sépare le bien du mal ». En Europe centrale, souligne-t-il, l'expérience historique a prouvé qu'on ne saurait faire de compromis sur ces valeurs fondamentales « sans se rendre complice des criminels »[1].

SI LA PURETÉ L'EMPORTE SUR LA PITIÉ

Comment entendre au juste ce caractère d'évidence que semble revêtir pour le poète la distinction entre le bien et le mal ? Déplore-t-il la perte des anciens horizons moraux, ce temps où la Tradition dictait à nos ancêtres les normes de leurs conduites, où les hommes trouvaient des repères fixes à la fois au-dessus d'eux-mêmes (Dieu) et au-dehors (la coutume) ? Certes, non. Milosz incline même à s'insurger avec Chestov contre l'idée, issue du stoïcisme, selon laquelle le bien désignerait quelque chose d'immuable au sens où il persisterait indépendamment du fait qu'existe ou non un être vivant qui y aspire. Exclusivement humains, le bien et le mal n'en sont que plus précieux, va-t-il jusqu'à écrire dans *La Terre d'Ulro* : « Leur besoin est profondément enraciné en l'homme qui s'en sert comme d'un défi jeté à la face du vide[2]. » Milosz nous rend pour ainsi dire responsables de leur fragile et délicate distinction. La « perte du fondement » semble avant tout renvoyer, dans son univers, à l'effondrement de la reconnaissance – voire de *l'imagination* du semblable[3] –, ce lien minimal qui sou-

1. Czeslaw Milosz, « Sur notre Europe », *La Nouvelle Alternative*, Paris, n° 2-3, juin-septembre 1986, p. 16-20.
2. Czeslaw Milosz, *La Terre d'Ulro*, *op. cit.*, p. 287.
3. Pour reprendre la formule de Myriam Revault d'Allonnes dans *Fragile Humanité*, Paris, Aubier, « Alto », 2002.

tient l'humanité et la rend possible. Un lien dont la dislocation se confond précisément avec l'irruption du mal dont
l'autre nom est « l'indifférence morale », une expression
qui revient avec constance dans ses textes. Cela signifie
que ce lien, dont seule la conscience individuelle peut en
dernière instance se faire la gardienne, nous ne devons en
aucun cas laisser l'État, l'heure historique ou encore le pur
et simple souci de vivre mieux en décider – autrement dit :
le relativiser. En ce sens, il y a assurément un absolu de
l'exigence éthique pour Milosz et il semble que ce soit en
ces termes qu'il faille traduire sa métaphysique du bien et
du mal.

Cette conviction puise sans conteste, chez lui, à deux
expériences déterminantes – celle du nazisme puis celle du
communisme –, qui correspondent, chacune selon des
modalités différentes, à une double éclipse de l'humanité.

L'expérience décisive du nazisme : Campo dei Fiori

Le nazisme renvoie de manière essentielle chez Milosz à
l'indifférence d'un peuple – le sien – à l'extermination des
Juifs sur son sol. Un spectacle dont on sent, dans ses écrits
contemporains ou postérieurs à la Shoah, à quel point il a
bouleversé sa relation à l'Europe, au monde et à lui-même.
« Dans une certaine mesure, dit-il, mon œuvre postérieure
tente de régler mes comptes avec cette expérience, non seulement avec la mienne propre, mais avec celle de toute la
collectivité[1]. » Deux de ses poèmes – Campo dei Fiori et
Pauvre chrétien regarde le ghetto – permettent d'en appro-
cher la teneur. Tous deux datent de l'année 1943.

Le premier, tel un instantané arraché aux ténèbres, évo-

1. Czeslaw Milosz, Milosz par Milosz, op. cit., p. 98.

que l'un de ces carrousels où les Varsoviens avaient coutume de se distraire. Celui dont il est question ici se trouvait derrière le mur du ghetto, lui-même situé au cœur de la ville. À cette date, la majorité de ses habitants – quatre cent trente mille personnes recensées en 1941 – ont déjà été déportés et assassinés à Treblinka. Nous sommes au printemps 1943 : le ghetto brûle – les lueurs de l'incendie sont visibles des quatre coins de la ville –, les combats de rue font rage. La Wehrmacht a en effet entrepris la liquidation du ghetto le 19 avril, lançant l'attaque lors de la première nuit de Pessah, la Pâque juive, offensive à laquelle les derniers occupants ont répliqué par les armes, déclenchant l'insurrection. Celle-ci sera écrasée au lance-flammes à la mi-mai. Pendant ce temps :

> À Varsovie près d'un manège,
> Par un beau soir de printemps,
> Aux sons d'une allègre musique ;
> Les salves venant du ghetto
> Se perdaient dans la mélodie
> Et les couples s'envolaient
> Lancés haut dans le ciel serein.
> Le vent des maisons incendiées
> Apportait de sombres lambeaux,
> Ils attrapaient en l'air des cendres
> Ceux qui allaient au manège.
> Et les robes des filles volaient
> Au vent des maisons incendiées,
> Et les gens riaient heureux
> Ce beau dimanche de Varsovie [...][1].

Le philosophe Leszek Kolakowski, jeune garçon à l'époque, confirme. Il situe le carrousel place Krasinski. Certains ont prétendu que Milosz l'aurait tout simplement

---

1. Extrait tiré de Czeslaw Milosz, *Poèmes 1934-1982*, *op. cit.*

inventé. C'est faux : « Je me rendais tous les jours au centre-ville, dit Kolakowski, et je me souviens de ce manège, installé tout près du mur du ghetto en flammes. On entendait les déflagrations, le vent soulevait des lambeaux de papiers ou de vêtements qui parfois brûlaient encore, les gens sur le manège en jouaient – ils arrivaient à en attraper quelquefois un bout –, tout cela dans une atmosphère d'insouciance. Pareilles choses m'impressionnaient terriblement[1]. » On trouve encore trace du même manège sous la plume de l'écrivain Miron Bialoszewski qui, dans ses souvenirs du ghetto de Varsovie, rapporte lui aussi la présence, place Krasinski, d'« une sorte de Lunapark », avec des manèges, des balançoires et « quelques personnes ordinaires qui tournaient et se balançaient. Dans l'épaisse fumée qui roulait »[2].

Si le poème de Milosz porte sur la tragédie juive, il porte surtout sur la tragédie de la passivité polonaise face au meurtre des Juifs. Mais n'était-ce pas justement, pour son auteur, une façon de montrer – et ce dès 1943 – que la seconde était constitutive de la première ? Sans entrer ici dans la très sensible question des relations polono-juives pendant la Seconde Guerre mondiale[3], il importe de souli-

---

1. Wojciech Karpinski, « Entretien avec Leszek Kolakowski », *L'Autre Europe*, n° 5, 1985, p. 98-99.
2. Miron Bialoszewski, *Mémoires de l'insurrection de Varsovie*, trad. par ÉrikVeaux, Paris, Calmann-Lévy, 2002, p. 89.
3. Sur ce point, voir notamment l'ouvrage de Jan T. Gross, *Les Voisins. 10 juillet 1941, un massacre de Juifs en Pologne* (trad. de l'anglais par Pierre-Emmanuel Dauzat, Paris, Fayard, 2002), qui suscita, dès sa parution en Pologne en 2001, une énorme controverse. L'historien, professeur à New York, y remet en effet en question le mythe de l'innocence polonaise, soit l'idée, largement répandue, selon laquelle les Juifs massacrés en Pologne au cours de la guerre ne l'auraient été que par des Allemands.

gner le caractère remarquable de la position de Milosz qui a très tôt contrasté avec la tendance de nombre de ses compatriotes à s'exempter de toute responsabilité face au crime. Pour le poète, au contraire, le fait que l'extermination des Juifs d'Europe ait eu lieu pour l'essentiel en Pologne interdit à jamais toute protestation d'innocence. Du moins arrête-t-il cette attitude pour lui-même, lui dont la conduite fut pourtant irréprochable. « Il me suffit d'avoir été présent sur cette terre au moment de l'Holocauste pour m'en juger le témoin, et donc coupable », dira-t-il par la suite. *Campo dei Fiori* apparaît en cela comme une invitation à percer l'écran mystificateur de la martyrologie collective et de l'héroïsme national, très présents dans un pays qui fut par ailleurs, il faut le rappeler, l'un des plus durement éprouvés par le conflit mondial.

Pour autant, Milosz n'accable jamais la société polonaise. Il reconnaît ainsi, dans d'autres textes, que le plus grand héroïsme coexistait avec la plus grande veulerie ; qu'à côté du ghetto tournaient des manèges, mais qu'à d'autres endroits les comportements étaient différents. « Je ne veux donc pas en faire un poème accusateur, précisera-t-il. Il traduit simplement un réflexe d'humanité, au début de 1943[1]. »

Campo dei Fiori n'en reste pas moins l'un des poèmes les plus saisissants jamais écrits sur l'indifférence. Tout comme *Pauvre chrétien regarde le ghetto*. Dans ce texte, le ghetto est déjà détruit. Reste la terre gorgée de cendres humaines. Il y est question d'une taupe gardienne dont les traits évoquent un vieux Juif penché sur la Bible, peut-être un survivant :

---

1. Czeslaw Milosz, *Milosz par Milosz, op. cit.*, p. 145.

Lentement, creusant une galerie, une taupe gardienne trace la
                                                                      [route.
J'ai peur, si peur de la taupe gardienne.
Ses paupières sont gonflées, comme celles d'un patriarche
resté longtemps assis auprès de la bougie
À lire le grand livre de l'espèce. Que lui dirais-je, moi, Juif du
                                                                   [Nouveau Testament,
Attendant depuis mille ans le retour de Jésus ?
Mon corps brisé me révélera à sa vue
Et il me comptera parmi les aides de la mort :
Les non-circoncis [1].

De ce poème, Milosz n'a jamais retiré la moindre fierté. « Comment mettre en rapport une petite œuvrette si marginale et un problème si colossal ? Car enfin, il s'agit du ghetto et de la liquidation de trois millions de Juifs polonais. Le problème de la faute de cette terre, de tout ce pays, se pose et appelle une purification [2]. » Que dit en effet la taupe de Milosz ? Elle interroge : Et vous, n'avez-vous pas servi la mort ? N'avez-vous pas assisté la conscience tranquille au massacre ? Et partant, assisté le massacre même ? Il n'est pas tant question, ici, de l'importance de l'aide matérielle apportée, ou non, à la population juive, geste qui aurait supposé un certain courage et se serait peut-être avéré symbolique ou dérisoire. Mais *quid* de l'aide morale ? Du respect et de la plus élémentaire solidarité dus à

---

1. Nous utilisons ici la traduction de Jan Blonski : « Balayer devant notre porte », *Le Messager européen*, n° 9, Paris, Gallimard, 1996, p. 168-169, dans le dossier « Mémoire juive, mémoire polonaise », p. 155-322. Dans les années quatre-vingt, on doit aussi à Jan Blonski un important article sur la question de la responsabilité polonaise, publié dans la presse catholique de l'opposition et justement intitulé, en référence au poème de Milosz, « Pauvre Polonais regarde le ghetto » *(Les Temps modernes*, n° 516, juillet 1989 pour la version française).
2. Czeslaw Milosz, *Milosz par Milosz, op. cit.*, p. 147.

ceux qui souffraient et que l'on assassinait dans des conditions atroces de l'autre côté du mur ?

Adolf Rudnicki, dont l'œuvre est en grande partie consacrée à la vie et au martyre des Juifs de Pologne, raconte, dans une nouvelle intitulée « La Pâque », la façon dont les Allemands, se heurtant à une résistance imprévue, installèrent au premier jour de l'insurrection leurs canons place Krasinski, au milieu des badauds. Cette année-là, les Pâques chrétiennes tombaient à la fin avril. À peine les mots « Allez en paix, la messe est achevée, alléluia » étaient-ils prononcés que la foule sortant des églises, « l'âme encore brûlante, bruissante de printemps, des fleurs fraîches à la main, accourait vers le mur, au spectacle. À la représentation pascale varsovienne » [1]. C'était un spectacle peu banal, poursuit Rudnicki : « Les habitants des maisons mitoyennes voyaient comment – là-bas, derrière le mur – des gens à demi fous bondissaient hors des caves et comme des lézards rampaient d'étage en étage, plus haut, plus haut encore. [...] Lorsque le feu commençait à leur lécher les jambes, le mari confiait l'enfant à sa femme, tous trois se donnaient un dernier baiser, puis ils sautaient, la femme d'abord avec le petit, l'homme ensuite. » Ainsi « les gens dégringolaient comme des noix, dans l'enfer de la mort et l'enfer de l'indifférence » [2]. Car de l'intérieur, que voyaient, pour leur part, les combattants ? « Nous voyions combien est petite, dérisoire, la conscience des hommes. » Les insurgés constatent aussi que « l'indifférence est chez l'homme ce qu'est dans la nature une forêt qui, si on ne l'éclaircit pas, en viendra à tout recouvrir » [3]

1. Adolf Rudnicki, « La Pâque » (avril 1945), in *Les Fenêtres d'or et autres récits*, trad. du polonais par Anna Posner, préface de Claude Roy, Paris, Gallimard, « Folio », 1979 [1956, 1959], p. 19.

2. *Ibid.*, p. 19-20 et p. 27.

3. *Ibid.*, p. 21.

L'indifférence : dans quelle mesure l'idéologie, en particulier le fond d'antisémitisme social et culturel, a-t-il facilité le processus de déshumanisation des victimes dans la conscience polonaise ? Milosz n'est pas historien et il reste prudent. Aussi lui semble-t-il difficile d'évaluer avec précision la part des préjugés antisémites dans l'attitude des individus pendant la guerre, laquelle dépendait alors de nombreux autres facteurs. Il faut tout de même « un grand effort », observe-t-il dans *Une autre Europe*, pour ne pas rattacher l'antisémitisme polonais et les conflits d'avant guerre au massacre des Juifs par les nazis sur le territoire de la Pologne. Le catholicisme polonais ? Dans divers textes, le poète n'épargne guère ce qu'il nomme ce « corset romain ». Et parmi les principaux reproches qu'il lui adresse, celui d'avoir traditionnellement mis l'accent sur la responsabilité envers des « êtres collectifs » comme la Patrie et l'Église, en partie identifiées l'une à l'autre, repoussant du même coup au second plan le sens de la responsabilité « envers les hommes réels et vivants » [1].

Quelle que soit la part mêlée de ces éléments explicatifs, et d'autres encore, ce qui frappe, dans le poème de Milosz comme dans la nouvelle de Rudnicki, c'est surtout l'insoutenable légèreté de cette indifférence, sa dimension extraordinairement ordinaire et banale. Et pour cette raison, particulièrement effrayante. C'est bien cette dimension qui ressort encore du texte de Milosz écrit en 1945. Revenant sur l'attitude de Varsovie envers le ghetto, il note qu'il y entrait à la fois de la malveillance, de la compassion, de la honte et de l'antisémitisme. Mais « par-dessus tout, il y avait cependant une stupide insensibilité. Ces balançoires remplies de rires qui montaient et descendaient dans la fumée du ghetto en flammes, tout près, n'étaient absolu-

---

1. Czeslaw Milosz, *Une autre Europe*, *op. cit.*, p. 87.

ment pas une manifestation d'antisémitisme, c'était une manifestation d'indifférence envers la vie du prochain, une indifférence qui empêchait même d'incliner la tête devant le malheur, de rentrer chez soi et de consacrer ne fût-ce qu'une heure de silence à ceux qui mouraient et qu'on ne pouvait pas aider[1] ».

Insouciance, insensibilité, indifférence : comme si les mots venaient à manquer pour dire cette défection du souci de l'autre, cet évanouissement de la conscience dans la désinvolture et la distraction, cette terrifiante résignation devant la « nécessité ». Avec en creux cette idée, qu'on sent affleurer chez Milosz comme chez Kolakowski ou Rudnicki, selon laquelle ce qui s'oppose à l'universelle solidarité avec les autres hommes, c'est peut-être moins l'émotion ou l'affect – fussent-ils négatifs ou haineux – que l'incapacité d'être ému. Il y a l'enceinte du ghetto, qui permet aux criminels de dissimuler leur crime. Mais ce mur trouve surtout à s'adosser à un mur intérieur, celui qui permet aux témoins de *se* dissimuler à eux-mêmes leur consentement au crime. Autrement dit : de se séparer du bien, de rejeter une partie de l'humanité hors des limites de leur sphère d'obligation morale. « De tout cela, des enfants transformés vifs en viande fumée, on disait : C'est dans le ghetto, ce qui sonnait comme à des distances infinies. On disait : C'est le ghetto, et la tranquillité d'esprit revenait[2] », écrit Rudnicki.

Pour Milosz au contraire, de même que pour István Bibó en Hongrie, quiconque a vécu cette époque ne peut avoir la « conscience tranquille ». Car survivre, c'était forcément faire des concessions – ne pas les faire revenait à choisir une mort héroïque. Comme il l'explique dans le

1. Czeslaw Milosz, « Élégie », *op. cit.*, p. 201.
2. Adolf Rudnicki, « La Pâque », *op. cit.*, p. 20.

Cahier particulier, il ne devra souvent la vie qu'à des miracles. Mais ces miracles, à ses yeux, n'en laissent pas moins
mal à l'aise : Pourquoi moi ? Pourquoi pas un autre ?

Un demi-siècle plus tard, la tranquillité d'esprit est
pourtant revenue, souligne quant à lui Marek Edelman,
qui fut l'un des membres de l'état-major de l'insurrection
d'avril 1943, dans la postface de 1993 à ses *Mémoires du
ghetto de Varsovie*. Pourquoi parler de tout cela aujour-
d'hui, demande-t-il ? Parce que, en son sein même, la civilisation européenne continue d'assister, passive et
impuissante, au massacre de milliers de personnes dans
des conflits idéologiques sanglants, motivés par la haine
ethnique. Et d'invoquer, entre autres, l'exemple de la
guerre en ex-Yougoslavie, auquel on pourrait aujourd'hui
ajouter le drame de la Tchétchénie. Milosz, en effet, s'y est
montré très sensible, signant une des toutes premières péti-
tions contre l'offensive de l'armée ex-soviétique à Grozny,
atterré de voir une partie de l'intelligentsia russe céder à la
pression nationaliste et se prononcer en faveur de la
guerre. De même, le poète a souvent comparé les déplace-
ments forcés et massifs de population opérés à l'issue de la
Seconde Guerre mondiale au nettoyage ethnique des
années quatre-vingt-dix pratiqué par les Serbes en Bosnie
et au Kosovo un demi-siècle plus tard[1].

À l'entrée « Bêtise de l'occident » de son *Abécédaire*,
Milosz, à l'instar de l'écrivain hongrois Imre Kertész
(quant à lui Nobel 2002), s'indigne de la passivité de l'Europe face à l'horreur de l'épuration ethnique dans les Bal-
kans. Pis, ajoute-t-il : « Le poème de protestation que

1. Par exemple dans un discours prononcé à Vilnius (Wilno) le
2 octobre 2000, publié dans *Gazeta Wyborcza* (Varsovie) ; version
française dans *Courrier international*, « Le poète Czeslaw Milosz face
aux fantômes de Vilnius », n° 528, 14-20 décembre 2000, p. 60-61.

j'écrivis alors que l'Europe observait les massacres de Bosnie et les tirs quotidiens à Sarajevo les bras croisés m'attira des lettres outrées de Français m'accusant d'en appeler à la guerre [1] ». En cela, le poète demeure bien au cœur de notre présent. « L'Europe se comporte comme ce promeneur du dimanche qui faisait du manège près du mur du ghetto alors que, de l'autre côté, des gens mouraient dans les flammes », poursuit Edelman. Pour conclure, toujours en écho à *Campo dei Fiori* : « Indifférence et crime ne font qu'un. C'est pourquoi nous devons nous souvenir de ce manège, de ces flammes, et de ces insurgés » [2].

Quand l'humanité disparaît derrière l'Humanité : la « morsure hégélienne »

Là où Milosz nous fait toucher du doigt l'insondable catastrophe du siècle, c'est dans la mesure même où ce manège et ces flammes furent à l'origine, après guerre, du ralliement de nombreux intellectuels polonais au régime communiste. Mais aussi, et indissociablement, à l'origine, dans bien des cas, de leur décision ultérieure de rompre avec un engagement que beaucoup, en 1945, vécurent, selon les mots de Milosz, comme un engagement moral. Il faut tenir ensemble les termes de ce paradoxe.

Convenait-il ou non, après le cataclysme de la guerre, d'adhérer à la Nouvelle Foi venue de l'Est ? se demande en substance Milosz en 1959. « Pour beaucoup, peut-être, la réponse paraît simple, comme paraît simple la chasse à la

---

1. Czeslaw Milosz, *Abécédaire*, op. cit., p. 64.
2. Marek Edelman, *Mémoires du ghetto de Varsovie*, op. cit., p. 116.

baleine pour ceux qui ne l'ont jamais vue de près[1]. » Dans un premier temps, le poète rappelle en effet à quel point l'immense dégoût éprouvé pour la civilisation qui avait produit l'hitlérisme, joint à l'avilissant spectacle de tous ces individus de bonne volonté que la machine de terreur nazie avait transformés en primitifs apeurés mus par l'unique souci de protéger leur vie, à quel point ces images ont pu nourrir l'idée qu'il était temps d'en finir avec un monde qui s'était avéré si manifestement démuni face à la catastrophe, et dont les ressources morales semblaient s'être taries. Et d'observer en ce sens que le sentiment de culpabilité s'avéra alors, indirectement, l'un des meilleurs alliés du nouveau régime. Il le dit très explicitement : « Ma profonde attirance pour le socialisme venait du fait que je pensais à ces millions d'existences foulées aux pieds[2]. »

En phase sur ce point avec les analyses de Milosz, le romancier Tadeusz Konwicki, lui aussi né à Wilno, en 1926, et qui adhéra après guerre au Parti avant de passer dans le camp des « indépendants » à la fin des années cinquante, rend bien compte, dans un entretien récent, du désarroi qui saisissait alors de nombreux intellectuels de gauche : « Je me sentais honteux à cause des Juifs qui étaient mes amis ! J'avais honte et cela influençait la vision du monde adoptée [...]. Savez-vous quelle page regrettable, triste et honteuse nous avons remplie par notre attitude envers les minorités nationales dans les années vingt ? rappelle l'auteur de *La Petite Apocalypse* à son interlocuteur. La liberté ! Nous pensions voir poindre l'aube de l'universalisme socialiste. Nous considérions la liberté comme un élément transitoire. Les questions de nationalisme ont abouti à un carnage effroyable. Encore du natio-

1. Czeslaw Milosz, *Une autre Europe*, op. cit., p. 128-129.
2. Czeslaw Milosz, *Abécédaire*, op. cit., p. 52.

nalisme ! Vous saisissez ? Des hommes étaient passés par le gaz et le four[1]. » On pense aussi au personnage de B., l'un des écrivains dont *La Pensée captive* dresse le portrait. Pour être passé par les camps, où il avait vu des philosophes s'arracher des détritus dans les tas d'ordures, B. [il s'agit de Tadeusz Borowski], explique Milosz, regardait désormais les spéculations intellectuelles avec un sourire méprisant. De là, B. avait acquis la conviction que l'individu est mû par les lois du système social et qu'un changement brutal dans les conditions de vie suffirait à modifier profondément l'humanité.

Mais pour beaucoup, il y eut aussi le deuxième temps, celui de la rupture. Il est frappant de rapprocher à cet égard *Campo dei Fiori* d'une autre scène, au point que toutes deux, la première ayant rendu possible la seconde, mériteraient de figurer sur la porte d'entrée de l'Europe élargie : cette scène se déroule elle aussi à Varsovie, non plus en 1943 mais en 1949, et non par une belle soirée de printemps mais par une froide nuit d'été. Milosz, qui représente son pays aux États-Unis, revient dans la capitale polonaise pour un bref séjour. Il appartient alors à la société la plus en cours. Sa position est plutôt confortable : nanti d'un

---

1. Tadeusz Konwicki, « Un demi-siècle de purgatoire », entretien avec Stanislaw Novicki, *L'Autre Europe*, nº 17-18-19, 1998, p. 73. On doit au romancier T. Konwicki plusieurs œuvres maîtresses de la littérature polonaise, dont *La Petite Apocalypse* (1981), *La Clef des songes contemporains* (1983), *Le Complexe polonais* (1988), tous traduits aux éditions Robert Laffont. Dans la même livraison de *L'Autre Europe*, voir le contre-exemple de Zbigniew Herbert, « La "trahison des clercs" en Pologne », p. 134-152. Voir aussi, Jacek Trznadel, *La Honte*, Paris, Cerf, « Passages », 1994, ouvrage d'entretiens avec plusieurs intellectuels polonais visant à cerner, après coup, les motifs et les circonstances qui, dans les années cinquante, avaient pu les pousser à cautionner la politique du Parti.

poste diplomatique, il jouit d'une situation privilégiée. Moyennant quelques compromis, il reste libre d'écrire des poèmes et occupe une part de son temps à traduire Shakespeare. Bref, il s'efforce de se livrer à une activité qui ait un sens et imagine encore pouvoir préserver une part de son indépendance. Sans être tout à fait dupe : « Comme bien des gens dans l'Europe de l'Est, explique-t-il au début de *La Pensée captive*, j'étais engagé dans *le·jeu* : celui des concessions, des témoignages extérieurs de loyauté, des ruses et des coups faits en cachette pour la défense de certaines valeurs[1]. » Il va pourtant découvrir à son propre étonnement ne pas être capable de prolonger plus avant cette comédie. C'est ici qu'intervient le choc de l'été 1949 : « Je pris part, raconte-t-il, à une réception de ce beau monde où l'on but, où l'on dansa, et d'où nous ne revînmes qu'au petit matin vers quatre heures. La nuit d'été était froide. J'aperçus des Jeep transportant des personnes arrêtées. Les soldats et les gardes étaient en capote doublée et les prisonniers en veston, le col relevé, grelottant de froid. *Je compris alors de quoi j'étais le complice[2].* »

Que se passe-t-il à cet instant précis ? Milosz comprend que détourner le regard, c'eût été, *mutatis mutandis*, reproduire l'attitude des Varsoviens sur les balançoires du manège ; agir à la manière de ceux contre lesquels il mettait précisément en garde dans un poème de 1947, ces « chevaux politiques qui proclament : le peuple, mais murmurent : de la bouillie ». C'eût été, en un mot, ériger un nouveau mur d'indifférence faisant cette fois disparaître l'humanité derrière l'Humanité avec un grand « H ». On

1. Czeslaw Milosz, *La Pensée captive. Essai sur les logocraties populaires*, op. cit., p. 14-15.
2. Czeslaw Milosz, *Milosz par Milosz*, op. cit., p. 110. (C'est moi qui souligne.)

peut donc avancer que c'est dans la mesure où Milosz fut l'auteur de *Campo dei Fiori* qu'il pourra donner le jour à *La Pensée captive*, un livre dont il a souvent dit qu'il avait été écrit avec son sang, lors d'une grave crise intérieure. Écrire *La Pensée captive*, c'est-à-dire décrire, avec cette lucidité aiguisée par une secrète souffrance, la progressive absorption de la conscience dans la certitude d'aller dans le sens de l'Histoire, « d'obéir aux principes du devenir, plus puissants que nos désirs et nos effrois ». Alors même, précise-t-il, que ce mensonge était incontestablement notre invention. C'est ce qu'il nomme « la morsure hégélienne », que lui-même éprouva sur sa propre chair et qui renvoie en dernière analyse à la capitulation de la conscience devant la croyance, chère à Hegel, en la victoire inéluctable de certaines phases historiques sur d'autre. Et ce, insiste le poète, en dehors de toute responsabilité humaine. « Ce n'était pas moi, c'était l'Histoire », dit de son côté, avant de se suicider à l'annonce de la défaite du Reich, le médecin tortionnaire SS d'un camp d'extermination dans le film récent du cinéaste hongrois Ildiko Szabo consacré au génocide tzigane (*Chacho Rom*, 2002).

Aujourd'hui encore, Milosz ne manque pas d'adversaires pour prétendre qu'il n'y eut jamais la moindre « morsure hégélienne » dans les années cinquante, mais seulement la peur induite par l'occupation soviétique, le conformisme et le carriérisme. Or, toute la profondeur et le courage de son analyse viennent justement d'un double refus : refus de diluer la paralysie des consciences au cours de la période stalinienne dans des explications indulgentes et disculpatoires invoquant la pure contrainte externe, l'intérêt ou la peur ; mais aussi refus de ne pas intégrer cette expérience paroxystique du renoncement à soi à une réflexion plus globale sur la crise de la modernité européenne, au-delà même de l'épisode communiste.

En certaines de ses intuitions cruciales, la lecture de Milosz rejoint ainsi celle de Max Weber qui, au début du siècle, fut l'un des premiers à entrevoir la connivence potentielle entre rationalité et barbarie, complicité inhérente au processus même de modernisation[1]. Le fait majeur de la modernité, montre Weber, consiste dans le triomphe d'une rationalité instrumentale reposant sur l'abstraction et l'esprit de calcul, rationalité qui va peu à peu s'imposer comme la seule norme régulatrice de la société. Un constat qui conduit le célèbre sociologue allemand à décrire la société moderne comme une « cage d'acier » tendant à déboucher sur l'anéantissement de l'individu par la machine bureaucratique et sur la « pétrification mécanique » de l'ensemble des relations humaines. La logique du « désenchantement du monde » peut en ce sens s'interpréter comme celle d'une disjonction croissante entre deux ordres : l'ordre de la rationalité technique, orienté vers la maîtrise d'un monde de part en part administrable et offert à la prise de notre volonté, d'un côté ; et de l'autre, l'ordre des valeurs, renvoyé au bon vouloir de chacun, à l'arbitraire de la subjectivité. Le communisme selon Milosz représente d'une certaine manière la pointe la plus avancée de cette séparation entre la sphère de la conscience individuelle, ravalée au rang de préjugé (celle qui conduit justement Milosz à comprendre de quoi il se rendait complice), et la sphère de la raison qui, dans le contexte des années cinquante à l'Est, se présente sous les traits de la Nécessité historique.

---

1. Voir notamment, pour une analyse de la pensée weberienne sous l'angle qui nous occupe ici, les belles pages que lui consacre Enzo Traverso dans *L'Histoire déchirée. Essai sur Auschwitz et les intellectuels*, Paris, Cerf, « Passages », 1997 : « Auschwitz "ante" : de Kafka à Benjamin », p. 45-70 ; et Pierre Bouretz, *Les Promesses du monde. Philo-*

Kazimierz Brandys, dont la trajectoire suivra *grosso modo* les mêmes étapes que celle de Milosz, du communisme à la dissidence et de la dissidence à l'exil, rend compte de ce processus en des termes très proches. Comment avais-je pu me taire ? se demande-t-il lui aussi rétrospectivement. Il avait gardé le silence parce qu'il était arrivé à la conviction que l'Histoire avait raison. Brandys ne se justifie pas : il estime au contraire, avec le recul, qu'il y avait, au sein de sa génération, quelque chose de coupable dans leur acceptation de l'Histoire comme d'une nécessité extérieure. « J'ai souvent ressenti, chez quelques amis qui prirent leur carte du Parti vers les années cinquante, cette capitulation devant l'Histoire survenant de l'extérieur comme une manifestation de la raison de l'époque. Une raison supra-personnelle se réalisant indépendamment des volontés individuelles et de leurs distinctions morales – et dont la source est l'avenir. Insondable et inévitable[1]. » C'est ainsi que l'histoire peut en venir à remplacer l'éthique. À ce propos, Brandys, pourtant laïc, ne recule pas devant la notion de péché. Et même de péché collectif : ce « transfert », suggère-t-il, est cela même qui, en nous, n'aurait jamais dû se produire. Dans le vocabulaire de Milosz souvent empreint de métaphores gnostiques, on pourrait dire que ce mouvement aboutit à abandonner le monde au Prince du mal. Brandys le décompose en trois temps : « À partir du moment où je cesse d'être à moi-même ma propre nécessité, je réduis

---

sophie de Max Weber, préface de Paul Ricœur, Paris, Gallimard, « NRF Essais », 1996.

1. Kazimierz Brandys, *En Pologne, c'est-à-dire nulle part...*, *op. cit.*, p. 91.

d'autant la réalité en m'en retirant, en retirant ma volonté. Je commence dès lors à me soumettre à une abstraction impersonnelle qui est indirectement mon œuvre propre [1]. » Résultat : les hommes deviennent les outils d'une machine anonyme qu'ils ont eux-mêmes construite.

Milosz insiste avec la même force sur la difficulté qui était la leur de résister à la fascination exercée alors par la Doctrine, qu'il nomme aussi la Méthode (en référence à la méthode dialectique) : elle donnait l'illusion d'un savoir total, qui plus est scientifique et ancré dans la réalité elle-même. Une fascination encore accrue par le caractère de fatalité qui lui était associé, et qui interdisait du même coup de verser la moindre larme sur le destin des victimes. S'indigne-t-on d'un tremblement de terre ? Non, on constate la catastrophe, on plie son journal et on finit en paix son petit déjeuner. Là, c'était la même chose : « C'est qu'on ne peut se révolter que contre *quelqu'un* ; ici, il n'y a personne [2]. » Une bureaucratie proliférante et imperson-nelle, une étrange combinaison de rationalisme et de magie collective : ces différents facteurs finiront par créer un climat où le bien pourra se confondre avec les intérêts « objectifs » de la révolution, le mal avec ce qui leur nuit, tandis que la délation, entre autres « vertus », sera légiti-mement considérée comme la qualité première du bon citoyen.

Quand bien même le communisme serait derrière nous, l'enseignement que délivre ce désastreux brouillage des repères éthiques ne devrait pas cesser, en ce début du XXIᵉ siècle, de nous tourmenter. À quoi renvoie en effet la situation décrite par Milosz ? Au fait que l'évaluation

1. *Ibid.*, p. 92.
2. Czeslaw Milosz, *La Pensée captive. Essai sur les logocraties populaires*, *op. cit.*, p. 311.

morale de l'acte devient légitimement extérieure à l'acte lui-même. Elle se trouve du coup déterminée par des critères étrangers à ceux qui guident et organisent l'action. Or, l'expert d'aujourd'hui ou le fonctionnaire – dont le métier, note Milosz, consiste à remplir quotidiennement des dizaines de formulaires et de dossiers et à se tenir toujours à l'abri de la réalité –, échappent-ils totalement à cette logique ? Pourvu que l'ordre soit exécuté et la règle appliquée, ne se voient-ils pas eux aussi libérés de tout souci concernant l'appréciation morale de leurs actes ?

Convergence significative, c'est justement à un sociologue d'origine polonaise, Zygmunt Bauman – il quittera pour sa part la Pologne lors de la campagne antisémite orchestrée par le Parti en 1968 –, que l'on doit une des réflexions les plus radicales sur les liens existant entre un cas limite, le génocide nazi, et la marche ordinaire de notre société moderne et rationnelle, parvenue au XXe siècle à un haut degré de civilisation. Dans son grand livre, *Modernité et Holocauste* (1989), où cette analyse est essentiellement conduite en liaison avec la Shoah, Bauman évoque l'étonnante déclaration de l'avocat d'Eichmann. L'homme de loi résumait en ces termes la ligne de défense du criminel nazi : Eichmann a commis des actes pour lesquels on se voit décoré si l'on gagne et qui vous valent l'échafaud si l'on perd. Autrement dit, commente Bauman, les actes n'auraient, par eux-mêmes, aucune valeur intrinsèque : ils ne seraient ni essentiellement moraux ni essentiellement immoraux. Là où la chose devient terriblement inquiétante, poursuit-il, c'est quand on constate combien les critères de l'action rationnelle en vigueur dans notre monde, en même temps que les méthodes d'ingénierie sociale qui invitent à considérer la société comme un ensemble de problèmes à résoudre et à gérer – combien cette culture bureaucratique s'est révélée incapable d'empêcher le génocide. C'est ce que

Bauman caractérise à son tour comme une forme de « production sociale d'indifférence morale [1] ».

Cette sensibilité très aiguë à la menace portée par tout processus incitant l'individu à gommer son identité propre et à céder au conformisme ambiant représente bien l'un des traits dominants de la littérature est-européenne contemporaine. Dans son roman, *En Pologne, c'est-à-dire nulle part...*, Brandys (ou le narrateur) doit ainsi répondre à l'enquête d'une Occidentale. Parmi les questions qui lui sont adressées figure celle de savoir s'il se considère comme un « homme bon » et quels sont à ses yeux les plus grands dangers qui menacent l'humanité contemporaine : crise de la culture, progrès technique, etc. Rayez les mentions inutiles. La réponse que développe Brandys serait difficilement imaginable sous la plume d'un Européen de l'Ouest. Elle témoigne en revanche d'une surprenante proximité avec la sensibilité de Milosz ou de Bauman. Le romancier, qui se définit comme un humaniste de gauche appartenant à une variété d'homme particulièrement sensibilisée à l'Histoire, explique qu'il ne lui semble guère exister, tout compte fait, de plus grand péril que la perte de l'accès à soi-même. Plus exactement : à « la loi morale en moi ». Quelle que soit la réponse que l'on fournisse à quelque question que ce soit, ajoute-t-il, on doit immanquablement revenir à cette formule car c'est elle qui trace « les *limites* de la liberté humaine » – derechef, ce thème des limites – et indique « le fondement de l'humanité » [2]. Toutes les pensées y mènent et en découlent : qu'on touche à la politique ou à l'art, il s'agit toujours de volonté éthique et de ce que nous pouvons faire avec son aide. Aussi

1. Zygmunt Bauman, *Modernité et Holocauste*, *op. cit.*, p. 47 et suiv.

2. K. Brandys, *En Pologne, c'est-à-dire nulle part...*, *op. cit.*, p. 98-99.

bien le vrai problème serait-il de savoir si la moralité est une convention ou un impératif immuable dans son essence.

Même préoccupation, ici, que chez son compatriote Czeslaw Milosz. Brandys, lui, n'en sait trop rien. Il n'a pas non plus d'idée très arrêtée sur l'existence de Dieu. Mais enfin, il faut bien choisir un type de comportement. Aussi est-il finalement d'avis qu'agir et penser « comme si Dieu existait » et comme si « le mal pouvait être entièrement extirpé » reste l'hypothèse de travail la plus salutaire. Mais à une condition : cette hypothèse, « il me faut la construire sur le terrain de mes expériences personnelles et de la connaissance que j'ai du monde »[1]. Condition où l'on retrouve, en creux, les leçons de la fameuse morsure hégélienne dont parle Milosz.

Le monde, « une espèce de bordel à émotions métaphysiques » ?

On trouve en effet dans *La Pensée captive* une formidable description, conduite de l'intérieur, des étapes au fil desquelles l'homme – celui que potentiellement nous sommes tous – en vient à déserter le terrain de son existence, de sa perception et de ses émotions propres. L'idéologie, observe dans le même sens Hannah Arendt, enseigne aux gens « à s'émanciper de l'expérience réelle et à éviter le choc de la confrontation avec la réalité en les entraînant au paradis des imbéciles où tout est connu *a priori*[2] ». Une

1. *Ibid.*, p. 101.
2. Hannah Arendt, « Essai sur la compréhension », in *La Nature du totalitarisme*, trad. de l'anglais et préfacé par Michelle-Irène B. de Launey, Paris, Payot, 1990, p. 121.

aventure qui exerce un attrait particulièrement fort dans une société atomisée où l'homme, esseulé et privé de tout véritable contact avec son prochain, ne peut s'en remettre qu'aux règles de raisonnement les plus abstraites. C'est dans cette présomptueuse émancipation par rapport à l'expérience, au tissu concret des relations humaines, que le lien entre l'idéologie et la terreur, remarque encore Arendt, se trouve configuré.

Le fantasme de départ est bien celui d'un nouveau commencement inauguré par la Méthode, fantasme dont on peut dire qu'il radicalise ce que le philosophe allemand Hans-Georg Gadamer a appelé « le préjugé fondamental des Lumières contre les préjugés en général[1] », autrement dit une certaine manière de rejeter d'emblée du côté des préjugés dont on devrait se libérer tout ce qui relève du sens commun ou de la coutume. Il s'agit ici de la méthode dialectique, mais on peut se demander jusqu'à quel point la fameuse méthode cartésienne n'en constitue pas le vénérable ancêtre. Après tout, ce programme est inséparable du grand thème de l'Occident selon lequel, pour reprendre les mots de Jacques Derrida, le rapport au vrai et au bien devrait obligatoirement s'accompagner d'une imperturbable sérénité. Mais où conduit cette utopie, s'interroge inévitablement tout intellectuel est-européen passé par la double épreuve de l'Histoire et de la Nécessité historique ?

Au début, montre Milosz, la volonté de réorganiser l'ensemble de la société autour de la différence entre l'ancien et le nouveau, les vivants et les survivants, se heurte assurément à certaines résistances. En effet, l'ancien et le nouveau, le passé et le présent, tendent à coexister de façon

---

1. Hans-Georg Gadamer, *Vérité et Méthode*, trad. de l'allemand par Etienne Sacre, revue par Pierre Fruchon, Jean Grondin et Gilbert Merlio, Paris, Seuil, 1996 pour l'édition intégrale, p. 291.

fâcheuse, donnant lieu à une cruelle bataille entre l'ange et le démon – mais lequel est l'ange, lequel le démon ? –, combat dont l'individu lui-même est le théâtre et qui, sous certaines formes, reste encore le nôtre. Au cours de cette première phase, observe le poète, le plus difficile à vaincre, « c'est le sentiment de culpabilité[1] ». Dans *Le Zéro et l'Infini*, Arthur Koestler (1905-1983) développe très précisément le même motif. Au point que, à la lettre « K » de l'*Abécédaire* de Milosz, on éprouve quelque surprise à découvrir que les deux hommes, qui se rencontrèrent pour la première fois à Paris en 1951, entretenaient des relations certes cordiales mais, de l'aveu même de Milosz, superficielles. « Nous n'eûmes jamais de conversations sérieuses[2] », se souvient-il.

Qu'arrive-t-il donc au vieux bolchevik Roubachov du roman de Koestler ? Il cède et franchira, lui, le seuil. En signant ses aveux lors de la préparation de son procès, il admet sa prétendue faute : « Je plaide coupable, dit-il, d'avoir suivi des impulsions sentimentales [...]. J'ai prêté l'oreille aux lamentations des sacrifiés, et suis ainsi devenu sourd aux arguments qui démontraient la nécessité de les sacrifier. Je plaide coupable d'avoir placé la question de la culpabilité et de l'innocence avant celle de l'utilité et de la nocivité. Finalement, je plaide coupable d'avoir mis l'idée de l'homme au-dessus de l'idée de l'humanité[3] ». Aupara-

---

1. Czeslaw Milosz, *La Pensée captive. Essai sur les logocraties populaires, op. cit.*, p. 39.
2. Czeslaw Milosz, *Abécédaire, op. cit.*, p. 184. Milosz dit aussi s'en vouloir de s'être comporté de façon « odieuse » envers Koestler lorsque ce dernier vint lui rendre visite en Californie. « En fait, précise-t-il, j'avais trop bu et m'étais endormi en présence de mes invités. Je l'avoue avec honte et je crois l'avoir blessé bien malgré moi. » (p. 185.)
3. Arthur Koestler, *Le Zéro et l'Infini*, Paris, Le Livre de poche, 2002 [Calmann-Lévy, 1945], p. 202.

vant, Ivanov, l'enquêteur de Roubachov, lui avait rappelé quelques-uns des principes fondamentaux censés régir l'« éthique politique » d'un responsable du Parti. Tout d'abord, lui assène-t-il, « il n'est pas permis de considérer le monde comme une espèce de bordel à émotions métaphysiques. Cela est, pour nous autres, le premier commandement. Sympathie, conscience, dégoût, désespoir, repentir et expiation, tout cela n'est pour nous que répugnante débauche » [1]. Aucun compromis avec notre conscience n'est autorisé, précise-t-il. « Quand la maudite voix intérieure te parle, bouche-toi les oreilles de tes deux mains... » Et d'ajouter ce précepte définitif : « Se vendre à sa conscience, c'est abandonner l'humanité » [2]. Ivanov s'en félicite, remarquant que, après tout, « nous sommes les premiers à être logiques avec nous-mêmes » [3].

Logiques ? Milosz rappelle à cet égard que les habitants de son Europe étaient tous liés à une vieille civilisation. Leurs parents étaient sinon attachés à la religion, du moins la considéraient-ils avec respect. « De tout cela, il reste en lui [en l'individu] des résidus affectifs et un jugement moral selon lequel le tort fait au prochain, le mensonge, le meurtre, l'incitation à la haine sont des comportements mauvais, même s'ils sont censés servir des fins sublimes [4]. » Notre Européen a en outre étudié l'histoire de son pays et il a tendance à penser que sa fidélité à un passé jalonné de sacrifices pour le maintien d'un État indépendant reste une attitude valable. De même, on lui a enseigné à l'école que sa nation faisait partie de l'Europe, et que ce lien, patiemment tissé, méritait d'être maintenu.

1. *Ibid.*, p. 163.
2. *Ibid.*, p. 164.
3. *Ibid.*, p. 169.
4. Czeslaw Milosz, *La Pensée captive. Essai sur les logocraties populaires*, *op. cit.*, p. 40.

Mais voilà qu'on lui annonce – et lui-même finira par s'en convaincre – que ce ne sont là, poursuit Milosz, que « freins irrationnels » et « tares héréditaires » dont il convient de venir à bout. La conquête de la liberté ? Il lui faudra admettre que ce n'est qu'en arrachant avec les racines tout ce qui est révolu qu'il se rendra libre. L'époque doit être décapée, le monde libéré des survivances psychologiques et morales qui entravent la marche triomphale de l'Humanité. Pendant ce temps, bien sûr, la bataille continue. La conversion n'est pas immédiate. Elle s'opère de compromis en compromis, un premier en entraînant un second puis un troisième, jusqu'au moment, écrit Milosz, où l'individu s'identifie totalement à son rôle, « où enfin tout ce qu'on dit est parfaitement rond et cohérent, mais n'a plus rien à voir avec la chair et le sang des hommes » [1]. Puissance de fascination de la Méthode, séduction de la logique et de la « cohérence » : de façon très significative, c'est justement ce dernier terme que choisit Hermann Broch (1886-1951) dans sa théorie des valeurs pour montrer par quels chemins la raison devenue autonome peut se révéler funeste, au point de s'auto-abolir. Aussi le mal apparaît-il en premier lieu au grand romancier viennois sous la figure du littérateur esthétisant. Ils sont des esthètes, remarque lumineusement Arendt dans son commentaire de Broch, « parce qu'ils sont sous l'enchantement de la cohérence de leur propre système et ils deviennent des assassins parce qu'ils sont prêts à tout sacrifier à cette cohérence, à cette "belle" fermeture sur soi-même [2] ».

Milosz a compris, et ce saisissement a bouleversé sa vie, que rompre avec cette merveilleuse fermeture signifiait,

1. *Ibid.*, p. 157.
2. Hannah Arendt, *Vies politiques*, Paris, Gallimard, « Tel », 1974, p. 154.

d'abord et avant tout, apprendre à se laisser vaincre par ses scrupules. En témoigne *a contrario* le révolutionnaire idéal décrit dans *La Pensée captive*. Mais aurions-nous vraiment rompu avec cette conception de l'homme ? Immunisé contre toute inquiétude métaphysique, le révolutionnaire est précisément celui qui devient « libre de tout scrupule ». Résultat : il pourra abattre aveuglément les « arbres humains » sans jamais se demander lequel est véritablement pourri[1]. Être vertueux reviendra, selon cette vision foncièrement pervertie, à terrasser sa conscience. Ne pas faillir à son devoir équivaudra à régner en maître impitoyable sur le monde, sur le passé et ses traditions, et, bien entendu, sur la « masse amorphe » qu'il importe de sauver, fût-ce contre sa volonté. La pureté l'emporte ici sur la pitié. C'est pourquoi la pureté, répétera le poète dans ses *Visions de la baie de San Francisco* lors d'une discussion qui l'opposera dans les années soixante à Herbert Marcuse, « c'est le diable ». Le philosophe allemand s'était laissé aller à comparer les Américains consuméristes à des « bêtes ». Ce à quoi Milosz lui avait répliqué qu'il préférait quant à lui se situer « du côté des hommes, faute de mieux ». Faute de mieux, car un Européen de l'Est sait ce qu'il en est de la pureté et du mépris pour les hommes ordinaires. La révolution se veut toujours son instrument, et c'est pourquoi la terreur en procède : elle naît du goût pour la pureté absolue.

Il est frappant de constater à quel point l'expérience de Milosz rejoint sur ce point le parcours de pensée du philosophe tchèque Karel Kosik (1926-2003), ancien résistant, arrêté par la Gestapo en 1944, interné dans le camp de Terezin et dont toute l'œuvre se situe au carrefour de la

1. Czeslaw Milosz, *La Pensée captive. Essai sur les logocraties populaires*, op. cit., p. 118.

phénoménologie et d'une tentative de renouveau critique du marxisme. Si Kosik est l'auteur d'un livre célèbre, *La Dialectique du concret* (1962), on lui doit également l'un des textes clés du Printemps de Prague. Une intervention dans laquelle il s'efforçait de méditer la missive que Jan Hus, excommunié en 1412, avait adressée à ses disciples depuis le concile de Constance qui le condamna à être brûlé vif le 6 juillet 1415. Dans ce message, le père du mouvement hussite leur expliquait qu'il ne pourrait pas mentir devant le concile, comme certains le lui conseillaient, sans éprouver une certaine « résistance de sa conscience ».

Nous sommes le 27 juin 1967. Dans la grande salle de la Maison de la culture de Prague, où l'atmosphère est survoltée, se tient le Congrès des écrivains. Karel Kosik, attendu avec impatience, monte à la tribune et annonce qu'il va lire la lettre d'un intellectuel tchèque écrite en prison le 18 juin 1415. Il s'agit, bien sûr, de Jan Hus. Kosik lit : « Un théologien m'a dit que tout m'était permis pourvu que je me soumette au concile, et il ajouta : "Si le concile t'affirmait que tu as un œil et non pas deux, tu devrais l'approuver." Je lui répondis : "Même si le monde entier me l'affirmait, comme j'ai une raison, je ne pourrais l'accepter sans résistance de ma conscience." » Dans un monologue très bref, mais d'autant plus dense, Kosik, raconte Pavel Kohout dans son *Journal d'un contre-révolutionnaire*, expose sa conclusion devant les congressistes. La voici : « L'intellectuel tchèque du xve siècle défendit l'unité de la conscience et de la raison contre les ordres du concile. Un homme qui remplace sa raison par son intérêt privé et refoule sa conscience est un homme sans raison ni conscience, résume Kosik. Un tel homme a tout perdu et rien gagné. Et si nous nous rappelons que "rien" se dit *nihil*, il en résulte qu'un véritable nihiliste est un homme sans raison ni conscience. C'est pourquoi Jan Hus a choisi entre raison et conscience d'un côté, nihilisme de l'autre. Et comme le fossé entre vérité et néant est absolu, son choix ne pouvait être qu'absolu. » La salle, rapporte Kohout, applaudit avec émotion[1].

C'est donc à partir de cet impératif que Kosik entreprend en 1968 de livrer sa réflexion sur la trahison morale et intellectuelle de sa génération (lui-même inclu), en partie responsable, à ses yeux, d'avoir facilité la victoire du totalitarisme en Europe centrale. La faute capitale, la racine du mal, avait consisté, en d'autres termes, à penser qu'il était possible de renoncer à « l'unité de la conscience et de la raison » en faveur d'une institution, le Parti, et de son idéologie. Et plus encore à croire que ce sacrifice pouvait être compensé à terme par l'instauration d'un ordre plus juste.

Dilemme classique pour un intellectuel : d'un côté l'institution, avec son exigence de cohésion et d'obéissance ; de l'autre, l'impératif d'unité de la conscience et de la raison comme base de l'intégrité personnelle, cette unité qu'on ne peut renier sans « résistance ». Kosik en arrive ainsi à la conclusion qu'il n'est rigoureusement aucune institution qui puisse prétendre tirer d'elle-même sa propre légitimité ni asseoir son autorité sur l'exigence d'une dissolution de l'unité entre la conscience et la raison. Cette unité désigne cela même qui ne peut être sacrifié à rien. Et Kosik allait jusqu'à voir dans cette limite le fondement de la civilisation européenne. Le philosophe tchèque rejoint ainsi Arthur Koestler qui, par la bouche de Roubachov, souligne qu'il n'existe que deux conceptions de la morale humaine. Elles sont à des pôles opposés. La première « dé-

1. Pavel Kohout, *Journal d'un contre-révolutionnaire*, trad. par Pierre Daix, Paris, Christian Bourgois, 1971, p. 246-247.

clare l'individu sacré, et affirme que les règles de l'arithmétique ne doivent pas s'appliquer aux unités humaines – qui, dans notre équation, représentent soit zéro, soit l'infini ». L'autre conception part au contraire du principe fondamental qu'une « fin collective justifie tous les moyens, et non seulement permet mais exige que l'individu soit en toute façon subordonné et sacrifié à la communauté – laquelle peut disposer de lui soit comme d'un cobaye qui sert à une expérience, soit comme de l'agneau que l'on offre en sacrifice »[1].

Repenser la responsabilité

« Un homme sans cœur n'est pas un homme », rappelle très simplement Hermann Broch à la fin des *Somnambules*. Comme lui, Milosz a entendu cette grande leçon du XXᵉ siècle : tendre vers l'universel ne signifie pas nécessairement se mettre à distance des autres et de ses affects, renier son héritage culturel, s'émanciper de l'expérience et de la morale communes et finalement balayer tous ces « freins irrationnels » comme autant de points de vue incompétents. Mais il sait aussi que cette tendance épuratrice ne laisse pas d'être au travail au sein de notre modernité. Car si la grande question que pose Milosz à travers sa double traversée du nazisme et du communisme est celle de la responsabilité, elle est surtout de savoir comment repenser celle-ci hors des évidences léguées par le subjectivisme moderne : sans mettre au centre un Sujet d'abord défini par sa souveraineté absolue et son pouvoir de maîtrise. Dans nos sociétés marquées par un individualisme de désengagement et de déliaison, le sens du bien commun et

1. Arthur Koestler, *Le Zéro et l'Infini, op. cit.*, p. 168.

la dimension de la responsabilité semblent en effet écrasés de deux côtés.

D'un côté, on constate le saisissement croissant de la démocratie par une expertocratie qui offre peut-être l'une des expressions contemporaines les plus caricaturales de ce pathos de la pureté que dénonçait déjà Milosz. Cette nouvelle classe de spécialistes, qui regarde la légitimité démocratique fondée sur la souveraineté du peuple comme un déplorable archaïsme, pour ne rien dire des identités culturelles, rejetées dans le domaine de l'irrationnel et du viscéral, ne se réfère certes plus aux lois immanentes de l'Histoire mais, désormais, à celles du Marché, de l'économie et de l'idéologie de la modernisation. Il n'est donc plus question de répondre de quoi que ce soit puisque ces experts, évoluant dans un jargon inaccessible et un monde clos coupé du sens commun, se présentent de toute façon comme les gestionnaires incontournables d'évolutions elles-mêmes censées s'imposer comme inéluctables, et partant indiscutables. En somme, notre société semble avoir depuis longtemps rejoint le livre de science-fiction, *Fail Safe*, que mentionne le philosophe hongrois Ferenc Fehér, disciple de Lukács, dans son étonnant « Plaidoyer pour une politique post-machiavélienne » écrit dans les années soixante-dix. Un essai qui, par sa dimension éthique, se révèle lui aussi profondément ancré dans la réalité sociale et culturelle de l'Europe de l'Est, mais dont la pertinence va bien au-delà. Ainsi est-il question dans le roman commenté par Fehér d'un professeur de sciences politiques prodiguant les conseils les plus irresponsables à son gouvernement – « des opinions d'experts frisant parfois la folie la plus complète », note l'auteur. Mais cela n'empêche pas le professeur en question de répondre avec hauteur et arrogance à ceux qui osent s'inquiéter des fondements moraux de sa politique. Et l'expert de conclure par ces

mots : « Je ne suis pas un poète, je suis un analyste politique. » C'est à ce type de réalisme qu'entend s'attaquer le
philosophe de l'école de Budapest, rappelant au passage
que c'est seulement à l'époque moderne que la théorie
politique s'est vu à ce point dégradée en une science « sans
valeurs »[1].

D'un autre côté, en une époque caractérisée par l'affaisse-
ment du collectif, il semble bien que l'idéologie hyperin-
dividualiste ait révélé son incapacité à se traduire en un
système de normes se rapportant à l'éthique (à l'ordre du
bien) ou à l'obligation (le permis et le défendu). D'une
part, donc, une situation marquée par le recul du citoyen
derrière le consommateur, où le lien social, largement
délégué aux experts, n'est plus vraiment ressenti comme
une responsabilité, où s'étiolent le sentiment de l'obligation et le sens de la dette envers la société à laquelle on
appartient. De l'autre, il n'est pas question d'envisager un
quelconque retour au monde d'hier. Dans ce contexte, la
tentative conduite par les intellectuels est-européens afin
de renouveler les fondements de l'éthique – une éthique
orientée vers le réveil des vertus civiques mais puisant ses
racines dans l'intériorité de l'individu – pourrait bien
s'avérer plus actuelle que jamais.

À cet égard, c'est peut-être dans la réflexion de l'écrivain
polonais Adam Zagajewski, né en 1945, que l'on rencontre l'une des postérités les plus originales de Milosz,
comme une tentative en vue d'élaborer ce que lui-même
appelle une « pensée non captive ». Ce qu'il y a d'intéres-
sant dans plusieurs de ses essais des années quatre-vingt,

1. Ferenc Fehér, « Plaidoyer pour une politique post-machiavélienne », *in* Agnès Heller, Ferenc Fehér, *Marxisme et Démocratie : au-delà
du « socialisme réel »*, trad. de l'anglais par Alain Libera, introduction
de Michael Löwy, Paris, François Maspero, 1981, p. 191-220.

notamment dans « La Grande Muraille » (1984), c'est que le contexte se trouve pour ainsi dire inversé par rapport à celui de *La Pensée captive* : guéris de la morsure hégélienne, les intellectuels dont nous parle Zagajewski, a commencer par lui-même, se situent en effet dans le camp de Solidarność, de l'opposition démocratique au régime communiste, bref, de l'antitotalitarisme le plus résolu. Or, c'est justement là-dessus qu'il s'interroge. L'engagement antitotalitaire, souligne-t-il, est une spiritualité qui lui est très proche. Mais ce qui fait sa force pourrait aussi faire sa faiblesse : ainsi sa propension à mettre tout le mal d'un seul côté, du côté du totalitarisme. Il en ressort une représentation schématique du monde où le mal, entièrement aspiré par la bête totalitaire, s'opposerait au bien de l'antitotalitarisme. Certes, « c'est une merveilleuse cure d'angélisme » : « eux » (le Parti) nous tiennent en captivité et « nous » (la société) luttons contre eux. Mais de là vient précisément le problème pour Zagajewski, car cette posture a l'immense désavantage d'interdire de « penser à l'encontre de soi-même ». Nous vivons pourtant dans un état de tension permanente. « En moi aussi s'affrontent le bien et le mal, la nature et la valeur, la concentration et la paresse, le désir et la fidélité, l'intérêt et l'intégrité » [1], relève l'écrivain. Or le totalitarisme et l'antitotalitarisme ont un point commun : leur égale répugnance à vivre dans la contradiction. Le premier la refoule en généralisant le

1. Adam Zagajewski, « La Grande Muraille », in *Solidarité, Solitude*, trad. du polonais par L. Dyèvre, Paris, Fayard, 1986, p. 82. Au lendemain de la mort de Milosz, en 2004, Zagajewski, cité par l'agence de presse PAP, estimait d'ailleurs que « le génie de Milosz, grand observateur du monde, tient à la charge philosophique et morale de ses écrits ». Voir aussi son article nécrologique, « On Czeslaw Milosz (1911-2004) », *The New York Review of Books*, 23 septembre 2004, p. 65 et suiv.

mal, les dénonciations, le mensonge, le renoncement à la liberté, à la diversité, à l'individualité ; le second, observe l'auteur, tend à convertir ma vie imparfaite en vie exemplaire, me dépouillant du même coup de la réalité, y compris de la possibilité de me remettre en question. Donc de ma responsabilité.

L'exigence qu'exprime ici Zagajewski déborde évidemment de beaucoup, dans sa portée philosophique, le seul contexte de la lutte contre le communisme. La disponibilité à vivre dans la contradiction ne constitue-t-elle pas l'essence de la démocratie ? Cette muraille, ces conquêtes d'ordre strictement moral et civil, nées en réponse au défi du totalitarisme, cesseront-elles d'exister le jour où ce défi disparaîtra ? se demandait cependant Zagajewski avec une pointe d'inquiétude au début du même essai. Vingt ans plus tard, il serait malheureusement tentant de répondre par l'affirmative. Mais on peut aussi se dire que si l'Europe est « une question d'âme », pour reprendre le mot de Louise Weiss, c'est certainement au sein de cet héritage-là qu'il lui faudra puiser son inspiration dans un proche avenir, pour autant qu'elle veuille encore donner sens et contenu à son projet.

Klíma, Milosz, Brandys, Kosik, Koestler, mais aussi Bauman et Zagajewski s'accordent donc à peu près sur ce point : le bien, l'universel, le souci de l'autre et la sauvegarde d'un monde commun sont toujours l'affaire de notre conscience, et chacun est appelé à en répondre *personnellement*. Cela signifie qu'ils ne sont ni réductibles à une question purement privée et subjective, ni transférable sur telle ou telle entité impersonnelle, qu'il s'agisse de l'Histoire, de la Science, de l'État, de l'ONU, de l'Antitotalitarisme, du Savoir des experts ou du culte de la Croissance. L'Europe n'est jamais qu'un autre nom pour désigner cette irréductibilité. Du totalitarisme comme expérience philosophique, Milosz en vient *in fine* à cette conclusion : « Il n'y a pas d'autre voie pour l'homme que de se fier au commandement intérieur et de tout jeter dans la balance pour exprimer ce qui lui semble être le vrai. » Mais il ajoute : « Cet impératif intérieur est absurde s'il ne s'appuie pas sur la foi en une hiérarchie des valeurs qui se maintient au-delà de la variabilité des choses humaines, donc sur une foi métaphysique. Ainsi se résume la tragédie du xxᵉ siècle » [1].

LE SENS D'UNE MÉDITATION
SUR LES CONFINS PERDUS DE L'EUROPE

Comment s'insère dans cet horizon de pensée la place considérable et récurrente qu'occupent Wilno (Vilnius) et la Lituanie dans l'œuvre de Milosz, dans ses essais, mais aussi dans ses romans, comme *Sur les bords de l'Issa* (1956) et bien sûr sa poésie ? La première explication vient assurément de cette pulsion qui, comme il l'expliquera à propos de *Une autre Europe*, intitulé en polonais *Mon Europe natale*, « consistait en un besoin désespéré de communiquer à mes lecteurs occidentaux des données, des explications, sur ce que signifie être originaire de cette autre Europe, de cette Europe de second ordre, sur les complications historiques qu'ont subies ses ressortissants [2] ». Et ce, rappelons-le, dans un contexte où, à la charnière des années cinquante/soixante, l'Europe, à

1. Czeslaw Milosz, *La Pensée captive. Essai sur les logocraties populaires*, op. cit., p. 294.
2. Czeslaw Milosz, *Milosz par Milosz*, op. cit., p. 202.

l'Ouest, restait un mot synonyme de colonialisme et d'impérialisme pour la plupart des intellectuels de gauche.

La finitude retrouvée

Mais ce n'est sans doute pas tout. Aussi convient-il de s'arrêter sur le contenu philosophique sous-jacent de l'entreprise. L'insistante évocation par Milosz des *confins perdus* de l'Europe pourrait en effet s'interpréter comme le prolongement de sa méditation sur la perte du sens de la finitude à l'époque moderne, réflexion engagée dans *La Pensée captive* et approfondie dans *La Terre d'Ulro*. Une perte ou une oblitération caractéristiques d'une mentalité scientifique travaillée par la volonté démente d'en finir avec le fini et avec le donné ou, pour le formuler autrement, par le discrédit jeté sur toute autorité antérieure à la Raison. Qu'il s'agisse des réflexes éthiques les plus originaires, mais qui, comme tel, échappent à la sphère de la pure rationalité, ou de ces « liens organiques » évoqués dans le discours de Stockholm. Des liens, dit-il, dont « la valeur vitale et protectrice » ne se révèle pleinement que face au danger. Il est bon, ajoutait Milosz, « de naître dans un petit pays, où la nature est humaine parce qu'elle est à la mesure de l'homme, où des langues et des religions ont coexisté au cours des siècles » [1], et où l'histoire est inscrite sur chaque pierre. Au risque de voir interpréter son propos comme une profession de foi conservatrice et passéiste, le poète n'hésite pas non plus, dans plusieurs de ses livres, à opposer l'Europe à l'Amérique. D'un côté, l'Europe et ses paysages, en lesquels il voit une métaphore de son passé et du lent façonnement du temps, l'expression de ses particu-

1. Czeslaw Milosz, *De la Baltique au Pacifique*, *op. cit.*, p. 250.

larismes et de ses attachements sentimentaux à ce qui est bêtement local. De l'autre, la ville-abstraction qui lui apparaît en revanche comme emblématique de l'Amérique et de son « anémie ontologique ».

La relation que Milosz entretient à la Lituanie ne relève pourtant pas d'une idéalisation nostalgique ou, pour reprendre ses mots, d'« un attachement au bon vieux temps ». « J'ai toujours traité mon lien à ma terre natale, précisait-il lors d'un colloque organisé à Paris en 1987, comme une ouverture vers le concret. » On pourrait dire aussi : vers la finitude.

Cette orientation semble revêtir plusieurs sens, étroitement liés entre eux. Le premier peut s'entendre comme un rappel de ce que l'homme, pour reprendre la formule de Witold Gombrowicz, peut faire de l'homme, ou comme une mise en garde, jamais superflue, contre une civilisation que Milosz qualifie pour sa part de capable de tout. C'est pourquoi le poète appelle aussi Wilno « la ville sans nom ». Sans nom, parce qu'elle est morte irrévocablement. Parce que notre siècle s'est révélé capable d'y détruire tout le tissu religieux, politique, social et culturel qu'y édifièrent des générations entières[1]. Ville sans nom, dit-il encore, car « elle fait penser à la substance impénétrable de toute civilisation humaine ». Comme s'il voulait signifier par là combien il importerait que la présence de son absence ne laisse pas de hanter notre conscience d'Européens : de nous prévenir à jamais contre toute idéologie mortifère n'admettant aucune humanité, aucune historicité, aucune identité originaire à respecter. Il faut résister

1. Sur l'histoire de Wilno, voir Henri Minczeles, *Vilna, Wilno, Vilnius. La Jérusalem de Lituanie*, préface de Léon Poliakov, nouvelle édition mise à jour avec une postface inédite de l'auteur, Paris, La Découverte & Syros, 2000.

à l'effacement des traces, à la répudiation du passé et à « l'oubli qui recouvre les vaincus », répète-t-il dans le même esprit au fil de *Une autre Europe*. Dans cette optique, la communauté native apparaît, de façon métaphorique, comme le lieu où l'homme se voit ramené aux limites de sa liberté et de sa présomption, confronté à quelque chose dont il ne décide pas mais qui décide dans une large mesure de la façon dont le monde advient à lui. Bref, où il se trouve reconduit au fait qu'il n'est pas entièrement à l'origine de lui-même.

À l'origine de l'aventure personnelle de Milosz, il y a en effet ces confins orientaux de la Pologne, contrée étrange, longtemps archaïque, aux croyances saturées de bêtes fantastiques. Une Europe aux multiples idiomes, presque inimaginable aujourd'hui : « La campagne parlait lituanien et un peu polonais. La petite ville où l'on allait vendre les produits utilisait pour la vie quotidienne le polonais et le yiddish. Mais le gendarme traînant son long sabre, le collecteur d'impôts, le chef de train, tous venus là comme fonctionnaires, ne parlaient que russe aux indigènes en partant du principe que chacun devait comprendre la langue officielle[1]. » Une zone de notre continent que n'abritait par ailleurs aucun rempart, et où le mot « patrie » ne renvoie pas à la sensation sécurisante de marcher sur la terre ferme. De fait, langues, frontières et autorités se modifiaient sans cesse, jusqu'aux villes qui changeaient de noms comme on change de maîtres. Tel fut le cas de Wilno : « Les Polonais disent Wilno ; les Lituaniens, Vilnius ; les Allemands et les Biélorussiens, Wilna[2] », précise Milosz, qui y passa sa jeunesse. Dans son cas, ce vertige se trouva en outre aggravé par une éducation forgée au gré

1. Czeslaw Milosz, *Une autre Europe*, *op. cit.*, p. 20.
2. *Ibid.*, p. 58.

de voyages permanents, ceux où l'entraînait son père, ingénieur des Ponts et Chaussées. Au cours de sa première enfance, raconte-t-il dans *Une autre Europe*, cités, rivières et paysages se sont ainsi succédé très vite, d'où un sentiment d'instabilité et de précarité. « Les choses qui entourent notre enfance se comprennent toutes seules ; mais si elles se mettent à tourner comme dans un kaléidoscope, en changeant constamment de position, il faut déployer beaucoup d'énergie pour enfoncer les pieds dans le sol et ne pas tomber[1]. »

On comprend que cette diversité à la fois mouvante et familière ait pu favoriser chez Milosz une pratique de l'écart, une manière d'habiter le monde constamment en alerte, un état d'inquiétude et d'attention qui aura pour vertu de le prémunir contre deux écueils symétriques : contre tout refuge illusoire dans l'infinité rassurante et monotone des abstractions idéologiques, mais aussi contre les sirènes du nationalisme et les tentations du repli identitaire.

La terre natale contre l'abstraction nationale

On touche ici à un aspect de sa pensée qui déstabilise une fois de plus nos schémas habituels. Ce serait en effet se méprendre que de voir dans l'ouverture vers le concret prônée par Milosz en relation avec la vibrante évocation de sa terre natale l'expression d'une forme plus ou moins voilée de nationalisme. Au contraire, le poète admettra à plusieurs reprises que son côté universel lui aura été d'un grand secours dans ses révoltes contre la « polonité », chaque fois, en tout cas, que le mot « Nation », dit-il, s'est

1. *Ibid.*, p. 70.

écrit dans son pays avec une majuscule. À rebours des visions mystificatrices parfois véhiculées par l'exil littéraire, il n'oublie d'ailleurs jamais de rappeler que son Europe fut aussi la terre de nationalismes acharnés, dressés contre les grandes puissances voisines – l'Allemagne et la Russie –, mais aussi les uns contre les autres. Mais en quel sens le natal par opposition au national ?

Rappelons en premier lieu que la Lituanie de Milosz renvoie à un univers où patrie et nation ne se recoupent pas. Question, aussi, de culture familiale. Ainsi raconte-t-il que sa mère éprouvait la plus grande réserve à l'égard du patriotisme qui s'attachait à la nation ou à l'État, lui inculquant par contre celui de la maison et de la province natale. Au point que les siens n'évoquaient les « Polonais de là-bas » que sur un ton défavorable, ce qui, explique-t-il, « ne pouvait éveiller en moi d'attrait pour leur idéologie qui divinisait la nation[1] ». Aussi le terme de nation, sous la plume de Milosz, ne connote-t-il jamais la cohésion d'un monde, mais au contraire ses fissures et ses divisions internes, indissociables de l'irruption mortifère d'idéologies qui feront finalement de cette région le théâtre des plus atroces massacres que l'Europe ait connus.

En second lieu, la « terre natale » selon Milosz n'évoque paradoxalement pas la pureté de l'origine mais au contraire la pluralité et la diversité ethnique et linguistique. À l'Ouest, un écrivain revendiquant haut et fort ses « racines » et prétendant accorder une place centrale dans son œuvre à la province de son enfance passerait aisément pour un disciple attardé de Barrès. Rien de tel chez Milosz, qui situe à l'inverse la vraie richesse de ses confins dans l'invraisemblable mosaïque de cultures, de nationalités et de religions qui s'y entremêlaient.

1. *Ibid.*, p. 99.

À propos de la Wilno encore cosmopolite de l'entre-deux-guerres où, sur près de deux cent mille habitants, plus de la moitié était de souche polonaise, il observe : « C'est le catholicisme romain qui dominait à Wilno, suivi par le judaïsme. D'autres groupes religieux peu importants apportaient une touche pittoresque. J'avais pour camarades d'école des Karaïtes. Ceux-ci affirmaient dériver de la secte des Esséniens, dont on a trouvé des manuscrits vieux de deux mille ans sur les bords de la mer Morte. Ces Méridionaux aux cheveux d'un noir métallique, très arabe comme type, s'occupaient surtout d'agriculture et de jardinage ; leur temple s'appelait la Knessa. Le mouvement calviniste, jadis puissant en ces lieux, survivait grâce à un petit nombre de protestants évangéliques. J'avais aussi des mahométans parmi mes compagnons : ils descendaient des Tatars, soit de prisonniers que l'on traitait assez bien à l'époque, soit de guerriers entrés au service des grands-ducs. [...] Enfin, la longue domination russe avait aussi laissé en héritage, outre des rues mal pavées [...], deux énormes églises orthodoxes aux coupoles enflées[1]. » Sans compter ses nombreuses synagogues, car Milosz insiste toujours sur le fait que Wilno fut l'une des capitales intellectuelles les plus florissantes du judaïsme européen, et, à l'époque moderne, le berceau du Bund (le parti socialiste juif) en même temps qu'un puissant foyer sioniste.

En dépit de ce cosmopolitisme manifeste, les diverses communautés entretenaient toutefois peu de relations entre elles. Milosz ne passe nullement cet aspect sous silence : « Aucun pont ne reliait dans notre ville les deux populations, la juive et la catholique. Elles vivaient dans le même lieu, mais comme sur des planètes distinctes[2]. » Il

1. *Ibid.*, p. 59.
2. *Ibid.*, p. 94.

avouera d'ailleurs n'avoir pris conscience qu'en exil de l'importance de la vie juive à Wilno. « En un sens, dira-t-il, je pourrais être l'illustration vivante de la déformation de la pensée par une éducation nationaliste[1]. » On serait plutôt tenté de dire : l'illustration d'une éducation nationaliste de part en part surmontée. Ainsi qu'il le raconte en effet dans *Une autre Europe*, où la montée de l'antisémitisme au cours de l'entre-deux-guerres occupe de nombreuses pages, « les Juifs ont été pour moi l'occasion d'un complexe grâce auquel je fus, dès mon jeune âge, perdu pour la droite[2] ».

Certes, la culture politique de l'adolescent se ramène surtout à un anticonformisme assorti d'élans socialistes un peu confus qui le conduisent à rejoindre les cercles littéraires et artistiques des étudiants juifs de gauche. Avec eux, le jeune Milosz fonde à l'université le Club académique des vagabonds... « Nous formions, se souvient-il, une sorte de société des réprouvés. » Mais il est déjà fixé sur un point : l'horreur que lui inspirent les mots d'ordre nationalistes, inséparables, dans le contexte de l'époque, du « problème juif ». Aussi souligne-t-il le caractère décisif de ces années-là dans la formation de sa conscience politique. Depuis, écrit Milosz, « ma sensibilisation à tout ce qui sent le "nationalisme" et mon aversion presque physique pour les êtres répandant cette odeur ont pesé fortement sur ma destinée »[3].

Loin des stéréotypes nationalistes polonais, les analyses du poète peuvent être rapprochées des vues de son ami, le romancier Witold Gombrowicz, qui estimait pour sa part

1. « Le poète Czeslaw Milosz face aux fantômes de Vilnius », *op. cit.*, p. 60.
2. Czeslaw Milosz, *Une autre Europe*, *op. cit.*, p. 97.
3. *Ibid.*

que la nation est nocive chaque fois qu'elle devient « un paravent qui cache le monde ». Elles rejoignent aussi, par leur lucidité, les considérations de Kazimierz Brandys sur ce qu'il nomme « l'irréalité polonaise » ou « la tradition de la polonité ignorante des affaires du monde »[1] : une manière d'enfermement dans la sphère du mythe national, une vision du monde limitée à l'échelle du pays et excluant à ce titre deux dimensions essentielles : celle de l'individu et celle de l'humanité.

« La mémoire est notre force »

La mémoire, « pour nous tous issus de l'autre Europe, est notre force, remarque Milosz. C'est elle qui nous protège de la langue qui s'enroule sur elle-même, comme le lierre lorsqu'il ne trouve pas d'appui sur un mur ou un tronc d'arbre[2] ». De façon significative, lui-même rapporte à sa formation, voire à sa déformation d'Européen de l'Est, la centralité philosophique que revêt dans son œuvre le thème du concret, comme celui de la mémoire qui lui est intimement associé. Si le fait d'avoir une biographie extravagante – une « tare », dit-il avec ironie – fait en même temps sa richesse, c'est justement en vertu de cette mémoire qui donne une connaissance et un sens du détail historique là où d'autres auront tendance à tout expliquer à l'aide de quelques idées générales. C'est pourquoi il n'est pas suranné à ses yeux d'attacher de l'importance à ce type de connaissance. Il estime même que l'on pourrait assister à une curiosité grandissante de l'humanité pour le temps historique – pour

1. Kazimierz Brandys, *En Pologne, c'est-à-dire nulle part...*, *op. cit.*, p. 52.
2. Czeslaw Milosz, *De la Baltique au Pacifique*, *op. cit.*, p. 257.

la multiplicité des visages, des dénominations géographiques, des paysages, des rues. Que fait donc le poète en « évoquant des lieux peu connus et des personnages aux noms souvent exotiques » ? Milosz répond : « J'œuvre en faveur d'une présence de plus en plus intense du détail dans l'imaginaire de mes contemporains »[1].

La lutte de la mémoire contre l'oubli dont parle de son côté Milan Kundera est devenue, dans les années soixante-dix/quatre-vingt, un des thèmes clés de la dissidence. Plus généralement, on peut avancer que la défense d'une mémoire blessée et mutilée représente l'un des traits spécifiques de la littérature d'Europe centrale, d'où le caractère en apparence anecdotique de cette dernière, parfois mal compris à l'Ouest – que l'on songe à Bohumil Hrabal, à Ludvík Vaculík, l'auteur de la *Chef des songes*, extraordinaire roman sur l'expérience dissidente (1989)[2], ou à Jaroslav Hašek, l'auteur du *Brave Soldat Chvéik*. La mémoire renvoie avant tout, dans ce contexte, à la responsabilité qui procède de la conscience d'une solidarité avec ce qui nous a précédés, avec ceux qui sont passés avant nous, une charge dont on ne peut se délester comme on se débarrasse d'un fardeau. En ce sens, elle participe bel et bien d'une sorte d'obligation. Ivan Klíma, dont la réflexion à cet égard converge une fois de plus avec celle de Milosz, pouvait écrire, en 1990, que, si nous perdons la mémoire, nous nous perdons nous-mêmes. « L'oubli est symptôme de mort. Sans mémoire, nous cessons d'être humains [...]. Résister à la mort, c'est résister à l'oubli, et vice versa : résistant à l'oubli, on peut vaincre la mort[3]. »

1. *Ibid.*, p. 9.

2. Ludvík Vaculík, *La Chef des songes*, trad. du tchèque par Jan Rubès, Arles, Actes Sud, 1989 [1978].

3. Ivan Klíma, « Littérature et mémoire » (1990), in *Esprit de Prague*, *op. cit.*, p. 43.

Deux Europes, deux hémisphères d'expérience. Il y a en effet un monde entre cette sensibilité et la récente hostilité dont fait l'objet, à l'Ouest, la notion même de « devoir de mémoire », jamais autant décriée que depuis le milieu des années quatre-vingt-dix. Cela vaut en particulier sur la scène intellectuelle française où certains n'hésitent pas à fustiger le masochisme moralisateur des Européens et à s'affoler du péril que représenterait la déconstruction pénitentielle de l'État-nation. Ce type de points de vue contraste avec l'extrême importance accordée par Milosz à la nécessité de ne pas laisser s'éloigner, pâlir et perdre de sa consistance le souvenir des pages les plus sombres de l'histoire du XXᵉ siècle. Ce qui l'inquiète en effet, c'est avant tout la grave menace que représente à ses yeux la possibilité d'une perte généralisée de la mémoire. « Il me semble parfois que je déchiffre le sens des malheurs dont les peuples de l'autre Europe ont été accablés, et que ce sens est la préservation de la mémoire, alors qu'en Europe occidentale et en Amérique, elle semble s'amenuiser à chaque génération[1]. » Masochisme moralisateur ? Complaisance à réduire l'histoire nationale à ses défaillances et à une suite ininterrompue de crime ? « Il est possible, écrit Milosz, qu'il n'y ait pas d'autre mémoire que celle des blessures, comme en témoigne la Bible, chronique des difficiles épreuves d'Israël[2]. »

L'art lui-même, pour Milosz, ne se laisse pas concevoir en dehors de la mémoire. À maintes reprises, le poète polonais a souligné la contradiction insurmontable, de celles qui ne laissent en repos ni le jour ni la nuit, qui peut surgir entre l'art et la solidarité avec les autres hommes. Aussi lui est-il arrivé de qualifier *Campo dei Fiori* de poème « im-

1. Czeslaw Milosz, *De la Baltique au Pacifique*, *op. cit.*, p. 256.
2. *Ibid.*

moral » : immoral parce qu'il y parle de la mort en tant qu'observateur et parce que, quand l'horreur du monde atteint une telle intensité, il lui paraît indécent de vouloir l'enfermer dans des mots. Il aurait mieux valu agir en sorte que ces textes n'eussent jamais à être écrits. Certes, l'art n'est pas vain s'il se donne pour tâche d'embrasser la réalité de manière à en garder l'immémorial enchevêtrement du bien et du mal, de l'espoir et du désespoir. L'œuvre d'art n'est-elle pas cela même qui peut nous ouvrir à l'expérience d'autrui ? Reste qu'une telle démarche suppose une prise de distance, elle implique qu'on prétende s'élever au-dessus de la réalité. Elle apparaît alors comme une trahison morale. Comment échapper à ce déchirement ?

Milosz suggère que la vocation du poète, dans la mesure où elle consiste à la fois à se tenir au-dessus de la terre et à la décrire dans chaque détail, comporte déjà une contradiction. Aussi n'est-il pas exclu, dans cet équilibre forcément instable, qu'une certaine harmonie puisse malgré tout être atteinte grâce au mystère de l'écoulement du temps. À condition d'admettre, ajoute-t-il, que « voir » ne signifie pas seulement avoir devant les yeux, mais aussi garder en mémoire et, de là, reproduire en imagination. Et si cette distance contribuait justement à montrer les événements passés dans leur pleine lumière ? À les montrer de sorte que chaque fait et chaque date « durent pour le rappel éternel de la dépravation, mais aussi de la grandeur humaines ». Milosz poursuit : « Ceux qui vivent reçoivent mandat de ceux qui se sont tus à jamais. Ils ne peuvent s'acquitter de leur devoir qu'en s'efforçant de reproduire ce qui a été, arrachant le passé aux fables et aux légendes. Ainsi, la terre vue d'en haut, dans un éternel maintenant, et la terre qui dure dans le temps retrouvé, deviennent à égalité le matériau de la poésie » [1].

1. *Ibid.*, p. 257.

Quant au mandat et à la dette dont parle ici Milosz, on voit mal comment, nous autres citoyens de l'Europe réunie, saurions nous en prétendre quittes. Il se pourrait même que l'avènement historique d'une véritable conscience européenne soit à ce prix.

Deuxième partie

JAN PATOČKA

L'Europe, ou comment résister à l'impérialisme de la quotidienneté

> *Ce n'est pas en se soumettant aux critères de la quotidienneté et à ses promesses que l'humanité pourra atteindre le terrain de la paix.*
>
> Jan PATOČKA

> *Les endormis vivent chacun dans leur monde ; seuls les éveillés ont un monde commun.*
>
> HÉRACLITE

« La petite mère a des griffes », disait déjà Kafka de Prague. Sans doute est-ce l'une des raisons pour lesquelles jamais Jan Patočka (1907-1977), ce philosophe « d'une autorité morale et d'une droiture de vie exceptionnelles », selon les mots du linguiste américain Roman Jakobson, ne se résoudra, après 1945, à l'exil. À la différence de Milosz, c'est donc en résistant de l'intérieur que le penseur et dissident tchèque va affronter les ténèbres de son époque.

Affirmer de Patočka qu'il occupe une place unique dans le paysage intellectuel européen de la seconde moitié du XXᵉ siècle n'est pas excessif. D'un côté, l'auteur des *Essais hérétiques sur la philosophie de l'histoire* (1975), son ouvrage le plus connu, se distingue en effet comme le phare de la dissidence tchèque et est-européenne ; de l'autre, Patočka reste un penseur d'une considérable importance ayant réfléchi sur la condition humaine et sur la crise spirituelle de l'Europe dans la plus pure tradition phénoménologique de l'Europe centrale. Persécuté, interdit et finalement mis à mort par le pouvoir communiste tchécoslovaque en 1977, ce citoyen engagé jusqu'à l'héroïsme se détache enfin par sa haute figure socratique. Au point qu'on pourrait légitimement le ranger parmi les « héros de notre temps », formule qu'il avait employée en 1976 pour qualifier certaines personnalités qui, à l'instar du Russe Andréï Sakharov, avaient compris qu'il ne leur serait pas possible de communiquer leur effroi devant la tournure prise par la civilisation technique sinon en sacrifiant le relatif confort de leur vie antérieure. De tels hommes, des hommes « en qui il s'est produit une manière de transformation de notre monde[1] », sont rares, observait Patočka.

Lui-même en était. Car, en dernière instance, où le monde change-t-il, sinon dans l'intériorité ou plutôt dans la vie de l'individu ? Il est peu de périodes comme la nôtre où l'individu ait montré de façon aussi convaincante qu'il recèle, fût-ce à l'état latent, une puissance historique décisive, estime encore Patočka dans ce texte. Dix ans plus tard, dans un article lui aussi intitulé « Les héros de notre temps », clin d'œil implicite à Patočka, l'écrivain Ivan Klíma, exaspéré par l'imbécillité abrutissante de la société contemporaine, remarquait à son tour en 1986 : « Comme il est bon que Maradona ait marqué un but de la main, et que Navratilova ait sept voitures ! Tous deux sont des héros de notre temps, et chaque époque a les héros qu'elle mérite[2]. »

Héros d'un autre temps, Patočka était également convaincu que l'ambition de l'Europe – fonder l'ensemble des activités humaines sur une perspective universelle et valable pour tous – traverse une crise sans précédent qui n'a été que trop attestée par les deux guerres mondiales. Et que cette crise ne saurait être surmontée à moins d'un retour à soi de l'esprit européen. « Y a-t-il dans ce qu'on pourrait appeler l'héritage européen quelque chose qui serait susceptible de trouver créance parmi nous, se demandait-il dans cette optique, susceptible d'agir pour nous aussi, d'agir sur nous de manière à nous faire concevoir de nouvelles espé-

1. Jan Patočka, *Liberté et Sacrifice. Écrits politiques*, trad. du tchèque et de l'allemand par Erika Abrams, postface d'Anne-Marie Roviello, Grenoble, Jérôme Millon, 1990, p. 326. Sur l'apport de Patočka à la pensée dissidente, voir Alexandra Laignel-Lavastine, *Jan Patočka. L'Esprit de la dissidence*, Paris, Michalon, « Le Bien commun », 1998.

2. Ivan Klíma, *Esprit de Prague, op. cit.*, p. 102.

rances, de manière à nous permettre de ne pas désespérer de l'avenir, sans que pour autant nous nous abandonnions à des rêves illusoires ni sous-estimions la dureté et la gravité de la situation qui est la nôtre[1] ? » Jan Patočka, en qui le philosophe allemand Walter Biemel voyait « l'un des rares véritables Européens de notre temps », avait fait de cette question le programme de sa vie et son œuvre tout entière. Il l'adressa en ces termes à ses élèves lors de son séminaire clandestin de 1973 plus tard inséré dans un volume au titre révélateur : *Platon et l'Europe*.

Voilà en tout cas une interrogation formulée il y a trente ans « quelque part là-derrière » (Kundera) dont le moins qu'on puisse dire est qu'elle résonne au cœur de notre actualité. À moins justement que notre Vieux Continent ne se révèle à ce point malade que l'inquiétude qui travaillait le philosophe tchèque assassiné ne soit même plus en mesure de nous troubler, sinon de nous interpeller, à l'heure où l'Europe élargie euronne sans que nul ne sache plus guère ni pourquoi il faudrait en renouveler le nerf vital, ce qui pose la question de son sens, ni en vertu de quoi, ce qui renvoie au problème de son identité.

L'ACTUALITÉ PHILOSOPHIQUE
DE LA DISSIDENCE

Le contexte dans lequel Patočka acheva de développer sa réflexion sur le sens de l'héritage spirituel européen

1. Jan Patočka, *Platon et l'Europe : séminaire privé du semestre d'été 1973*, trad. du tchèque par E. Abrams, Lagrasse, Verdier, 1983, p. 19-20.

intervient à un moment marqué, au centre de l'Europe, par une profonde débâcle morale. Les chenilles des chars soviétiques venaient d'avoir raison des derniers espoirs mis dans le projet d'un « socialisme à visage humain ». Prague, en cet après-Printemps, était une ville en pleine « normalisation ». Une ville où le plus important philosophe du pays se voyait empêché de publier et d'enseigner. Où, d'une manière générale, les intellectuels, du moins ceux qui ne cédaient pas, étaient persécutés et réduits au silence. Ville spectrale où les historiens devenaient laveurs de carreaux, les spécialistes de littérature et les philosophes chauffagistes ; où la culture était étouffée et la mémoire interdite ; où régnait, en un mot, la paix la plus démoralisante qui soit : celle des cimetières.

L'épuration avait de fait réussi à instaurer ce que d'aucuns appelaient alors, avec cet humour noir où les Tchèques excellent, « l'ère du pain » – quand la peur concernant son pain quotidien prédomine sur toutes les autres motivations humaines. Entre autres : sur le sens de la dignité et de la responsabilité, sur le devoir de solidarité et sur la vie de l'esprit. Bref, sur toutes ces valeurs qui, à l'origine, avaient fait la grandeur de la culture européenne, d'une culture qui avait su se singulariser par « l'esprit de l'auto-interrogation » et « l'habileté à se questionner elle-même », rappelait le philosophe polonais Leszek Kolakowski dans les années quatre-vingt[1]. Et Patočka avant lui : d'une culture qui avait situé sa tâche la plus haute dans l'avènement d'une vie pour la vérité et pour la liberté, et non pas dans l'entretien d'une vie bornée par l'horizon de sa propre subsistance, satisfaite du « sens rassis » qu'offre le petit bonheur au jour le jour de la quotidienneté.

1. « Entretien avec Leszek Kolakowski », in *L'Europe et les Intellectuels*, Paris, Gallimard, « Idées », 1984, p. 173.

C'est en ce sens que Patočka a pu donner de la culture européenne la plus belle définition qui soit. L'Europe, disait-il, c'est « le continent de la vie interrogée ».

En 1977, la création à Prague de la Charte 77, mouvement d'opposition illégal dont le philosophe fut l'un des fondateurs et des trois premiers porte-parole avec Václav Havel et Jiri Hayek, ex-ministre des Affaires étrangères pendant le Printemps de Prague, allait justement réunir une poignée d'individus déterminés à faire valoir que ce continent-là était encore le leur. Et qu'ils étaient disposés à en prendre soin quel qu'en soit le prix. La plate-forme de la Charte renoue en cela avec l'esprit des grandes déclarations qui, dans l'histoire de l'Europe, ont jalonné le combat pour la liberté. Si cette action prenait, au vu des circonstances, un caractère éminemment politique, les dissidents – car c'est ainsi qu'on appellera ces curieux Européens – préféraient, eux, parler de « morale politique ».

Or cette initiative essentiellement éthique, fondée sur le primat de la conscience individuelle, et qui, au-delà de l'opposition à l'État-Parti, s'élargira vers une réflexion décisive sur le sens perverti de la politique, sur la bureaucratisation de la société et sur la déshumanisation qui en résulte, doit énormément à la pensée de Patočka. C'est à lui, notamment, qu'il appartient de l'avoir inscrite dans le cadre d'une crise majeure de l'histoire européenne. Car ses idées, à l'époque, circulent sous le manteau d'une capitale à l'autre. De Prague à Budapest, et de Budapest à Varsovie, discutées, reprises et relayées par de nombreux autres intellectuels indépendants de la région[1]. Des intellectuels dont l'entreprise démystificatrice prolonge celle des grands romanciers centre-européens de la première moitié

1. Sur cette aventure, voir notamment Jacques Rupnik, *L'Autre Europe*, Paris, Odile Jacob, 1989.

du siècle à qui il revient d'avoir montré avec génie la dérive d'une civilisation qui se croit rationnelle parce que chacun des compartiments entre lesquels elle est fragmentée « fonctionne avec circonspection sans voir, relève Claudio Magris, qu'il le fait seulement pour son propre compte, de sorte que l'ensemble, c'est-à-dire la vie, la réalité, la personne même, est un chaos[1] ».

Ainsi en allait-il dans le bloc de l'Est. Un « bloc » qui tenait précisément par l'atomisation de la vie, et parce que la majorité de ses citoyens avaient saisi que mieux valait ne pas se poser la moindre question sur leur condition. C'est ainsi que les directeurs dirigeaient, les bureaucrates bureaucratisaient, les enquêteurs enquêtaient et les rapporteurs ne rapportaient pas grand-chose, mais veillaient surtout à ce que les instructions d'en haut soient appliquées en bas. L'ordre était donc sauf. Mais c'eût été compter sans les dissidents. Car sous la surface bien lisse de la vie dans le mensonge sommeillait ce que Václav Havel, qui fut le disciple de Patočka dès les années soixante, a appelé la « sphère cachée », la sphère cachée des intentions véritables de la vie, « son ouverture secrète sur la vérité »[2].

Tous étaient bien conscients du caractère en apparence modeste de leur action. Mais ils n'en étaient pas moins certains que se vouloir citoyen au sens fort et exigeant du terme, c'est s'ouvrir à une responsabilité qui ne se mesure pas selon le compte exclusif des profits et des pertes. Et qu'affirmer cela revient, d'une manière ou d'une autre, à renouer avec le commencement de l'histoire européenne

1. Claudio Magris, *Utopie et Désenchantement*, trad. de l'italien par Jean et Marie-Noëlle Pastoureau, Paris, Gallimard, « L'Arpenteur », 2001, p. 300.
2. Václav Havel, « Le pouvoir des sans-pouvoir » (1978), in *Essais politiques*, *op. cit.*, p. 89.

laquelle repose, comme le disait le philosophe Karel Kosik en 1968, sur l'unité – toujours fragile et menacée – de la conscience et de la raison.

Intrigués par cet étonnant « mouvement intérieur », par l'énigmatique solidarité de ces scrupuleux qui préféraient suivre la voix obscure de leur conscience et de leurs convictions plutôt que de se compromettre avec ce que Patočka nomme « l'ordre du jour », certains clercs occidentaux feront le voyage jusqu'à Prague. Tel fut le cas de Jacques Derrida qui pour avoir tenté de sortir certains manuscrits de Patočka hors des frontières tchécoslovaques s'en trouvera quitte pour un court, mais fort désagréable, séjour en prison...

L'Europe, continent de la vie interrogée

Qu'en est-il donc aujourd'hui de ce « continent de la vie interrogée » ? Le mur de Berlin est certes tombé. Et les dissidents – il n'est pas superflu de le rappeler – jouèrent dans cette chute un rôle essentiel en contribuant à révéler ce qui permettait aux individus de se dissimuler les fondements bas de leur obéissance, et par conséquent les fondements bas du régime. Est-ce à dire que de « l'ère du pain », d'Est en Ouest, nous soyons vraiment sortis ?

Karel Kosik exprimera, vingt ans plus tard, son scepticisme sur ce point. Patočka, après guerre, avait été son premier maître et il avait d'ailleurs beaucoup d'estime pour son « ami marxiste » en qui il voyait le plus important représentant de la philosophie tchèque de l'époque actuelle. Aussi, dans les années soixante-dix, Kosik appartenait-il, comme son ancien professeur, à la catégorie des penseurs proscrits et des citoyens sans-droits. Que nous dit donc, en 1993, l'auteur de *La Crise des temps modernes* ?

Que si notre continent n'est plus menacé par rien, du moins par l'Union soviétique et ses missiles, il se pourrait que ce *rien*, justement, nous guette tous désormais. Un rien contre lequel les coalitions militaires les plus puissantes ne peuvent précisément rien. De l'ère du pain à l'ère du vide : une ère dominée par la quête fébrile du toujours plus et du toujours plus vite, une ère où rien ne paraît plus en mesure de résister à la marchandisation généralisée de la culture, des idées et des œuvres. Le fléau de l'ère de la globalisation, pour Kosik, c'est bien le vide. Et l'âme humaine souffre aujourd'hui, remarque-t-il, d'un trop-plein de vide. Le vide, notait de son côté Patočka, représente peut-être la menace la plus grave qui pèse sur l'humanité européenne pour le siècle à venir. Il en voulait pour preuve que si la science, d'où sont sorties les prouesses techniques les plus prodigieuses, représente une norme d'existence pour la plupart de nos contemporains, « on concevra sans peine que, malgré la production grossissante de moyens de vie, notre vie soit non seulement vide, mais livrée en proie à des forces dévastatrices[1] ».

Quelques années après l'effondrement du communisme, Kosik tirait de cette dévastation débilitante cette observation que Patočka n'aurait sans doute pas désavouée : « Nous ne faisons pas notre entrée dans l'Europe » – entendre : nous autres Tchèques et Slovaques, mais aussi nous autres Européens. « Nous passons simplement d'une *caverne* dans une autre » – référence décidément incontournable à Platon. « Nous passons d'une grotte gris caserne entourée de barbelés dans une caverne saturée de confort, illuminée par des néons publicitaires qui éclipsent

---

1. Jan Patočka, *Essais hérétiques sur la philosophie de l'histoire*, trad. du tchèque par Erika Abrams, préface de Paul Ricœur, postface de Roman Jakobson, Lagrasse, Verdier, 1981 [1975], p. 82.

les étoiles et le soleil. » Et de poursuivre en pronostiquant que tel ou tel verdict des urnes se révélera beaucoup moins décisif que « le choix personnel, la question existentielle de savoir si l'homme va opter pour la caverne ou pour le monde ouvert »[1]. La caverne ou l'ouverture ? C'est aussi à l'intérieur de cette opposition que se joue, pour Patočka, l'avenir de la civilisation européenne.

La caverne ou le monde ouvert ?

Que Jan Patočka soit né en Bohême n'est certainement pas indifférent à l'importance que revêt dans son œuvre la question de l'héritage spirituel européen. Question qu'il aborde, à la façon de nombreux Tchèques, de façon plus directe et plus explicite que la plupart des intellectuels polonais, somme toute issus, pour leur part, d'une « grande nation ». S'il est en effet pour l'auteur de *L'Idée d'Europe en Bohême* (1991) une leçon à tirer de l'histoire tchèque – lui qui, à l'instar de Milosz, a toujours marqué une opposition très conséquente à l'étroitesse du nationalisme ethno-linguistique –, c'est que la Bohême a été grande aussi longtemps qu'elle s'est mise au service d'une mission universelle, aussi longtemps, dit Patočka, que « sa tchéquité est restée athématique[2] ». De sorte qu'un Tchèque possède une familiarité spéciale avec l'alternative suivante : être partie prenante de l'esprit européen ou se condamner au non-être et au provincialisme en se prenant

1. Karel Kosik, *La Crise des temps modernes. Dialectique de la morale, op. cit.*, p. 114-115.
2. Jan Patočka, « Qu'est-ce que les Tchèques ? », in *L'Idée de l'Europe en Bohême*, trad. de l'allemand par E. Abrams, postface de Zdenek Vasicek, Grenoble, Jérôme Millon, 1991, p. 19-20.

pour fin en soi et en considérant que la nation est ce qu'il y a de « plus haut ». Kundera expliquera souvent, lui aussi, que la nation tchécoslovaque ne pourra vraiment légitimer sa récente création (1918) qu'à travers la grandeur de sa culture et via sa propre contribution à une perspective européenne et universelle.

Mais en penseur ayant, comme Milosz, personnellement plongé « au cœur des ténèbres du XXᵉ siècle », Patočka se confronte aussi à l'Europe d'une manière qui dépasse, et de loin, la seule question tchèque. Comment rendre compte, interroge-t-il, que l'histoire européenne, dont les débuts furent véritablement dignes puisque animés par le projet de donner à la vie une fondation rationnelle et responsable, se soit révélée le théâtre de la plus radicale négation de l'humanité ? Et encore cette énigme, qui précise la première : comment comprendre que « le démoniaque puisse atteindre son comble justement dans une période de lucidité et de rationalité maximales ? » lit-on dans l'un de ses derniers textes, intitulé « La civilisation technique est-elle une civilisation du déclin, et pourquoi ? »[1]. Serait-ce que la rationalité et la science, ayant perdu leur sens intime, ne seraient plus capables de se réclamer de quelque chose dont elles se sont elles-mêmes démises ? À moins qu'il ne se trouvât encore des hommes pour entreprendre de remettre au jour et de revendiquer ce « sens intime ». Dans cette tentative, la dissidence est-européenne trouve incontestablement sa signification la plus profonde.

On rencontre ici une idée qui non seulement rejoint les analyses de Milosz, mais qui s'avère très proche de l'intui-

---

1. « La civilisation technique est-elle une civilisation du déclin, et pourquoi ? », *in* Jan Patočka, *Essais hérétiques sur la philosophie de l'histoire*, *op. cit.*, p. 122-123.

tion qui justifie le projet husserlien d'une méditation en retour sur les sources de la *ratio* européenne. D'où le diagnostic sans équivoque émis par Husserl en 1935 : « Je suis certain, avançait-il, que la crise de l'Europe a ses racines dans les *déviations* du rationalisme. Mais cela n'autorise pas à soutenir que la rationalité comme telle est mauvaise en elle-même [1]. » Pour Patočka aussi, la modernité s'interprète comme une sorte d'autoreniement de l'Europe. Une part essentielle de sa démarche sera pourtant pour nous persuader de la grandeur de l'idée qui, à ses yeux, a engendré la culture européenne. Cette idée, quelle est-elle ? Patočka la concentre en une formule assez surprenante, empruntée aux philosophes grecs : il parle du soin ou du *souci de l'âme*. « Le souci de l'âme constitue l'héritage européen fondamental, ce qui, en un sens, a fait de l'histoire européenne ce qu'elle est », du moins « le ferment sans lequel la réalité européenne serait impensable » [2].

L'Europe centrale : un espace historique privilégié

Dans les années quatre-vingt-dix, tous les discours prononcés sur l'Europe par Václav Havel, l'ex-dissident devenu président de la République tchèque, tenteront précisément de faire entendre aux Européens ce qui se joue dans leur disponibilité à renouer, ou non, avec le « souci de l'âme ». Car avec la mondialisation, il y va désormais, souligne-t-il, de l'avenir même de la planète. D'où l'impérieuse nécessité, pour les Européens enfin réunis, de s'interroger sur eux-mêmes – repenser leur identité et leur

1. E. Husserl, *La Crise de l'humanité européenne et la Philosophie*, *op. cit.*, p. 66. (C'est moi qui souligne.)
2. Jan Patočka, *Platon et l'Europe*, *op. cit.*, p. 117.

vocation –, ce qu'ils seront fatalement, tôt ou tard, amenés à faire. Face au péril communiste, l'Europe de l'Ouest savait fort bien ce qui l'unissait et pourquoi il fallait rester solidaire. Mais aujourd'hui ?

Se contenter de concevoir l'Europe comme un grand marché destiné à contrer la concurrence américaine ou asiatique est totalement dépassé. De deux choses l'une, avançait Havel en mars 1999 devant le Sénat français. Ou bien on abandonne la construction européenne aux technocrates. Ou bien l'Europe se ressaisit de sa propre responsabilité, cesse de raisonner sur le court terme, de tout subordonner au diktat de la publicité, de se laisser piéger par toutes les innovations possibles et imaginables qui ont pour principal effet durable le pillage des ressources de la planète. D'ailleurs, « qu'est-ce qu'il y a d'authentiquement européen dans cette conduite, d'européen au sens noble du terme ? » demande Havel dans le sillage de Patočka. Réponse : « Rien[1] ! » Et d'estimer que cette attitude est au contraire en complète contradiction avec les idées qui ont fondé la civilisation européenne. Il n'en est pas moins vrai, poursuit-il dans ce plaidoyer pour une politique post-moderne, que c'est en vertu d'un certain mouvement interne – de son reniement, dirait Patočka – que la logique du rationalisme européen a abouti à l'actuelle civilisation globale, technicienne et consumériste, qui court à sa propre destruction. Mais c'est aussi pourquoi l'Europe – et l'Europe seule – a encore la possibilité de faire basculer cette situation et d'en renverser l'évolution ambiguë. « Enseveli et oublié, le potentiel d'une telle transcendance som-

1. Václav Havel, « De l'Europe » (1999), in *Pour une politique post-moderne*, trad. du tchèque par Jan Rubès, La Tour d'Aigues, L'Aube, 1999, p. 46-47 ; voir aussi, de Havel toujours, le recueil *Sur l'Europe*, La Tour d'Aigues, L'Aube, 1991.

meille dans ses propres fondements spirituels », continue l'orateur devant un aréopage de sénateurs français sans doute eux-mêmes ensommeillés. Et l'Europe en a non seulement la capacité, mais le devoir : elle ne renouera avec son esprit qu'en « reprenant les rênes de cette civilisation dont elle a précipité la chute pendant des siècles », et singulièrement le dernier[1].

Doux rêveur que l'ex-dissident de Prague ? Mais dans les années soixante-dix/quatre-vingt, combien de fois lui et ses compagnons, Milosz compris, furent-ils traités d'utopistes pour avoir cru en la fin possible de la division de continent ? Et d'ici quelques décennies, qui peut dire avec certitude ceux que l'histoire retiendra comme fous : le verdict tombera-t-il sur ceux qui, comme Havel, Patočka ou Kosik, ne cessaient d'en appeler à la responsabilité de l'Europe, ou sur ceux qui préféraient situer le sens de toute action humaine dans l'augmentation continue du produit intérieur brut ? Une chose est sûre : les sénateurs français dormaient. Et on le constate chaque jour : le propos d'un Václav Havel n'est guère entendu des chancelleries européennes. Faut-il pour autant, selon les termes de Patočka, « désespérer de l'avenir » ?

Non, mais à condition d'écouter l'Europe centrale. Car celle-ci, nous dit encore Kosik après Milosz, désigne un espace historique privilégié. « Elle a appris en effet, non pas dans les livres ou la tradition orale, mais dans sa propre chair, ce que c'était que le nazisme, le communisme, le mal de Munich. Une telle expérience est un trésor sans prix – or ni le peuple ni les érudits ne savent qu'il existe et c'est pourquoi ils ne l'ont pas encore découvert. Sortir à la lumière du jour cette richesse cachée est pourtant fort prometteur, car elle pourrait faire naître une imagination

1. *Pour une politique post-moderne, op. cit.*, p. 44.

créatrice », nous dit l'auteur de *La Crise des temps modernes*. Un peu plus loin, Kosik revient sur la même idée en se demandant cette fois « ce que signifie être trahi, occupé par l'étranger, trompé, humilié, déçu dans ses espérances, écœuré – sans sombrer pour autant dans le désespoir ou le cynisme ». La réponse est la suivante : « Le fond de cette expérience tient dans le *trotzdem* allemand (en dépit de). *En dépit de* toutes les amères vicissitudes – ce qui n'est pas une bravade dépitée mais la vraie résistance. Chaque existence est une *ex-sistence* placée face à tout ce qui est, y compris le mal. Or l'essentiel de l'ex-sistence ainsi exposée est la *ré-sistance* qui brave le mal, en dépit de tout mais pas par dépit » [1].

Ce beau texte, qui mériterait, avec *Campo dei Fiori* de Milosz, de figurer en exergue de la Constitution européenne, représente en même temps un admirable condensé de ce que Jan Patočka incarne et nous enseigne, lui en qui l'expérience historique de l'Europe de l'Est a trouvé l'une de ses plus magistrales traductions philosophiques. Car ce qui fait la grandeur de Patočka, c'est que le penseur, dans son cas, n'est en rien dissociable de l'homme. Qu'en est-il donc de l'homme, des conditions, des événements et des influences intellectuelles qui l'incitèrent à creuser le sol de l'expérience centre-européenne ? À le creuser jusqu'à nous en ramener ce « trésor sans prix » dont nous parle Kosik ?

---

1. Karel Kosik, *La Crise des temps modernes. Dialectique de la morale*, *op. cit.*, p. 113.

L'ITINÉRAIRE SOCRATIQUE
D'UN PHILOSOPHE TCHÈQUE

Jan Patočka est né le 1er juin 1907 à Turnov, petite ville de Bohême où son père Josef était directeur de lycée. Helléniste et pédagogue, il contribue à orienter son troisième fils vers une formation humaniste. Jan commence donc ses études de philosophie à Prague vers le milieu des années vingt dans un contexte particulier puisque la Ire République tchécoslovaque vient de naître du chaos de la Grande Guerre. Surtout, elle est dirigée par Thomas G. Masaryk, lui-même philosophe. Philosophie, histoire, politique : c'est sous ce triple signe, promis à devenir l'un des fils conducteurs de son œuvre, que s'ouvre l'itinéraire de Patočka. Et bien que de tradition catholique, la religion ne tiendra jamais une place majeure dans son œuvre.

De Husserl à Masaryk : l'héritier d'une tradition

D'emblée, la stature morale de Masaryk le fascine : « Jamais auparavant, ni dans l'Antiquité, ni au Moyen Âge, ni aux Temps modernes, il n'était arrivé qu'un penseur eût fondé un État », qui plus est une démocratie, écrira-t-il plus tard. Le philosophe-président va l'occuper toute sa vie : les premiers essais que Patočka lui consacre remontent à 1936, les derniers à 1976. La plupart traitent bien sûr de sa philosophie et on les trouve réunis en français dans les deux tomes de *La Crise du sens* (1985 et 1986)[1].

1. Jan Patočka, *La Crise du sens*, t. I *Comte, Masaryk, Husserl* et t. II *Masaryk et l'action*, trad. du tchèque par E. Abrams, postface d'Henri Declève, Bruxelles, Ousia, 1985 et 1986, p. 25.

Mais dans les années cinquante, Patočka rédigera aussi une remarquable étude sur la lutte de Masaryk contre l'antisémitisme. Au début du siècle, ce dernier avait en effet joué en pays tchèques un rôle analogue à celui d'Émile Zola dans l'affaire Deyfus en France, prenant la défense d'un pauvre juif campagnard dénommé Hilner à qui avait été intenté, en 1899, un procès pour crime rituel. Le courage et l'exemplarité de Masaryk ont sans conteste marqué le parcours de Patočka : chez l'un comme chez l'autre, la mission de l'intellectuel engagé ne commence pas là où le philosophe quitte son domaine propre pour se mêler de ce qui ne le regarde pas : l'intéressement aux affaires de la cité leur apparaît inséparable de la philosophie.

Le destin de Patočka s'attache cependant à celui de Masaryk de façon plus directe encore. Husserl, lui-même natif de Moravie et dont l'influence sur Patočka fut décisive, avait été le condisciple de Masaryk à Leipzig à la fin des années 1870. Les deux hommes se lièrent d'amitié à l'université, et c'est Masaryk, son aîné de dix ans, qui recommanda Husserl à son propre maître, Franz von Brentano. Dans une lettre au philosophe Eugen Fink, publiée en 1937, Husserl lui rendait hommage en ces termes : « Thomas G. Masaryk a été au demeurant mon premier éducateur, le premier à éveiller en moi la conception éthique du monde et de la vie qui détermine en tout ma philosophie. » Cette filiation se trouve très joliment évoquée dans l'anecdote suivante : en 1935, alors que Patočka passe les vacances de Noël chez Husserl à Fribourg, ce dernier offre à son élève un lutrin que lui-même avait reçu à Leipzig, en 1878, de son mentor et ami Thomas Masaryk. « C'est ainsi que je devins l'héritier d'une tradition », commentera Patočka.

Son départ pour Paris de 1928 à 1929 – où il aurait presque pu croiser le jeune Milosz qui s'y trouvait en 1931

144

– joue à cet égard un rôle clé. Patočka décroche une bourse à la Sorbonne. C'est là qu'il découvre la pensée de Platon et fait la connaissance de Husserl, lequel y entame sa série de conférences sur Descartes (ses futures *Méditations cartésiennes*) dans le cadre du séminaire d'Alexandre Koyré. Celui-ci présente Patočka à Husserl en 1929. Intéressante coïncidence : Koyré allait également devenir, après la Seconde Guerre mondiale, le maître de Serge Moscovici, cet autre grand précurseur venu des lisières de l'Est européen, né en Bessarabie en 1925, arrivé à Paris en 1948 après avoir survécu au pogrom de Bucarest (1941) et au travail forcé, et aujourd'hui reconnu, à l'échelle internationale, comme l'une des plus grandes figures de la pychosociologie.

En 1932, après avoir soutenu son doctorat à Prague, le jeune philosophe tchèque se dirige vers Berlin, muni cette fois d'une bourse de la fondation Humbolt. Là, il suit l'enseignement de Nicolai Hartmann sur Aristote ainsi que les leçons de philosophie grecque de Jacob Klein, avant de s'acheminer vers Fribourg où enseignent Husserl, mais aussi Heidegger. La critique patockienne de la modernité sera fortement influencée par la lecture qu'en firent les deux hommes. Mais si Patočka tentera de maintenir l'apport de Heidegger sur la question de la technique, il va, lui, accorder une importance capitale à l'éthique et à la démocratie, domaines où il se démarque nettement de l'auteur de *Sein und Zeit*. De retour en Tchécoslovaquie, Patočka devient, à trente ans, le secrétaire du Cercle philosophique de Prague fondé en 1934 sur le modèle du fameux Cercle linguistique de Roman Jakobson. C'est à ce titre qu'il contribue, en 1935, à inviter Husserl à Prague pour y donner sa célèbre conférence sur « la crise de l'humanité européenne et la philosophie »

145

Munich, l'occupation nazie et le stalinisme :
le philosophe interdit

Survient octobre 1938. Les accords de Munich scellent l'abandon, par les démocraties occidentales, de la Tchécoslovaquie à Hitler. C'est dire que le projet de faire de Prague un centre international de philosophie fait long feu. Dans la tourmente, Patočka reste néanmoins actif au sein du groupe d'intellectuels qui gravitait autour du *Mensuel critique* fondé par Václav Cerny, éminente personnalité du monde intellectuel. Déjà, Patočka enjoint ses compatriotes à ne pas se décharger de leur responsabilité, estimant qu'ils sont tous coupables, lui-même inclus, de l'impuissance à laquelle ils ont abouti. Il enseigne par ailleurs depuis deux ans à l'université Charles. L'invasion de la Tchécoslovaquie par l'Allemagne, en 1939, interrompt une première fois sa carrière. L'université est fermée par les nazis. Autorisé à reprendre ses cours en 1945, il sera de nouveau suspendu au lendemain du Coup de Prague de 1948, lorsque les communistes achèvent de mettre la main sur le pouvoir, puis une dernière fois en 1969, lors de la répression qui succède au Printemps de Prague, après un bref retour en chaire en 1967. En tout et pour tout, Patočka n'aura publiquement enseigné que... sept ans.

Confronté avec le communisme à un régime engagé dans un combat sans merci contre l'intelligence critique, Patočka n'en réaffirme pas moins sa détermination à faire de la philosophie « un essai sans cesse renouvelé de vivre dans la vérité ». La tradition européenne n'est-elle pas issue de cet idéal ? Mais l'Occident, pour sa part, entend-il encore s'en réclamer ? Cette question, après guerre, semble torturer davantage le philosophe que les aléas de sa situation personnelle. Il s'en fait l'écho, à la fin de l'année 1950, dans une lettre poignante à son ami français, le philosophe et mathématicien Robert Campbell, rédigée presque jour pour jour au moment où Milosz, lui, choisit définitivement l'exil. Stupéfait, comme lui, de voir tant d'intellectuels occidentaux opter pour le stalinisme, Patočka, qui vient d'être licencié de l'université, écrit donc à son ami français : « J'aurais bien voulu pousser un cri avant d'étouffer, mais analysant la situation, j'ai trouvé que cela était bien superflu. » Il ajoute, toujours dans la langue de Molière : « Je vois quelquefois vos revues françaises. [...] Vous et vos partenaires de l'Ouest, vous êtes (ou plutôt : pourriez être) dépositaires de tout ce qu'il y a de plus fin, profond et vrai dans le patrimoine de l'humanité. Vous en avez les moyens techniques, vous en êtes responsables, mais où est votre légitimité morale ? Nous vivons dans un temps d'autosuppression de l'Europe. [...] Par autosuppression, j'entends le processus par lequel l'Europe, créatrice d'une civilisation rationnelle et, par là, universelle, se démet elle-même des prérogatives temporaires que le fait d'avoir été la première à posséder lui avait procurées. » Cette Europe-là, poursuit-il, nous pouvons la « critiquer autant que nous voulons dans ses fondements et sa structure », elle reste pourtant « ce qu'il y a de plus grand et profond au monde *si nous avons la force nécessaire pour la renouveler*. [...] La trahison ne sauve rien : elle achève de tout perdre » [1].

Pour n'avoir pas trahi, Patočka perd presque tout. Interdit de passeport et mis à l'index par les autorités communistes, sauf pour ses travaux sur Jan Ámos Komensky (ou Comenius, l'un des fondateurs de la pédagogie moderne au XVIIᵉ siècle), le philosophe, qui est aussi père de famille, subsiste grâce à de modestes travaux. D'abord archiviste à

---

1. Correspondance publiée dans *Les Temps modernes*, septembre 1992, p. 75-77.

l'Institut Masaryk de 1950 à 1954, il fait ensuite un court passage par l'Académie des sciences où il est employé comme manœuvre. Puis il doit se contenter de traductions. « La page de traduction était alors [dans les années soixante-dix] payée vingt couronnes, se souvient sa fille. Ce qui représentait environ quatre francs. Mais mon père préférait encore traduire des bêtises plutôt que de faire des compromis[1]. »

Des années cinquante aux années soixante-dix, Patočka n'en continue pas moins d'écrire. Non pas, bien sûr, pour les maisons d'éditions officielles : ses textes ne sont guère « publiés » qu'en *samizdat*, c'est-à-dire tapés en cachette à la machine à écrire par une poignée de personnes, le papier carbone permettant de démultiplier chaque fois la copie en quatre ou cinq exemplaires. Une lettre à Eugen Fink du 29 octobre 1971 donne une idée des accès de désespoir qui pouvaient le saisir au cours de cette période. « On a le cœur serré, écrit-il, si l'on considère que l'on sera bientôt rappelé d'un monde qui n'a jamais cessé de paraître de plus en plus énigmatique et à la fois de plus en plus angoissant. [...] Cette ère de gigantisme ne réduit pas l'individu à un nain ou à un atome, mais à tout autre chose, il le réduit à une bouillie [...]. À quoi bon ce tourbillon, auquel je suis mêlé depuis soixante-quatre ans. S'il ne m'a pas déchiqueté comme tant d'autres et si je rencontre encore continuellement cette angoisse qui m'oppresse aussi bien à l'intérieur qu'à l'extérieur de moi-même[2] ? »

1. « Entretien avec Jan Patočka », *Nouvelle Revue française de Prague*, n° 4-6, 1997, p. 32.
2. Lettre citée par Bernard Nessler, « Patočka et Fink, leurs relations personnelles », *in* Étienne Tassin et Marc Richir (textes réunis par), *Jan Patočka : philosophie, phénoménologie, politique*, Grenoble, Jérôme Millon, 1992, p. 233.

L'époque est aussi marquée par l'enseignement socratique clandestin : le philosophe tient chez lui, dans une cave aménagée, des séminaires non officiels. Peu de temps après sa mort, Václav Havel, de la prison de Ruzyne où il se trouve alors incarcéré pour activité subversive, se souvient : « Je ne l'ai connu personnellement que vers 1960, quand Yvan Vyskocil se mit à l'entraîner au théâtre Na Zabradli ; il nous parlait longtemps, dans la nuit, de la phénoménologie, de l'existentialisme. [...] La force de ses commentaires ne venait pas de son omniscience mais de toute sa personne, dans son authenticité, sa modestie et son humour. » Et le futur président de la République poursuit : « Aucun ennui distillé du haut de sa chaire, mais une mise en transparence de soi-même, de la propre situation de chacun dans le monde »[1].

1977 et la création de la Charte : l'engagement

L'apparition de la dissidence au cours de la seconde moitié de la décennie soixante-dix marque un tournant dans l'histoire des sociétés d'Europe centrale. L'après-1968, dominé en Tchécoslovaquie par la répression massive qui succède au Printemps de Prague, et en Pologne par la virulente campagne antisémite de l'aile nationaliste du Parti communiste (le « pogrom froid » qui poussa Zygmunt Bauman à s'exiler) sonne le glas des illusions liées au réformisme marxiste. Il apparaît désormais certain que le changement ne viendra pas d'en haut. L'espoir en la possibilité de démocratiser le Parti de l'intérieur a vécu. Sur le plan international, la ratification, en 1975, de l'Acte final

---

1. Václav Havel, « Dernier entretien », *L'Autre Europe*, n° 11-12, 1986, p. 149-150.

des accords d'Helsinki relatifs aux droits de l'homme et du citoyen (la « troisième corbeille »), modifie également la donne. Certains intellectuels entendent bien s'en servir comme d'une arme contre le régime. Les Polonais donnent l'exemple en fondant, dès 1976, le Comité de défense des ouvriers (KOR). Hongrois et Tchèques suivent : l'embryon de la future Charte 77, le VONS (Comité de défense des personnes injustement poursuivies), se constitue la même année autour du soutien apporté à des membres d'un groupe de musique underground (les Plastic People), à qui le régime intente, fin 1976, un spectaculaire procès[1]. La Charte est ainsi née du souci de sauvegarder l'atmosphère qui se fait alors jour à l'occasion des manifestations de solidarité organisées autour du palais de justice de Prague. S'y retrouvent des intellectuels issus de divers horizons, dispersés depuis la « normalisation ».

Dans ce contexte, dominé par la violation systématique des droits et des libertés fondamentaux, s'élabore une nouvelle stratégie. L'objectif n'est plus de prendre le pouvoir. Le régime « post-totalitaire », ainsi que le qualifie Václav Havel, ce « communisme aux dents ébréchées » selon la formule d'Adam Michnik, est à l'évidence devenu la chasse gardée d'une nomenklatura usurpatrice. La seule voie réaliste consiste désormais à prendre l'État au mot afin d'exiger, par diverses pressions symboliques, le respect des engagements souscrits à Helsinki. L'expérience dissidente va cependant représenter beaucoup plus qu'un simple changement de tactique. Du « pouvoir des sans-pouvoir » proclamé par Havel au « vivre dans la dignité » (Kolakowski) et au « nouvel évolutionnisme » théorisé

1. Pour un compte rendu de ce procès, complété par un dossier sur la répression qui frappait alors les opposants au régime, voir *Procès à Prague*, Paris, François Maspero, « Cahiers libres », 1980.

par Adam Michnik, en passant par « l'antipolitique » du romancier et sociologue hongrois György Konrád, les opposants affirment alors une série d'idées, d'attitudes et de valeurs communes ouvrant la voie à l'invention d'une culture politique bousculant les modèles traditionnels[1]. L'attitude de ces intellectuels ne se résumait donc pas à faire de nécessité vertu. Leur réflexion sur la crise des sociétés modernes, sur la responsabilité et les sources de légitimité de leurs institutions, mais aussi sur le conformisme et sur les mécanismes qui font des individus tout à la fois les victimes et les piliers du système – cette réflexion, bien qu'apparue dans des circonstances spécifiques puisqu'elle répondait aux conditions imposées par les régimes communistes, dépasse en même temps très largement les limites étroites du lieu et du moment de sa genèse. La pensée dissidente se révèle d'une portée bien plus large, touchant des questions éthiques et politiques essentielles qui nous concernent tous. Et aujourd'hui, peut-être, plus que jamais.

À l'époque – mais nous n'en sommes pas sortis –, peu, à l'Ouest, s'en sont avisés. Comme si nous étions restés délibérément sourds à la mise en garde que nous adressait Havel en 1984 selon laquelle les systèmes totalitaires représentent en réalité un miroir déformant des sociétés modernes. Voilà bien une observation née de la fréquentation de l'œuvre de Patočka, qui lui-même l'a tirée de l'étonnante odyssée politique traversée par son peuple, de libéralisme en fascisme et de stalinisme en « socialisme » : à savoir que le totalitarisme, loin de pouvoir être regardé

1. Sur la convergence de pensée entre Konrád, Michnik et Havel, voir l'essai de Timothy Garton Ash, « L'Europe centrale existe-t-elle ? » (1986), repris dans *La Chaudière : Europe centrale (1980-1990)*, *op. cit.*, 1990.

comme une sorte de pathologie de la modernité, en exhibe pour ainsi dire la face la plus sombre. Un visage contre lequel il n'est pas du tout certain que nos sociétés aient su fabriquer les antidotes nécessaires.

Un « testament » pour notre temps

Lorsque Václav Havel vient proposer à Patočka de devenir porte-parole de la Charte 77, le professeur, âgé, hésite beaucoup. L'aventure n'allait-elle pas compromettre une activité philosophique qui s'exerçait déjà dans des conditions bien précaires ? Dans le même temps, rapporte Havel en 1986, il savait que « sa pensée devrait un jour se refléter dans des actes, qu'il ne serait pas possible d'éviter cette confrontation ou de la contourner à l'infini ». Une fois décidé, Patočka, raconte toujours le dramaturge, « s'est lancé pleinement dans le travail et a payé littéralement de sa vie ce dévouement. J'ignore, ajoute-t-il, à quoi ressemblerait la Charte s'il n'avait pas, au début, illuminé son chemin par la clarté de sa personnalité »[1]. L'homme plutôt timide et réservé qu'était Jan Patočka s'y implique à corps perdu et lui consacre tout son temps. Il se plie aux tâches d'organisation, fait le tour des personnes à contacter, recueille les signatures, refuse obstinément de céder à d'autres la moindre parcelle de son travail. « Je suis le porte-parole et je suis encore capable de marcher », avait-il coutume de répondre, furieux, quand on le lui proposait.

Il s'y tiendra jusqu'à la fin, conformément au principe qu'il avait formulé dans un entretien recueilli lors de son soixantième anniversaire « sur la philosophie et les philo-

1. Václav Havel, *Interrogatoire à distance*, trad. du tchèque par Jan Rubès, La Tour d'Aigues, L'Aube, 1989, p. 111-112.

sophes ». À la question : « Auriez-vous un vœu à formuler
eu égard à la jeune génération ? », Patočka avait répondu :
« Pour être pertinente, une pensée philosophique, quelle
qu'elle soit, doit prendre position sur la ligne du front »[1].
Suivi, harcelé puis arrêté par la police politique, Jan
Patočka succombera le dimanche 13 mars 1977 des suites
d'une hémorragie cérébrale après avoir subi plusieurs
longs et pénibles interrogatoires dont le dernier dura plus
de dix heures.

L'écrivain Jan Vladislav, proche du philosophe et qui
fut l'un des derniers à l'avoir vu une semaine avant sa
mort, relate ainsi leur ultime entrevue. Patočka venait de
subir un nouvel interrogatoire : « Il était au lit, lavé, rasé,
dans un pyjama fraîchement repassé, la tête bien droite sur
les oreillers. Avec ses yeux clairs d'un bleu radieux, il se
dégageait de lui une impression de force intérieure, de
puissance spirituelle telle que je me sentis rassuré. Comme
il n'y avait jamais de chaises libres chez lui – toutes crou-
laient sous des tas de livres –, il me fit asseoir sur le bord
du lit et se mit à parler [...]. Tout ce que je me rappelle,
c'est que nous sommes tombés d'accord sur ce qui était
alors le plus important, à savoir qu'il lui fallait absolument
prendre du repos, et que seul l'hôpital le lui permettrait.
Là-bas, au moins, il ne serait plus inquiété par des convo-
cations, des interrogatoires et des prises en filature[2]. »

Extraordinaire illustration du pouvoir d'un sans-pouvoir, les funérailles de Patočka furent à l'image de la
crainte que la pensée peut inspirer au régime le mieux

1. « Entretien avec Jan Patočka sur la philosophie et les philosophes » (1967), *in* Étienne Tassin et Marc Richir (textes réunis par), *Jan
Patočka : philosophie, phénoménologie, politique, op. cit.*, p. 31.
2. Jan Vladislav, « Journal ouvert », *L'Autre Europe*, n° 11-12,
1986, p. 147-148.

armé. Le gouvernement communiste va déployer des moyens aussi lourds que dérisoires pour que l'événement ne se transformât pas en manifestation politique : arrestations préventives, mobilisation d'une centaine de policiers pour un millier de valeureux participants, motos et hélicoptères afin de couvrir les paroles des discours. Jusqu'aux fleuristes de Prague fermés pour l'occasion... « C'est parce qu'il n'a pas eu peur que Jan Patočka, le philosophe-phénoménologue, a été arrêté, poursuivi par la police, et littéralement mis à mort par le pouvoir », écrira Paul Ricœur dans les colonnes du *Monde* au lendemain de sa disparition[1]. Ici et là, les voix ne manquèrent pas pour saluer en cette mort héroïque le martyre de la dissidence, ou plutôt la dissidence comme martyre. Il ne faudrait cependant pas s'en croire quitte pour mieux se débarrasser de la dissidence comme pensée. Patočka lui-même y veilla. C'est pourquoi il paracheva, cinq jours avant de mourir, le 8 mars 1977, la rédaction d'un texte que l'on peut considérer comme son testament philosophique. Et ce, tandis que les autorités tchécoslovaques continuent de le harceler jusque sur son lit d'hôpital.

Lisons-le avec attention. Car si la police politique ne rôde pas sous nos latitudes, la peur n'en est pas moins devenue, depuis la décennie 90 – en somme depuis la chute du communisme et la disparition de l'ennemi qu'il incarnait – la tonalité émotionnelle fondamentale de notre époque. Un nouveau climat social et culturel semble en effet

---

1. En 1981, la parution en français des *Essais hérétiques* donna lieu à de nombreux comptes rendus dans la presse française : « Le message d'un hérétique » (par Odile Gandon), titrait ainsi *Libération* le 23 février 1982, article suivi d'un entretien avec sa traductrice, Erika Abrams, « De la phénoménologie à la dissidence » ; « Jan Patočka, grand penseur de Prague » (par Alain Finkielkraut) annonçait de son côté *Le Monde* du 19 janvier 1982.

s'être mis en place où, après l'insouciance frivole des années quatre-vingt, plusieurs tendances lourdes se dégagent qui confèrent justement au « testament » du philosophe tchèque une troublante actualité. D'un côté, une exigence toujours croissante de rentabilité, de flexibilité, de compétitivité, bref une logique hyperinstrumentale où le respect de l'inaliénable dignité des individus ne pèse pas lourd face à la dictature du marché ; de l'autre, on assiste à la spectaculaire montée d'un sentiment d'inquiétude et d'insécurité, de plus en plus omniprésent : peur du chômage, de la précarité et de la déchéance sociale, du terrorisme, etc. – autant de menaces qui semblent entraîner un repli croissant sur le quotidien et la sphère privée. Comme si la culture hédoniste d'hier avait largement cédé la place à la nécessité de la survie.

Or voici justement ce que nous disait Patočka avant de mourir :

> *Il faut quelque chose de fondamentalement non technique, non instrumental uniquement ; il faut une éthique évidente par elle-même et non pas commandée par les circonstances, une morale inconditionnelle. [...] La morale n'est pas là pour faire fonctionner la société, mais tout simplement pour que l'homme soit l'homme. Ce n'est pas l'homme qui définit un ordre moral selon l'arbitraire de ses besoins, de ses souhaits, de ses inclinations et de ses désirs. C'est au contraire la moralité qui définit l'homme [...].*
>
> *La signature de conventions sur les droits de l'homme et de la société est devenue possible comme nouvelle étape dans l'évolution historique ; cela constitue un retournement dans la conscience des hommes. [...] Les motivations de l'action ne se trouvent plus de façon exclusive ou prépondérante dans le domaine de la peur ou de l'avantage matériel, mais dans le respect de ce qui en l'homme est supérieur, dans la conception du devoir et du bien commun*

et en comprenant que, pour parvenir à une telle fin, il faut être prêt à supporter certains inconvénients, à accepter d'être mal jugé et peut-être à risquer même la torture physique. [...]

Soyons sincères : dans le passé, le conformisme n'a jamais amené aucune amélioration de la situation mais toujours une aggravation [...]. Ce qui est nécessaire, c'est de se conduire en tout temps avec dignité, de ne pas se laisser effrayer et intimider. Ce qu'il faut, c'est dire la vérité. Il est possible que la répression s'intensifie dans des cas individuels. Mais les gens se rendent compte à nouveau qu'il y a des choses pour lesquelles il vaut la peine de souffrir et que, sans ces choses, l'art, la littérature, la culture, entre autres, ne sont que des métiers auxquels on se livre pour gagner son pain quotidien[1].

Sur son lit de mort, le philosophe tchèque nous rappelait en d'autres termes que la culture européenne est une culture de *l'arrachement au quotidien*. Il réitérait ainsi l'idée qui sous-tend toute son œuvre, à savoir que l'Europe est bien née du « souci de l'âme ». Mais n'est-elle pas précisément en train de périr pour l'avoir laissé se voiler dans l'oubli ? Le sacrifice de Patočka fut pour nous faire entendre la gravité de la menace engendrée par cet oubli – menace qui pèse non seulement sur notre monde, mais sur notre humanité même.

Telle fut aussi la tâche qu'il s'est assignée dans le volet phénoménologique de son œuvre : décrire et explorer le monde de l'expérience vécue, notre monde-de-la-vie (*Lebenswelt*), disent les phénoménologues, de façon à mieux identifier les possibilités humaines auxquelles notre époque technique correspond, sur lesquelles elle s'appuie

---

1. On trouvera en français une version partielle de ce texte dans la revue *Politique aujourd'hui*, n° 3-4, 1977, p. 43-45.

ou qu'au contraire elle dénigre. Donc aussi pour mieux cerner la source d'un éventuel retournement intérieur à partir duquel ce que Milosz appelle une *autre direction*, pour notre civilisation, serait encore envisageable.

PATOČKA, EXPLORATEUR DU MONDE DE LA VIE

En plein cœur des années trente, entre l'arrivée de Hitler au pouvoir et la concentration des troupes allemandes aux frontières de la Tchécoslovaquie, Patočka n'avait-il donc rien de plus pressant à faire que de reprendre la méditation entreprise par Husserl sur le monde de la vie, d'où sortira un ouvrage publié à Prague en 1936 sous le titre *Le Monde naturel comme problème philosophique*[1] ? Non, car ce livre se révèle en vérité d'une portée politique considérable. En quel sens ?

Portée morale et politique d'un retour sur le monde de l'expérience vécue

Husserl avait été le premier à faire de ce qu'il a appelé le monde de la vie, qui correspond à peu près à la dimension préscientifique de l'expérience, le thème d'une discipline rigoureuse baptisée par lui phénoménologie. Pourquoi cette référence à la notion de phénomène ? Parce que, partout où nous avons affaire à un comportement humain,

1. Jan Patočka, *Le Monde naturel comme problème philosophique*, La Haye, M. Nijhoff, « Phaenomenologica », n° 68, 1976 [1936].

nous ne sommes pas seulement confrontés à des choses qui *sont* mais à des choses qui *se montrent* à nous d'une certaine façon, bref à des choses qui nous concernent puisqu'il nous faut bien agir et nous orienter par rapport à elles. Mais cela signifie du même coup qu'une démarche spéciale sera requise dans la mesure où, nous le savons bien, ce qui nous est le plus proche, le plus habituel nous est aussi le plus obscur, le plus lointain, ce qui nous reste habituellement caché. D'où le paradoxe : une sorte de détour ou de recul s'avère souvent nécessaire pour que le familier puisse enfin nous apparaître et se révéler à nous, révélation qui peut, par exemple, emprunter les voies de la création[1].

Telle est donc l'intuition qui guide, en philosophie, la démarche dite phénoménologique. Mais cela implique aussi que le monde de la vie, celui qui nous advient quand une œuvre d'art le révèle ou encore à la faveur d'un échange, d'une discussion, est la seule source d'universalité réelle. Le monde de la vie est celui où s'ancrent des notions telles que l'honneur, la trahison, le courage, la fidélité ou la compassion. Il représente en cela le sol à partir duquel une expérience peut être véritablement partagée, le sol à partir duquel un monde commun est possible. Il n'y en a pas d'autres.

Voilà ce qui inquiète précisément Husserl. En effet, avec le développement des sciences va peu à peu s'imposer l'idée que le monde de la vie n'est en fait qu'un monde purement *subjectif* d'illusions, d'erreurs et de préjugés, un monde que l'homme moderne est prié de reléguer « dans la salle de bains de son intimité » (Havel) puisqu'il ne véhi-

---

1. Voir le livre important de Robert Legros, *L'Idée d'humanité,* qui reste l'une des meilleures initiations à la pensée phénoménologique (Paris, Grasset, « Le collège de philosophie », 1990).

culerait que des valeurs purement privées ne concernant personne. Par opposition, la Science avec un grand « S » décrète l'existence d'un monde vrai, authentique, reposant sur des lois objectives, seul à même de fonder quelque prétention que ce soit à l'universel. Là où « 2 + 2 = 4 », s'insurgeait l'homme du souterrain de Dostoïevski. Comme si ce monde prétendument *objectif* – et c'est là qu'intervient la fiction que Husserl ne cessera de dénoncer – ne s'enracinait pas dans le monde de la vie ou dans les dispositions du sujet sensible. Or, le problème vient de ce que la science nie cet ancrage – ou plutôt : elle le dénie. Maurice Merleau-Ponty formulera cette idée en expliquant que revenir au monde de la vie, c'est en quelque sorte revenir au monde d'avant la connaissance, mais dont la connaissance s'inspire et parle toujours. Elle en procède, de même que la géographie est dépendante du paysage où chaque individu (y compris le savant géographe) a d'abord appris ce qu'est une forêt, une colline, une prairie ou une rivière.

Cette opposition fictive – et désastreuse – entre un monde vrai et « rationnel » (le monde issu de la science), et un monde illusoire (le monde de l'expérience), il revient à Patočka de l'avoir introduite au cœur même de la culture dissidente. Toute l'originalité du philosophe vient ainsi de sa tentative, engagée dès les années trente, pour penser les conséquences morales et politiques de la découverte faite par Husserl[1]. La question sous-jacente qui anime cette reprise de l'héritage husserlien pourrait se formuler ainsi : dans quelle mesure l'homme concret, mis entre parenthèses par la science moderne en tant que sujet de l'expérience

1. Sur cet aspect de l'apport de Patočka à la pensée contemporaine, voir le beau livre de Václav Belohradsky, *La Vida como problema político*, trad. par Antonio Gabriel Roson, Madrid, Editiones Encuentro, 1988 [1980].

vécue du monde, n'est-il pas également en passe d'être partiellement ou totalement mis entre parenthèses en tant que sujet moral par l'État et la politique modernes ? Et ce, à des degrés certes différents selon que nous avons affaire à des régimes totalitaires (formes paroxystiques de cette réduction) ou à des démocraties libérales, dans lesquelles ce processus prend une forme assurément différente et plus douce ?

Que l'Europe centrale ait été le lieu où cette aventure philosophique ait été tentée ne doit pas nous surprendre. Pour toute une série de raisons admirablement analysées par István Bibó – nations retardataires, non-coïncidence des frontières ethniques et politiques, modernité exogène[1] –, cet espace historique et géographique n'est-il pas celui où la rationalité impersonnelle de l'État a poussé, plus loin que nulle part ailleurs, la colonisation du monde vécu, la croyance en la possibilité de contenir la vie sous la gangue des uniformes, des circulaires et des bureaux ? L'immensité de l'œuvre de Kafka, ce génial phénoménologue avant la lettre, ne tient-elle pas à ce qu'il fut l'un des premiers à comprendre ce qu'il advient de l'homme et de la société dès lors que l'institution n'est plus qu'un mécanisme inintelligible obéissant à ses propres règles, programmées on ne sait plus ni par qui ni quand, et qui n'ont plus rien à voir, selon l'expression de Milosz, avec « la chair et le sang des hommes » ?

On comprend que la phénoménologie ait trouvé au centre de l'Europe un terreau si favorable. À cet égard, les essais de

1. Sur les problèmes politiques et idéologiques soulevés par cette modernité tardive à l'Est de l'Europe, voir notre étude : « Le XXe siècle roumain ou la modernité problématique », *in* Chantal Delsol, Michel Maslowski (dir.), *Histoire des idées politiques de l'Europe centrale*, Paris, PUF, 1998, p. 563-587.

Milan Kundera, qui quitte Prague en 1975, constituent un remarquable exemple du lien intime, familier – et pour nous autres Occidentaux si incongru – que peut entretenir un écrivain tchèque (et il n'est pas le seul) avec la philosophie de Husserl. Patočka a joué un rôle déterminant dans cette transmission. Prenons l'un des grands succès de librairie du romancier d'origine tchèque, *L'Art du roman*, publié chez Gallimard en 1986. Sur quoi s'ouvre-t-il ? Le plus naturellement du monde, sur une référence à... Husserl. Comme s'il apparaissait littéralement impensable à Kundera de réfléchir sur son art – le roman – sans replacer d'emblée cette réflexion dans le cadre de la méditation de Husserl sur la crise de l'humanité européenne. En 1986, l'auteur de *La vie est ailleurs* commence ainsi par résumer la pensée de Husserl sur ce point, avant d'exposer ce en quoi consiste, à ses yeux, l'art romanesque. En une présentation succincte mais percutante, Kundera explique que Husserl faisait remonter les racines de la crise à l'aube des Temps modernes. Les sciences européennes vont réduire le monde à un simple objet d'exploration technique et mathématique, excluant de leur horizon le monde concret de la vie. Conséquence : « Cet essor propulsa l'homme dans les tunnels des disciplines spécialisées », si bien que « plus il avançait dans son savoir, plus il perdait des yeux et l'ensemble du monde et soi-même ». Kundera poursuit, résumant toujours Husserl : « Élevé jadis par Descartes en "maître et possesseur de la nature", l'homme devient une simple chose pour les forces (celles de la technique, de la politique, de l'Histoire) qui le dépassent, le surpassent, le possèdent. Pour ces forces-là, son être concret, son "monde de la vie" (*die Lebenswelt*) n'a plus aucun prix ni aucun intérêt : il est éclipsé, oublié d'avance » [1]. Cette situation, pour Kundera, a tout à voir avec l'in-

---

1. Milan Kundera, *L'Art du roman*, Paris, Gallimard, 1986, p. 17-19.

vention de ce grand art européen qu'est le roman, tel qu'il le conçoit, et qui, souligne-t-il, n'est « rien d'autre que *l'exploration de cet être oublié* »[1].

Dans l'esprit de Patočka, l'art de philosopher répond à la même exigence : le philosophe est, à l'instar du romancier, un explorateur de l'existence. Il ne saurait toutefois faire abstraction du moment historique particulier où sa réflexion s'inscrit. Aussi s'agira-t-il pour Patočka, de façon plus pratique et plus explicitement politique que son maître Husserl, de se demander quelles sont encore les possibilités de l'homme dans un monde où la mise entre parenthèses du sujet moral, de sa conscience, de ses convictions, semble être devenu le critère ultime de la rationalité ? Car il existe nécessairement des correspondances. Des correspondances sur lesquelles un Européen de l'Est né au XXe siècle, quotidiennement confronté à la délation, à la collaboration, à l'indifférence et au mépris, ne peut faire l'impasse ; des correspondances sur lesquelles un Havel, à la suite de Patočka, s'interroge par exemple dans les années soixante-dix, confronté à la facilité avec laquelle la plupart des gens semblent abdiquer leur identité en faveur de celle du système, comme s'il y avait en chacun une tendance à se dissoudre dans la masse uniforme. « Il y a apparemment dans l'homme moderne quelque chose sur quoi ce système repose, que ce système reflète et satisfait, quelque chose qui paralyse en lui chaque tentative de révolte », écrit-il dans « Le pouvoir des sans-pouvoir » (1978), un essai dédié à la mémoire de Jan Patočka[2]. Ce monde-là ne nous concerne plus ? Si, justement. Car Havel précise à juste titre qu'il s'est développé sur le terrain de

1. *Ibid.*, p. 19. (C'est moi qui souligne.)
2. Václav Havel, « Le pouvoir des sans-pouvoir » (1978), in *Essais politiques*, *op. cit.*, p. 85.

la rencontre historique entre la dictature et la société de consommation.

Les trois possibilités de l'existence humaine

Patočka va emprunter à l'auteur de la *Krisis* la notion de monde de la vie. Mais c'est pour la soumettre à une reformulation assez radicale. Il lui semble en effet que le monde de l'expérience vécue doit avant tout être pensé comme une pratique, une pratique dans le monde. Comme un horizon à l'intérieur duquel nous nous mouvons, où nous agissons, où nous nous comportons envers nous-mêmes, envers les choses et envers les autres selon des modalités très différentes. En somme, montre Patočka – et cette intuition domine toute sa philosophie –, notre vie ne se déroule pas sur un plan unique, mais à une pluralité de niveaux. Le monde de la vie va plus précisément lui apparaître comme le référent de trois mouvements en lesquels se réalisent les trois possibilités fondamentales de l'existence : le mouvement d'enracinement, le mouvement du travail, qu'il nomme aussi mouvement d'abdication de soi ou d'autoprojection (on s'y projette dans le monde), et, enfin, le mouvement de vérité ou de percée, le plus important des trois. Autre innovation par rapport à Husserl : ce n'est que dans le mouvement de vérité que l'homme, selon Patočka, réalise son humanité la plus authentique, par quoi il peut s'ouvrir sur un horizon universel et, de là, se prémunir contre la haine et la barbarie évoquées par Husserl en 1935. Voyons brièvement ce qu'il en est de ces trois orientations[1].

1. Nous nous appuyons principalement, dans les développements qui suivent, sur trois ouvrages de Patočka : *Le Monde naturel comme*

Le premier mouvement, celui de *l'enracinement*, correspond en un mot à la maisonnée, au chez-soi, à la domesticité. Nous y sommes à couvert, mis à l'abri par un soutien qui « jette une voûte par-dessus l'exposition au froid glacial de l'étranger [1] ». Le contact avec les siens et la sécurité qu'il procure y occupent une place centrale : ce mouvement renvoie en effet à une vie vécue sur le mode de la dépendance, de la protection, de l'insertion dans une communauté. Le temps qui domine ici est moins le présent ou l'avenir que le passé. Quant au sens, au sens donné, au sens hérité de la tradition, il n'est guère questionné mais plutôt admis d'avance. D'où la dérive qui guette à l'horizon de ce mouvement : l'enfermement communautariste et, sur un registre plus politique, le nationalisme. Cette première manière d'être au monde, souligne Patočka, n'en est pas moins constitutive de l'humain : pas d'existence humaine qui ne soit d'abord fondée sur la confiance et la réciprocité, d'abord accueillie dans le monde des autres. Cette réciprocité chaleureuse nous est à tous nécessaire afin que nous puissions nous acheminer vers l'autonomie.

Le deuxième mouvement, d'*autoprojection* ou d'abdication de soi, coïncide essentiellement avec le travail. Il s'articule cette fois autour de l'enchaînement de la vie à elle-même : ce qu'il vise, ce sont les moyens d'assurer l'entretien de la vie, sa reproduction et son amélioration. Domine ici la dimension du fonctionnel et de l'impersonnel : l'homme s'y réduit à une fonction, à un rôle déter-

---

problème philosophique, op. cit. ; *Le Monde naturel et le Mouvement de l'existence humaine*, trad. par E. Abrams, Dorbrecht, Kluwer, « Phaenomenologica », n° 110, 1988 ; et le recueil *Papiers phénoménologiques*, trad. par E. Abrams, Grenoble, Jérôme Millon, 1995.
1. Jan Patočka, *Le Monde naturel et le Mouvement de l'existence humaine, op. cit.*, p. 112.

miné. Les choses ou les personnes, elles, ne lui apparaissent pas pour elles-mêmes, dans leur autonomie ou leur unicité, mais surtout en tant qu'elles s'insèrent dans le contexte de ses projets immédiats, qu'elles les servent ou les contrarient. Ce mouvement, dont la temporalité privilégiée est le présent, est certes indispensable à notre conservation comme au développement de nos capacités rationnelles. Mais si une part importante de notre existence s'y déroule, nous y sommes néanmoins comme dessaisis de nous-mêmes dans la mesure où notre vie tend à s'y fragmenter en une succession d'instants occupés à pourvoir à nos besoins, et où nous-mêmes inclinons à nous perdre dans les choses, à nous y engluer. L'existence devient ainsi un moyen en vue d'elle-même alors que la fin proprement dite – la vie pour la liberté – sombre dans une inattention continuelle. À la limite, la question même de la fin, la question de la mort, donc aussi du sens de la vie, est de celles qui, dans cette optique, ne se posent pas. L'univers qui s'offre ici au regard est celui de l'existence satisfaite des ornières sécurisantes de l'emploi, des intérêts et de l'utile.

La parabole du marchand de légumes imaginée par Václav Havel dans ses *Écrits politiques* pourrait servir à illustrer ce deuxième mouvement dans ses implications sociales et politiques. L'histoire permet également de saisir une partie des raisons pour lesquelles Patočka parle de ce mouvement d'abdication de soi comme du plus « périlleux » des trois. Nous sommes donc à Prague. Le gérant d'un magasin de légumes a accroché dans sa vitrine, entre les oignons et les carottes, la banderole : *Prolétaires de tous les pays, unissez-vous !* Pourquoi ? Parce que cela se fait, parce que c'est là ce qu'on attend de lui. La banderole a bien entendu valeur de signe. Le marchand indique par là : « Voyez, je suis obéissant et c'est pourquoi j'ai droit à une vie tranquille ! ». Cette façon d'agir a d'autres avantages : tromper à peu de frais sa propre conscience, masquer au monde et se masquer à soi-même la vérité de sa situation (d'où l'idée d'*abdication de soi*). L'essentiel tient ici au fait que, pour avoir placé sa sécurité et sa quiétude quotidiennes au-dessus de ses convictions (car il se moque naturellement comme d'une guigne de l'Internationale prolétarienne), notre gérant entre lui-même dans le jeu, il permet au jeu de se poursuivre, voire d'exister tout court.

Voilà qu'arrive une cliente. Elle est secrétaire. Elle aussi vient d'accrocher dans son bureau une banderole semblable, plus ou moins mécaniquement, à l'instar du marchand. Si ce dernier se rend à son bureau, il ne percevra pas plus sa banderole qu'elle ne perçoit la sienne. Cependant, observe Havel, « leurs banderoles s'impliquent l'une l'autre. Toutes deux ont été suspendues en considération du panorama général, pour ainsi dire sous son diktat ». En esquivant la question du sens de leur geste, que font-ils ? Ils s'adaptent, mais en même temps, ils contribuent à la situation à laquelle ils acceptent de se conformer. « Ils font ce qui se fait, ce qu'il faut faire, et en le faisant, ils confirment en même temps qu'il faut réellement le faire [...]. L'un invite l'autre à l'imitation, et chacun accepte l'invitation de l'autre[1]. » Havel cherche par là à illustrer le principe du conformisme ou, dans ce contexte, de « l'auto-totalitarisme de la société ». Car cela revient à dire que le marchand de légumes et l'employée de bureau sont simultanément les victimes et les sujets de la domination, ils pâtissent du système en même temps qu'ils en sont les piliers. Dans la mesure où ils s'y impliquent en mettant leur conscience entre parenthèses – ce qui, dans cet exemple, prend une forme bien anodine en apparence –, tous

1. Václav Havel, *Essais politiques*, *op. cit.*, p. 82-83.

deux contribuent en vérité à conforter la norme générale et à exercer une pression sur leurs concitoyens. Ils ont choisi pour « partenaire le plus intime » non pas leurs scrupules ou leur sens moral, mais le système comme structure trouvant sa fin en soi, l'essentiel étant d'y trouver sa place, de durer et de s'y assurer un relatif bien-être, toute autre considération étant reléguée au second plan. Or, telle est précisément la voie par laquelle le pouvoir, à l'époque moderne, peut devenir anonyme et terrifiant – d'autant plus terrifiant qu'il traverse *de facto* chaque individu. Que la planète tout entière soit en passe de devenir la scène de ce processus, voilà ce que la pensée est-européenne pourrait bien avoir été la première – la dernière ? – à comprendre.

Dans le vocabulaire de Patočka, l'homme opte ici pour ce qui s'oppose à la voie philosophique, à savoir pour « le sens modeste du petit rythme vital dicté par la fascination de la vie corporelle et son enchaînement à elle-même[1] ». Bien que distincts, ces deux premiers mouvements, d'enracinement et d'abdication, partagent un certain nombre de traits. L'individu s'y rapporte à l'horizon du monde, à la question du sens – du « bien commun », dit-il aussi dans son testament – de manière *implicite*. Nous y demeurons enchaînés à une activité singulière tandis que le monde et nos semblables se présentent à nous, à ce stade, comme de simples choses en vue de ceci ou de cela. L'idée d'une communauté humaine fondée sur autre chose qu'un pur rapport instrumental à autrui n'apparaît pas encore clairement. L'enracinement et le travail renvoient, en somme, à une vie qui ne saurait être qualifiée de véritablement humaine puisqu'elle ne s'est toujours pas conquise contre

1. Jan Patočka, « L'histoire a-t-elle un sens ? », in *Essais hérétiques*, *op. cit.*, p. 75.

son enfermement dans le cercle répétitif de la vie quotidienne.

On devine le danger qui se profile à l'horizon du
deuxième mouvement de l'existence s'il en vient à prédominer, danger que Patočka va justement situer, comme
nous le verrons, au cœur de sa critique de la modernité :
soit l'auto-avilissement de l'homme lui-même et sa dégradation au rang de simple rouage d'un processus voué, dans
ces conditions, à devenir de plus en plus mécanique et
immaîtrisable. Cette note pessimiste, toutefois, ne constitue pas le dernier mot de sa pensée. Car si « nous sommes
l'autorité de notre propre déclin », écrit-il, si « nous-
mêmes sommes responsables de notre déchéance »[1], cela
signifie aussi qu'il entre dans la possibilité de l'homme de
se redresser, de s'ouvrir au monde d'une autre manière.

Pour caractériser ce revirement, et par contraste avec les
deux premiers mouvements, le philosophe parle d'une
ouverture *explicite* au monde (ou encore d'une relation au
« monde comme totalité »). Cela signifie – et l'homme seul
possède ce privilège – que le monde peut nous apparaître
comme monde, c'est-à-dire comme tout, comme problème, comme une question ou une énigme, et non pas
seulement comme un ensemble de choses offertes à notre
volonté. Cela signifie aussi qu'autrui peut advenir comme
notre prochain. Il ne suffit cependant pas que cette ouverture se profile : encore faut-il que nous soyons disposés à
l'assumer comme tâche.

Plusieurs des lettres adressées par Václav Havel à sa
femme Olga durant l'une des périodes où il a été incarcéré,
ici de juin 1979 à septembre 1982, trois années et demie
au cours desquelles il va devenir le prisonnier Vasek, permettent admirablement de comprendre la nature de cette

1. Jan Patočka, *Platon et l'Europe, op. cit.*, p. 135.

tâche, de cet horizon ou de cette ouverture. Pour pallier l'enfermement du corps et tenir moralement, Havel se lance ainsi, d'une missive à l'autre et dans les limites que lui impose la censure, dans une étonnante méditation sur la question du sens et de la responsabilité. Car, qu'on le veuille ou non, dit-il, le fait d'être enfermé oblige à se poser la question de savoir si tout cela a un sens, et quel est-il. Devant quoi est-on responsable dans le fond ? Vers quoi tendent nos efforts ? Quel est l'arrière-plan de nos expériences existentielles, ou, en d'autres termes, « le partenaire énigmatique de nos entretiens quotidiens avec nous-mêmes » ? Dans la même lettre – 7 août 1980, indique le cachet de la poste –, Havel poursuit : « Depuis mon enfance, je sens que je ne serais pas moi-même – un être humain – si je n'avais pas vécu dans la tension durable et multiple de cet horizon »[1].

Cet horizon invisible et concret, ce partenaire intime et universel dont le détenu Vasek constate qu'un jour il est sa conscience, un autre sa liberté, lui est d'autant plus présent qu'il a été arraché à son foyer et à son milieu qui, spontanément, presque mécaniquement, donnaient un sens, précise-t-il dans sa lettre du 1er novembre, « à tout ce que je faisais de façon quotidiennement concrète ». Étant donné que cet environnement « m'est devenu inaccessible, caché et éloigné, une question nouvelle se pose désormais, celle de mon rapport à ce monde et de ma responsabilité envers lui. Étant caché, il acquiert une présence thématique dans ma conscience ». Cette même présence que Patočka définit justement comme un rapport *explicite* au monde. « Je commence à comprendre bien des choses », écrit encore

1. Václav Havel, *Lettres à Olga*, trad. par Jan Rubès (avec Catherine Daems), préfaces de Marcel Maréchal et Edgar Morin, La Tour d'Aigues, L'Aube, 1990, p. 116.

Havel du fond de sa cellule. Et de revenir sur cette « sorte d'horizon existentiel » qui, note-t-il, définit notre activité dans la même mesure que les étoiles n'existent que par rapport au ciel. Il prend cet exemple très concret : « Même des choses apparemment insignifiantes et orientées seulement vers des besoins personnels révèlent le principe profond de cet attachement : si je bois mon thé, et que je tente de me mettre à l'aise, je ne le fais pas – dans le sens strict du terme – que pour moi. Si je veux sortir d'ici sans trace et sain d'esprit, je le fais par rapport à quelqu'un ou quelque chose », à une société, à des valeurs et à des idéaux qui « donnent un sens à ma vie » [1], précise-t-il enfin dans ce bouleversant monument littéraire, entre récit de prison, journal et essai philosophique, un monument qui éclaire en tout cas mieux que n'importe quelle exégèse savante ce que Patočka entend quand il décrit le troisième mouvement de l'existence comme un mouvement de *vérité* ou de *percée*.

Notre ouverture explicite au monde advient donc, observe le phénoménologue, avec ce troisième mouvement, qui est celui où s'accomplit notre vocation proprement humaine. Il suppose toutefois un « revirement fondamental ». Cet accès à ce que Patočka appelle parfois le plan de la profondeur (par opposition au plan des apparences) implique en effet que nous délaissions en quelque manière le plan de la quotidienneté.

Revenons un instant, pour l'illustrer, au marchand de légumes. Car voilà qu'un beau jour quelque chose se révolte en lui qui s'apparente à ce que le langage courant désigne, faute de mieux, par le mot intégrité : il cesse de jouer le jeu, refuse le rituel. On peut, en ce sens, parler d'un revirement, mouvement que le philosophe caractérise

1. *Ibid.*, p. 143-144.

aussi comme un retour à soi, une reconquête de soi. Pourquoi ? Parce que, en cessant d'accrocher sa pancarte, le marchand va recouvrer son identité et sa dignité perdues. Sa révolte s'apparente par là à une tentative de vivre dans la vérité. D'où la notion de « percée ». En cela, il accomplit sa liberté, ou, du moins, il fait mouvement dans sa direction. Il reçoit, du même coup, la révélation de sa responsabilité. Le philosophe parle également, à ce propos, de « vie dans l'amplitude ».

Certes, les représailles ne se feront pas attendre : le salaire du marchand de légumes diminuera, l'espoir de passer ses vacances en Bulgarie s'évaporera, ses connaissances le fuiront. Mais on sent bien que son geste excède sa propre personne, que sa portée s'étend au-delà de son cas individuel. Car, en rompant les règles du jeu, il abolit le jeu en tant que tel : « Il l'a dénoncé comme jeu », remarque Havel dans « Le pouvoir des sans-pouvoir ». Bref, « il a détruit le monde de l'apparence », ce support fondamental de tout système. Il a montré que « la vie dans le mensonge »[1], cette vie qui jusqu'à présent était aussi la sienne, était effectivement une vie dans le mensonge. Mais quelle est donc l'expérience décisive à cet égard ? Patočka répond : c'est l'évanouissement de la couverture rassurante, bien qu'illusoire, offerte par les deux premiers mouvements. Illusoire, car c'est un fait, la quotidienneté a une fin. L'expérience déterminante, à ses yeux, est ici celle de notre face-à-face assumé avec la mort, avec notre finitude. Ce saisissement par la finitude, ou par « le tout du monde », présuppose néanmoins les deux premiers mouvements. Il présuppose que je me sois d'abord enraciné dans le monde, puis que je m'y sois égaré en m'aliénant à un

1. Václav Havel, « Le pouvoir des sans-pouvoir », in *Essais politiques*, *op. cit.*, p. 87.

rôle. Mais le mouvement de vérité les signale justement pour ce qu'ils sont : de simples *possibilités*.

« L'homme entre dans l'amplitude en subissant la fascination des limites qui enserrent sa vie », écrit Patočka dans un texte de 1939 intitulé « Équilibre et amplitude dans la vie ». Et « il est contraint d'affronter ces limites pour autant qu'il aspire à la vérité. Celui qui veut la vérité ne peut se permettre de la chercher uniquement dans les plats pays de l'existence, ne peut se laisser endormir par la quiétude de l'harmonie quotidienne ; il est tenu de laisser croître en lui l'inquiétant, l'irréconcilié, l'énigmatique, ce dont la vie ordinaire se détourne pour passer à l'ordre du jour ». Puis il précise : « L'esprit est un rapport au monde, vivant à partir de la compréhension du tout du monde que donne la vie dans l'amplitude. Il est un éclaircissement universel dont la lumière s'allume, non pas dans l'intellect, mais dans le choc existentiel qui nous fait nous heurter contre l'écueil inébranlable de nos limites. Celui qui assume cette possibilité est libre au sens profond du terme. Il se libère de la simple apparence qui nous enchaîne à certains vains espoirs, à certaines faiblesses invétérées de la nature humaine. La liberté nouvellement éveillée dévoile l'apparence en tant qu'apparence. En acceptant le péril, elle conquiert une entière sécurité, assure l'homme d'une vie vécue à partir de son fondement propre, de ce qu'il est dans son principe » [1].

Extraordinaire proximité : Milosz, on s'en souvient, insistait lui aussi sur le thème de la limite et nous enjoignait à lire son œuvre comme une ouverture sur la finitude. L'Europe de l'Est ? Le lieu par où les voies de la

---

1. Jan Patočka, « Équilibre et amplitude dans la vie » (1939), in *Liberté et Sacrifice. Écrits politiques*, *op. cit.*, p. 36-37.

poésie et celles de la phénoménologie convergent pour transformer notre malédiction en grandeur.

Renouer avec l'Europe : un revirement intérieur

Mais en quoi consiste au juste le lien entre cette singulière expédition philosophique au cœur du monde de la vie et la question de l'Europe ? Il tient en deux choses. En premier lieu, c'est sur cette compréhension du monde de la vie que Patočka entreprend de fonder les droits de l'homme, au cœur de l'héritage européen. Les droits de l'homme, c'est-à-dire l'existence de droits inaliénables, de droits qui ne dépendent pas de quelque arbitraire, ni même d'une idéologie révocable selon notre bon vouloir, mais qui procèdent du mouvement même de l'existence dans sa structure la plus profonde, de notre manière propre d'être au monde.

Le premier ensemble de droits sera donc lié à la communauté, à notre légitime besoin de sécurité au sein d'un ensemble qui protège. Cela signifie, entre autres, qu'on ne peut se dérober à l'appel que l'autre nous adresse dans son indigence sans aussitôt renier son identité. Sur le plan politique, ce premier type de droits postule également le respect d'une certaine autonomie des communautés et de la société civile face à l'État. Il existe, en un mot, des bornes aux prétentions englobantes de l'État, lequel ne saurait y déroger sans se mettre lui-même, *ipso facto*, en dehors de la loi. Le deuxième type de droits concerne le travail. Il réfère au fait qu'il entre dans nos droits de produire et de jouir des résultats de notre labeur, de transformer notre environnement en le soumettant aux projets de la raison et de nous organiser à cette fin. Le dernier genre de droits a trait à la liberté de conscience et de critique, à la libre recherche du sens. Là encore, il n'est aucune instance qui

173

puisse légitimement coloniser le monde du langage et de la pensée (comme dans les régimes totalitaires).

Ces droits « ontologiques » de l'homme (déductibles de son être) tracent les *limites* de tout pouvoir et de toute organisation politique. Toutefois, avancer cela, c'est aussi reconnaître que la nature même de ces droits exclut qu'ils puissent être totalement garantis par l'État ou par la seule réglementation juridique. Havel l'a très bien vu, qui souligne quant à lui que la loi ne représente jamais qu'un moyen imparfait et extérieur de protéger le meilleur de la vie contre le pire. Son rôle reste auxiliaire, son sens ne réside pas en elle-même et son respect n'assure pas automatiquement une vie meilleure. Celle-ci est toujours, aussi, l'œuvre des individus. Dans les termes de Patočka, le droit est inséparablement l'affaire de l'État et celle de nos scrupules. Aussi l'Europe perd-elle son âme chaque fois que ces deux pôles se disjoignent.

En second lieu, ce détour par le monde de la vie permet au philosophe tchèque de rappeler à ses contemporains que la culture européenne s'enracine au plus profond dans un rapport interne à l'homme lui-même, qu'elle prend sa source dans une attitude ou un revirement intérieur. Patočka – et il fallait pour cela une audace peu commune – pose ainsi la question de l'Europe, de son essence ou de son identité, dans un cadre qui la rend indissociable du problème de notre accès à une dimension fondamentale de notre existence – en fait la plus fondamentale. Dit autrement, le « souci de l'âme », à l'origine de l'Europe, renvoie avant tout, dans cette perspective, au troisième mouvement de l'existence, à cette capacité qui nous est propre de nous ouvrir au monde d'une manière qui n'est pas simplement utilitaire, comme dans le mauvais infini de la vie quotidienne (l'ère du pain ou l'ère du vide), mais telle qu'à l'horizon de ce rapport peut se poser, entre autres, la question de la vérité, de la responsabilité, de la beauté ou de la justice. Sans cet horizon, rien de spécifiquement humain, ni rien de véritablement universel ne pourrait se déployer : ni l'art, ni la littérature, ni la morale, ni la politique au sens noble du terme. L'Europe, montre Patočka, est la seule culture qui a fait du souci de l'âme ainsi compris non seulement le sol sur lequel la cité peut être édifiée et devenir une communauté de citoyens, mais encore une tâche qui incombe en propre à chaque individu.

On entrevoit où va se situer, pour le philosophe tchèque, le drame du rationalisme européen. Il intervient dès lors que ce souci est perdu de vue comme condition même de la liberté et de l'universalité ; quand le soin prodigué à cette manière spécifiquement humaine de se rapporter au monde n'entre plus dans les tâches légitimes de la raison et se voit même expulsé de son programme. Or, à notre époque, « le souci de l'âme est passé de mode », déplore-t-il. De là, l'enjeu majeur de toute réflexion sur l'Europe et sur ses crises contemporaines – mieux : de tout engagement pratique en sa faveur, car le souci de l'âme repose toujours sur un engagement radical – sera de savoir comment renouer avec ce mode d'être ouvert qui définit notre humanité la plus authentique. Car « l'être propre, précise Patočka, n'est jamais chose indifférente, mais toujours un *accomplissement* »[1].

---

1. « La civilisation technique est-elle une civilisation du déclin, et pourquoi ? », *in* Jan Patočka, *Essais hérétiques sur la philosophie de l'histoire*, *op. cit.*, p. 107.

Si Patočka était comme Milosz un « incurable » Européen, loin de lui, pourtant, l'idée d'une quelconque supériorité de la culture européenne sur d'autres. Nulle trace d'arrogance européocentriste dans l'importance qu'il accorde à sa filiation grecque. Le penseur relève simplement que si la philosophie grecque est au « fondement de la vie européenne tout entière », c'est pour avoir entrepris de déduire du souci de l'âme un *projet de vie*. Ce qui le préoccupe, c'est la sauvegarde d'une perspective véritablement universelle, la possibilité « de faire du monde humain un monde de la vérité et de la justice »[1], accessible à tous. En effet, insiste-t-il, « aussi longtemps que ce fondement commun [entendre : le mouvement de percée ou de vérité] à toutes les formes d'humanité, si diverses soient-elles, n'aura pas été tiré de l'oubli, aucun dialogue effectif entre les "cultures" et les "humanités" ne sera possible, car l'entretien ne partira jamais de ce qui est commun, mais chaque fois d'un spécifique ou d'un particulier qu'on tentera de faire passer pour l'universel ». Et de prendre sur ce point, dans un texte du début des années soixante-dix, « Réflexion sur l'Europe », ses distances avec son maître : « Husserl lui-même, note Patočka, succombe à cette tentation en présentant l'idéal de la *ratio* européenne comme une entéléchie universelle de l'humanité »[2].

Au gré de ses amples analyses couvrant volontiers plusieurs siècles d'histoire en quelques centaines de pages,

1. Jan Patočka, *Platon et l'Europe*, op. cit., p. 44.
2. Jan Patočka, *Liberté et Sacrifice. Écrits politiques*, op. cit., p. 212.

Patočka va ainsi montrer que l'émergence de l'humanité européenne se confond, à partir de la cité grecque, avec l'apparition, conjointe et solidaire, de ces trois prodigieuses inventions que sont la politique, la philosophie et l'histoire[1]. De la vie politique démocratique, car elle consacre l'avènement d'une vie qui ne vise avant tout ni la survie, ni le bien-être, ni la conformité à un modèle, ni le respect d'une tradition, mais désormais une perpétuelle mise en question du sens donné. La vie politique, écrit-il dans ses *Essais hérétiques*, « en tant que vigilance de tous les instants, est en même temps un non-enracinement permanent, une non-fondation. La vie ne s'appuie plus désormais sur la base solide de la continuité générative, elle ne s'adosse plus à la terre obscure. L'obscurité, c'est-à-dire la finitude, le péril auquel elle est constamment exposée, est toujours *devant elle*, à affronter[2] ». Les Grecs, aux yeux de Patočka, furent les premiers à faire valoir de façon aussi systématique que c'est uniquement dans cette mise à découvert (qui correspond au troisième mouvement de l'existence) que la vie libre peut s'épanouir comme telle.

L'Europe advient, en second lieu, avec la vie philosophique. Celle-ci développe, dans le domaine de la pensée, ce qui se trouve comme enveloppé dans la vie politique. La philosophie marque donc, elle aussi, l'apparition d'une pensée questionnante, ordonnée à la recherche du sens et non plus seulement à l'accumulation d'un savoir utile ou à la répétition des grands récits mythiques. Quant à l'historicité qui caractérise l'Europe (sa dimension historique),

1. On peut se reporter ici aux analyses de Robert Legros, dans *Cosmopolitiques*, numéro spécial « L'Europe de la pensée, l'Europe du politique », août 1989, p. 30-39.
2. « Le début de l'histoire », *in* Jan Patočka, *Essais hérétiques sur la philosophie de l'histoire, op. cit.*, p. 52.

elle s'institue précisément dans l'exercice d'une pensée libre et la sauvegarde d'une vie politique démocratique. L'histoire, écrit Patočka, se distingue de l'humanité préhistorique par *l'ébranlement du sens accepté*. Il se produit là comme une césure, un séisme dont l'individu lui-même est le site. Cela signifie que le sens auquel nous reviendrons ne sera plus pour nous « un simple fait immédiatement donné dans son intégrité, mais qu'il sera un sens réfléchi, à la recherche d'une preuve dont il devra répondre ». Il ne sera jamais plus « ni donné, ni acquis définitivement ». Patočka poursuit : « cette découverte du sens dans la requête qui procède de son absence comme nouveau projet sur la vie, est le sens de l'existence de Socrate » [1]. Le sens de l'existence de Patočka lui-même ne se laisserait pas mieux définir.

La tragédie de la raison européenne selon Patočka ne procédera donc pas tant, comme chez Husserl, de l'oubli du monde de la vie dans son ensemble. Pour son disciple, le caractère démoniaque du XXe siècle tient surtout au déni du mouvement de percée – ou, ce qui est dire la même chose, du souci de l'âme – comme seule source authentique d'universalité. Telle est bien l'orientation qui tourmente le philosophe : ce mouvement, celui-là seul où notre existence sort de la captivité du quotidien et où le sens se voit ébranlé, se trouve au contraire rabaissé, à notre époque, comme irréel, instable et éminemment subjectif. Au fond, souligne-t-il, une part importante de la modernité repose sur le mépris du mouvement de vérité et la volonté d'en faire abstraction au bénéfice – et au bénéfice exclusif – du deuxième mouvement : de l'inclination qui nous pousse à nous dessaisir de nous-même et où priment les

1. « L'histoire a-t-elle un sens ? », *in* Jan Patočka, *Essais hérétiques sur la philosophie de l'histoire*, *op. cit.*, p. 72.

deux dimensions de l'instrumental et de l'impersonnel. Il semblerait ainsi, écrit Patočka avec crainte et tremblement, « que tout le mouvement de l'histoire, après tous les élans vers un sens absolu qui ont eu lieu en politique, dans la philosophie d'ordre métaphysique, dans une religion aussi profonde que le christianisme, débouche là où il a commencé – dans l'enchaînement de la vie à son auto-consommation et au travail comme moyen fondamental de son entretien » [1].

Par quels symptômes cette vertigineuse régression va-t-elle se traduire sur le plan social, économique et politique ? On pourrait résumer l'essentiel de sa pensée à cet égard en affirmant que la raison européenne va s'enfermer dans une insurmontable contradiction à partir du moment où deux tendances, d'ailleurs complémentaires, vont être privilégiées : d'un côté, l'assimilation de plus en plus étroite de la rationalité à l'efficacité, la première obéissant désormais aux critères de la seconde. Et, de l'autre, l'assimilation de la rationalité à l'impersonnalité, aux procédures abstraites de la science dont la mise en œuvre se verra fort logiquement confiée à la pseudo-neutralité des machines bureaucratiques. Nouvelle convergence : l'expérience *autre-européenne* de Patočka l'amène au même constat que Milosz. Et au même diagnostic : cette confusion est catastrophique. Elle n'est d'ailleurs pas étrangère au fait que le XXe siècle se présente, écrit Patočka dans l'un de ses derniers textes, comme « une époque de nuit, de guerre et de mort [2] ». Comment en est-on arrivé là ?

1. *Ibid.*, p. 84.
2. « Les guerres du XXe siècle et le XXe siècle en tant que guerre », *in* Jan Patočka, *Essais hérétiques sur la philosophie de l'histoire*, *op. cit.*, p. 130.

179

Le grand tournant de l'histoire européenne se joue, pour le penseur tchèque, avec la révolution scientifique opérée au XVIᵉ siècle. Il se renforce ensuite à la faveur de la révolution philosophique initiée par Descartes et sa méthode, Descartes et son rêve fou d'ériger l'homme en « maître et possesseur de la nature ». C'est à peu près à cette époque, remarque-t-il, qu'un thème opposé au souci de l'âme « se porte au premier plan, s'empare d'un domaine après l'autre – de la politique, de l'économie, de la foi et du savoir – et y introduit un style nouveau. Le souci d'*avoir*, le souci du monde extérieur et de sa domination l'emporte sur le souci de l'*âme*, le souci d'*être*[1] ». En d'autres termes, la faculté de l'homme à entrer dans une relation explicite avec le monde comme totalité (comme problème, comme mystère), et à ériger ce rapport en critère ultime d'une existence raisonnable et responsable, s'est essentiellement transformée en volonté de domination sur la totalité. D'où un renversement de la vocation de la raison : celle-ci n'aura plus pour fin de transformer le monde en un monde humain, mais d'en tirer un rendement maximum.

Cette inversion commande toute la critique patockienne du monde moderne. Mais là encore, il convient de ne pas se méprendre. Il ne s'agit, pour lui, ni de prôner quelque illusoire retour à un âge d'or d'avant la science, ni de plaider en faveur de la restauration des liens organiques communautaires. Ni, d'ailleurs, de vitupérer la raison scientifique comme telle. À l'instar de Milosz, Patočka a toujours éprouvé la plus vive répugnance envers les idéolo-

1. « L'Europe et l'héritage européen jusqu'à la fin du XIXᵉ siècle », *in* Jan Patočka, *Essais hérétiques sur la philosophie de l'histoire, op. cit.*, p. 93.

gies qui tendent à opposer la nation, en l'occurrence la chaleur du « nous » ethnique, à l'État. Ce genre de conception finit immanquablement par propager une mythologie de l'esprit national et collectif qui menace d'entraîner la ruine de l'Europe, prophétisait-il déjà à la veille de la Seconde Guerre mondiale, aussi lucide, à cet égard, que Milosz et Bibó. Le danger, estime Patočka, ne vient pas de la technique en elle-même, mais « de la technique dans sa relation avec ce qui, en l'homme, est capable de vérité[1] ». La précision est essentielle. En effet, si un point de vue critique à l'égard de la modernité, ou plutôt de ses dérives, est présent chez nombre de penseurs de la dissidence, dont Milosz, Patočka, Kundera ou Bibó, ce serait commettre un contresens que d'y discerner une dimension « anti-Lumières », voire le signe d'un « antimodernisme politique »[2]. Patočka aura quand même sacrifié sa vie à sa fidélité aux droits de l'homme et à la démocratie politique. C'est dire que ni lui ni ses disciples n'ont à montrer patte blanche. Autre mésinterprétation : voir dans la critique dissidente de la société contemporaine la marque résiduelle, plus ou moins inconsciente, de la propagande stalinienne violemment antioccidentale des années cinquante et ainsi sous-estimer sa filiation husserlienne[3].

1. « Les périls de l'orientation de la science vers la technique selon Husserl et l'essence de la technique en tant que péril selon Heidegger » (1973), *in* Jan Patočka, *Liberté et Sacrifice. Écrits politiques, op. cit.*, p. 267.
2. Nous sommes sur ce point en désaccord avec la lecture que fait Alain Renaut des positions de Kundera, notamment dans « Qu'est-ce que l'antimodernisme politique ? » (p. 363 et suiv.) : Alain Renaut, Pierre-Henri Tavoillot, Patrick Savidan (dir.), *Histoire de la philosophie politique*, t. IV, *Les Critiques de la modernité politique*, Paris, Calmann-Lévy, 1999.
3. D'où, sur ce point, notre divergence cordiale avec Tony Judt, « The Dilemmas of Dissidence : The Politics of Opposition in East-

Le philosophe polonais Leszek Kolakowski, le même qui enfant se promenait autour du manège jouxtant le mur du ghetto décrit par Milosz, et à qui l'on doit – ce n'est pas un hasard – un ouvrage intitulé *La Modernité : un procès sans fin*[1], a utilement contribué à cette clarification. Kolakowski rappelle qu'il est en cette matière deux traditions à ne pas confondre : la tradition anti-intellectuelle, bel et bien hostile à l'universalisme et à l'esprit des Lumières, et la tradition antiscientiste. La critique du scientisme, dans laquelle lui-même se reconnaît, s'en prend uniquement, précise-t-il, à la croyance – car il s'agit bien d'une *croyance* – selon laquelle tous les problèmes qui ont un sens pourraient être résolus par des méthodes scientifiques ; et « que c'est même parce qu'ils peuvent être résolus scientifiquement qu'ils ont un sens et qu'il ne faut pas professer des convictions qui ne répondent pas à cette condition[2] ». Patočka, Kolakowski ou Milosz, qui dénonçait pour sa part l'« idolâtrie positiviste », savent mieux que personne de quoi il retourne dans ce glissement. Aussi le philosophe de Prague va-t-il montrer de son côté combien le radicalisme révolutionnaire participe justement de cette conception démente selon laquelle il n'est rien dont la raison ne puisse venir à bout. Rien devant quoi elle serait contrainte de s'arrêter ou qui ne serait susceptible d'entrer dans sa comptabilité. Fût-elle macabre : ainsi de cette « quantité négative » que représentent, dans cette optique, « les souf- frances des individus faisant obstacle à la réalisation du

Central Europe », *Eastern European Politics and Societies*, vol. II, n° 2, University of California Press, printemps 1988, p. 234-238.

1. Leszek Kolakowski, *Modernity : on Endless trial*, Chicago, University of Chicago Press, 1990.

2. Leszek Kolakowski, *L'Esprit révolutionnaire*, trad. de l'anglais et de l'allemand par Jacques Dewitte, préface de Jorge Semprun, Paris, Denoël, 1985 [1972], p. 81.

changement » [1], écrit Patočka en plein cœur des années cinquante. Si la pureté l'emporte sur la pitié...

Ce qui l'intéresse avec la technique, c'est la façon dont, en devenant hégémonique, le primat de la raison instrumentale va totalement modifier la façon dont le monde nous advient. Et c'est pourquoi Patočka parle de *civilisation* technique. Que, à l'époque actuelle, notre compréhension de la vie tende à se fermer à tout hormis le présent-disponible, voilà le phénomène à ses yeux décisif. Sa lecture rejoint incontestablement, ici, celle de Husserl et de Heidegger. Nous vivons désormais dans un monde, observe-t-il, où tout se voit pour ainsi dire transformé en fonds, qu'il s'agisse d'énergies, de « ressources humaines », d'effectifs, où tout est requis, mis en place et rendu disponible pour telle ou telle utilisation. Mais, objectera-t-on, où est le danger ?

Après tout, remarque Patočka, on pourrait considérer cette « grande transformation », selon la formule du Hongrois Karl Polanyi, dans ce qu'elle a de merveilleux. Grâce à la science, l'environnement humain apparaît plus transparent que jamais et « l'homme, pour la première fois dans son histoire, devient effectivement un être universel, planétaire. Il n'y a presque rien dont il ne puisse passer commande », écrivait-il dès 1973, à un moment où la notion de « mondialisation », au sens où nous l'entendons aujourd'hui, n'était pas encore en usage [2]. Au terme de son essai sur la civilisation technique, le philosophe reconnaît

1. « La surcivilisation et son conflit interne », *in* Jan Patočka, *Liberté et Sacrifice. Écrits politiques*, *op. cit.*, p. 129.
2. « Les périls de l'orientation de la science vers la technique selon Husserl et l'essence de la technique en tant que péril selon Heidegger » (1973), *in* Jan Patočka, *Liberté et Sacrifice. Écrits politiques*, *op. cit.*, p. 263.

d'ailleurs qu'elle rend notamment possible une très grande égalité des chances, chose qu'aucune constellation antérieure n'avait pu réaliser.

Oui, mais il y a autre chose. Car l'homme, constate aussi le philosophe, a depuis longtemps perdu la pleine maîtrise de ce processus. En vérité, c'est la réalité tout entière qui s'y trouve aujourd'hui emprisonnée et embrayée. Au point que la nature, sinon l'homme lui-même et la société, n'en sont plus que des composantes commises et mobilisées en vue de certaines prestations. Là réside, pour Patočka, le péril : la réduction de l'individu au statut de simple rouage d'un processus se déroulant désormais à la troisième personne – d'où, précisément, son impersonnalité. L'individu ? « Il semblerait qu'il soit devenu, dans le monde des forces pures, un grand accumulateur qui d'un côté exploite ces forces pour exister et se reproduire, mais qui d'un autre côté se trouve, pour cette raison, branché dans ce même circuit, emmagasiné, quantifié, exploité et manipulé comme n'importe quel autre état de forces »[1], écrit-il dans ses *Essais hérétiques*.

De là toute une série de réductions en chaîne que la littérature centre-européenne – c'est l'un de ses traits distinctifs – n'a cessé de mettre au jour comme signalant l'une des tendances les plus inquiétantes de l'évolution des sociétés modernes : réduction du savoir au pouvoir, de la responsabilité à l'utilité, de l'individu à sa fonction, ou encore de la loi aux appareils bureaucratiques. Prenons, à titre d'exemple, le personnage emblématique du juge que dépeint l'ex-dissident Milan Šimečka (1930-1990) dans *Le Rétablissement de l'ordre*, incontournable essai qui, au-delà de cette

1. « La civilisation technique est-elle une civilisation du déclin, et pourquoi ? », *in* Jan Patočka, *Essais hérétiques sur la philosophie de l'histoire, op. cit.*, p. 124.

page importante de l'histoire européenne que fut la « normalisation » des années soixante-dix à Prague, constitue une brillante contribution à l'intelligence du « socialisme réel ». De fait, il fallait bien des juges, en l'occurrence des fonctionnaires d'État, pour veiller à ce que le système de signes soit respecté, pour que la répression – massive – puisse s'opérer selon la plus stricte légalité. Šimečka relate ainsi la condamnation d'un de ses amis, l'écrivain Ladislav K. Mais « c'était le juge, écrit-il, qui m'intéressait ». Suit cette phrase superbe, qui vaut tous les traités de science politique sur la domination bureaucratique : « Dès que je le vis, je reconnus le visage désespérant de l'homme qui fait son travail et qui ne sera jamais effleuré par l'idée de donner une définition générale au mot "justice" »[1]. Ladislav K., soixante ans, est condamné à deux ans de prison et jeté dans la même cellule que divers délinquants. Puis ceux qui avaient pris part au procès sont rentrés chez eux. Le juge, poursuit Šimečka, « s'est dit en soupirant qu'une nouvelle journée fatigante était passée. Il a eu un excellent appétit le soir, au dîner : c'était tout simplement une journée comme les autres[2] ». Ainsi va la justice à partir du moment où la loi se vide de tout sens humain ; où ses représentants se contentent de *faire leur travail* à l'abri de toute intrusion dérangeante de leur conscience. Une justice qui, dans ces conditions, se transforme fatalement en pure routine.

Pour avoir sans relâche tenté d'attirer l'attention sur les

1. Milan Šimečka, *Le Rétablissement de l'ordre. Contribution à la typologie du socialisme réel*, trad. du tchèque par Catherine Fournier, Paris, François Maspero, 1979, p. 118. De Šimečka, on peut lire aussi, en anglais, ses remarquables lettres de prison : *Letters from Prison*, Prague, Twisted Spoon Press, 2002.

2. *Ibid.*, p. 119.

risques portés par cette redoutable absorption du sens dans le fonctionnel, Patočka nous ramène donc, lui aussi, pour parler la langue de Milosz, en *Terre d'Ulro* : là où l'homme se voit privé du séjour du monde, réifié et mécanisé – minéralisé disait déjà Karel Kosik en 1968. Sartre lui-même, dans un texte de 1970, « Le socialisme qui venait du froid », fut très impressionné par l'acuité de ces analyses. Les voix de ces intellectuels, écrivait-il alors, « c'est aujourd'hui qu'il nous *faut* les entendre » car « elles nous concernent » [1]. Sartre, pour une fois, voyait juste. Il n'aura pas été entendu [2].

La modernité comme culture de l'insensibilité

On le déplorera d'autant plus que Patočka, qui réfléchit sur la technique tandis qu'autour de lui la vie se traîne dans la baraque qui n'était certainement pas la plus gaie du camp socialiste, sera obnubilé par le versant politique du phénomène. Autrement dit, par ses conséquences sur la structure du pouvoir moderne – dimension absente chez Husserl et pourtant capitale. Le pouvoir à l'époque de la technique ? Patočka le décrit comme typiquement anonyme et arbitraire, fonctionnel mais sans but, exercé par des hommes de plus en plus anonymes et fortuits. Cette angoissante description correspond certes mieux à la nature du pouvoir en régime communiste. Mais à l'heure

1. « Le socialisme qui venait du froid », préface à Antonin Liehm, *Trois Générations : entretiens sur le phénomène tchécoslovaque*, Paris, Gallimard, « Témoins », 1970.
2. Sur cette discordance des temps, voir Pierre Grémion, *Paris/Prague. La gauche face au renouveau et à la régression tchécoslovaque (1968-1978)*, Paris, Julliard, 1985.

où la prise de décision politique requiert une technicité croissante, où l'autorité politique se trouve de ce fait investie par des bataillons entiers de spécialistes, et où jamais, sans doute, le gouffre ne se sera davantage creusé entre l'expert et le citoyen ordinaire, qui pourrait sérieusement soutenir que cette tendance n'est pas à l'œuvre au sein même des démocraties occidentales ?

Là où la pensée centre-européenne du début du siècle, relayée ensuite par la culture dissidente, conserve une fascinante actualité, c'est précisément dans la façon dont elle va préfigurer une évolution qui, déjà, se profilait dans toute l'Europe sans qu'à l'Ouest les écrivains soient encore à même de s'en rendre compte. L'Europe centrale ? « Le laboratoire du crépuscule » (Milan Kundera). Dans une série d'études récentes sur Robert Musil, rassemblées sous le titre *La Voix de l'âme et les chemins de l'esprit*, le philosophe Jacques Bouveresse observe quant à lui qu'il se pourrait bien que, « en dépit du temps qui s'est écoulé et de tout ce que nous sommes censés avoir appris entretemps, nous soyons restés aujourd'hui beaucoup plus proches que nous le croyons de la situation [...] décrite dans *L'Homme sans qualités,* en relation avec l'exemple de la Cacanie » [1] – sobriquet donné par Musil à la monarchie *K und K (Kaiserlich und Königlich*, empire et royaume). Il est en effet saisissant de constater à quel point les considérations très sceptiques de Musil sur les « spécialistes », dont le personnage du Dr Pfeifenstrauch dans *L'Homme sans qualités* (1956) constitue le prototype caricatural, annoncent directement celles de Milan Šimečka et de beaucoup d'autres porte-parole de la pensée dissidente, dont Patočka. Musil relève ainsi combien le spécialiste, ce

1. Jacques Bouveresse, *La Voix de l'âme et les chemins de l'esprit. Dix études sur Robert Musil*, Paris, Seuil, « Liber », 2001, p. 35.

représentant attitré de la « culture de l'universel », qu'il soit juriste ou expert en psychiatrie, ne peut que révéler la pitoyable insuffisance de son savoir aussitôt qu'il prétend résoudre par des moyens purement techniques un problème ne pouvant être traité que comme un problème humain. À l'instar du vieux bolchevique Roubachov, le héros du roman d'Arthur Koestler, le Dr Pfeifenstrauch tient déjà pour une obligation professionnelle d'ignorer en chaque circonstance toute considération relevant de cette sphère obscure qu'on appelle la sensibilité ou l'humanité.

Cette analyse est d'autant plus frappante qu'elle s'insère, chez Musil, dans le cadre d'une réflexion plus générale sur le destin de l'Europe. Analyse qui, dès avant la Première Guerre mondiale, anticipait largement sur les thèses de Husserl du milieu des années trente. Que l'agonie de l'Europe se confonde avec une crise des sciences européennes, telle est en effet l'intuition qui domine son essai de 1912 sur « le spirituel, le modernisme et la métaphysique ». L'écrivain viennois y diagnostique un dangereux appauvrissement de l'universalisme européen, comme si « le type de raison qui renoncerait à produire des connaissances entièrement vérifiées », qui chercherait par contre à défricher de nouveaux chemins pour explorer « quelque mode encore inconnu d'être un homme », comme si une telle raison était déjà devenue, de nos jours, « incompréhensible, même en tant que besoin » [1]. Et Musil de constater « un rétrécissement des besoins intellectuels » jusqu'à la manie d'un progrès qui ne peut plus s'arrêter, la matière cédant devant lui. Rétrécissement de l'intelligence, mais aussi rabougrissement de l'humain, les individus se trou-

---

1. Robert Musil, *Essais. Conférences, critique, aphorismes, réflexions*, trad. et présentation de Philippe Jaccottet, Paris, Le Seuil, 1984, p. 38-39.

vant détournés des questions décisives. D'où une atmosphère croissante de déréliction et d'impuissance au sein de laquelle plus personne, au bout du compte, ne se sentira tenu de lever le petit doigt en faveur d'une universalité réelle. Le nationalisme, la fascination pour les dictateurs et autres prophètes politiques y trouveront un climat des plus propices. Dans son grand ouvrage, *La Crise des sciences européennes et la Phénoménologie transcendantale* (1936), Husserl a magnifiquement décrit cet assourdissant silence de la « raison » : « Dans la détresse de notre vie, écrivait-il, cette science n'a rien à nous dire. Les questions qu'elle exclut par principe sont précisément les questions qui sont les plus brûlantes à notre époque malheureuse pour une humanité abandonnée aux bouleversements du destin : ce sont les questions qui portent sur le sens ou sur l'absence de sens de toute existence humaine[1]. »

Autre illustration, plus tardive, de ces fulgurantes anticipations qui caractérisent l'essayisme centre-européen : en janvier 1980, bien avant qu'un certain nombre de chercheurs occidentaux en sciences sociales ne captent l'irrésistible ascension d'une aristocratie planétaire d'un genre inédit, Ivan Klíma, depuis son isolement pragois, avait déjà saisi l'essentiel d'une évolution dominée par l'inquiétant transfert de la légitimité démocratique vers une redoutable légitimité expertocratique.

La société moderne, écrit-il dans « Les puissantes et les faibles » (1980), a donné naissance à de gigantesques infrastructures administratives, militaires et policières d'abord conçues pour être au service des individus. Ces derniers étaient donc à la source d'un pouvoir qu'elles

---

1. E. Husserl, *La Crise des sciences européennes et la Phénoménologie transcendantale*, trad. de l'allemand par Gérard Granel, Paris, Gallimard, 1976, p. 10.

tenaient par délégation. « Nul doute qu'au début il en ait été ainsi », admet-il. Mais peu à peu, ces instances ont usurpé ce pouvoir à leur profit. Conséquence : « Elles ne sont plus gouvernées : elles gouvernent par elles-mêmes. » Elles n'ont toutefois ni visage, ni identité, leur exercice est souvent discret et voilé. C'est pourquoi, remarque l'écrivain, ces appareils ont cessé, sans qu'on s'en aperçoive vraiment, d'agir en notre nom. « Impossible de s'en débarrasser. » Évoluant par-delà le bien et le mal, dirait Milosz, ils ne reconnaissent rien au-dessus d'eux, ni le peuple au-dessous d'eux. Ils ont la haute main sur la technologie et ne reconnaissent plus qu'eux-mêmes, « leurs organisations, leurs propres lois de fonctionnement, leur prolifération destructrice » [1].

Depuis son poste d'observation, la sinistre Tchécoslovaquie de Gustáv Husak, Ivan Klíma était ainsi aux premières loges pour pressentir les dérives de ce mouvement : soit la libération graduelle et continue de nouveaux espaces d'innocence. Dès lors qu'en politique la seule méthode devient l'efficacité et le seul critère le succès objectivement vérifiable et quantifiable, on ne voit pas, en effet, pourquoi le pouvoir ne serait pas *a priori* innocent puisqu'il ne tire plus son origine d'un monde où les mots « culpabilité » et « innocence » ont un sens. Une tendance que certains spécialistes en relations internationales appelleront, dans les années quatre-vingt-dix, la « gouvernance sans gouvernement ». Une fois de plus, les dissidents auront perçu, dès les années soixante/soixante-dix, ce que, nous autres Occidentaux, étions encore incapables de voir.

Reconnaissons que, outre Robert Musil, les insoumis d'Europe centrale disposaient d'un autre immense précur-

---

1. Ivan Klíma, « Les puissants et les faibles » (1980), in *Esprit de Prague*, *op. cit.*, p. 132-133.

seur en la personne de Franz Kafka. Aussi n'est-il pas sur-
prenant que Patočka, de même que Kundera ou Milosz, y
fasse souvent référence. D'autant que la vie pragoise des
dernières décennies du communisme tendait singulièrement à se confondre avec ses romans – jusqu'au secrétariat
du Parti, souvent désigné par le mot « château », à tel ou
tel de ses dirigeants, parfois surnommés Klamm ! Ainsi
Kafka apparaît-il notamment dans le séminaire clandestin
de Patočka d'octobre 1973, connu sous le titre « Séminaire sur l'ère technique ». La grandeur de l'auteur du *Procès*, remarque alors le philosophe, est d'avoir décrit avant
tout le monde ce que lui-même appelle « la froide vérité de
ce plus froid des monstres froids » – le monde bureaucratique –, et surtout les efforts désespérés de l'homme pour y
consolider sa position et y assurer son existence. Kafka
nous montre l'aliénation extrême de l'individu quand l'ensemble des institutions sociales et politiques se subor-
donne à l'esprit instrumental et impersonnel de la
technique ; quand l'État n'est plus qu'une immense administration abstraite où il n'est plus laissé la moindre marge
à l'autonomie individuelle. Kafka, résume Patočka, a
magistralement montré à quel point, dans ces conditions,
n'importe qui peut être échangé contre n'importe quoi,
plus personne n'ayant le sentiment d'être quelque chose de
particulier. « À cette époque des masses, personne n'est
rien » : la vie se vide, il n'y a plus que des fonds. D'où sa
dureté et sa cruauté. Kafka nous apprend que nous avons
bien affaire à « une culture de l'insensibilité dans les deux
sens du terme, une culture à la fois de l'anesthésie et de
l'apathie générale » [1].

Dans son essai « Quelque part là-derrière », Milan Kun-

---

1. « Séminaire sur l'ère technique », *in* Jan Patočka, *Liberté et Sacrifice. Écrits politiques*, *op. cit.*, p. 297-298.

dera, partant du personnage de *La Métamorphose* qui, changé en cafard, n'a qu'un souci en tête – comment arriver à l'heure au bureau ? –, remarque quant à lui que presque tous les héros de Kafka sont des employés ou des fonctionnaires. Mais il ajoute aussitôt, dans une veine en réalité très patockienne, que le fonctionnaire est moins conçu chez l'auteur du *Procès* comme un type sociologique que comme une manière d'être – « une *possibilité humaine* », dit Kundera. Et c'est pourquoi la bureaucratie constitue une sorte de monde. *Primo*, parce qu'elle exclut l'invention et l'initiative, ne connaissant que des ordres et des règles : « C'est le monde de l'obéissance. » *Secundo*, poursuit le romancier, parce que le fonctionnaire n'y effectue qu'une infime parcelle d'une grande action administrative dont le but et l'horizon lui échappent (on reconnaît là le propre du mouvement d'abdication de soi selon Patočka) : c'est donc « le monde où les gestes sont devenus mécaniques » et où l'employé ignore le sens de ce qu'il fait. *Tertio*, le fonctionnaire n'a affaire qu'à des anonymes et à des dossiers : « C'est le monde de l'abstrait »[1]. Un monde où les individus ne sont plus que les ombres de leurs fiches. Pis : les ombres d'une erreur dans un dossier, « c'est-à-dire des ombres n'ayant même pas droit à leur existence d'ombre[2] », conclut Kundera, filant à son tour la métaphore de la caverne platonicienne.

1. M. Kundera, *L'Art du roman*, op. cit., p. 140.
2. *Ibid.*, p. 128.

Est-ce à dire que les tendances profondes qui œuvrent au sein de la rationalité politique moderne ne seraient plus aptes à produire que du kafkaïen ? Pour désigner la pointe avancée de ce phénomène, Patočka parle dans certains textes de la *surcivilisation rationnelle*. Mais il observe qu'elle s'est en fait scindée, depuis la Révolution française, en deux courants : l'un radical, l'autre modéré.

Modérés et radicaux

Le courant modéré correspond au libéralisme des démocraties occidentales, là où les ravages de la civilisation technique sont encore contrebalancés par un certain nombre de vestiges issus des époques passées. Ce courant, souligne-t-il, reste mû par la « volonté de fixer des limites au domaine de la surcivilisation rationnelle et de réserver un ultime noyau de vie en dehors de cette voie[1] ». Mais le philosophe relève également à quel point cette volonté, à la fin du XXᵉ siècle – et *a fortiori* au début du XXIᵉ – paraît fragile, d'où le fait qu'il la qualifie souvent de *demi-mesure*. Demi-mesure, car elle ne prend pas véritablement en compte la gravité de la situation.

Le courant radical, expose-t-il dans « La surcivilisation et son conflit interne », trouve son expression paroxystique dans l'État révolutionnaire, lequel va se dégrader en État totalitaire. On doit à Patočka de très belles pages sur cette évolution. Elle est tragique, observe-t-il dans ce

---

1. « La surcivilisation et son conflit interne », *in* Jan Patočka, *Liberté et Sacrifice. Écrits politiques*, *op. cit.*, p. 143.

texte qui remonte à la seconde moitié des années cinquante, dans la mesure où l'on perçoit, dans les écrits des penseurs socialistes, une énergique protestation contre la somnolence morale et l'aveuglement social du courant modéré. « Leur lutte contre la mentalité petite-bourgeoise veut briser la coquille dans laquelle l'homme modéré (décadent) se réfugie » afin d'échapper au sentiment de sa coresponsabilité dans le drame qui s'y joue. Seulement les radicaux vont commettre la même erreur que les modérés, la même profession de foi scientiste, dirait Kolakowski. Mais en pire : croire que la solution au malheur humain est d'ordre essentiellement technique, et que cette technique peut même s'autoriser à prendre la forme d'une « technique morale » visant la rééducation des humains par les camps, l'endoctrinement ou le contrôle des moyens d'information. Ainsi la « volonté de vérité radicale » va-t-elle tragiquement se convertir en « illusionnisme » : en une nouvelle mythologie de l'Histoire débouchant tout droit sur la terreur institutionnalisée.

Patočka décrit ce pathos dans un vocabulaire qui rappelle de façon étonnante les analyses de Milosz. Ainsi lorsqu'il souligne que, dans la perspective radicale, « le devoir le plus pénible du révolutionnaire est le devoir de sacrifier autrui ». Tel sera du moins le cas dans une première phase. Car avec le temps – et le philosophe tchèque parle lui aussi d'expérience – « ces agressions contre l'homme deviennent mécaniques, l'oppression est planifiée ». Il en résulte, note-t-il, « une nouvelle ingénierie de l'homme, appliquée froidement et délibérément, sans les moindres doutes ou examens de conscience ». Conséquence de l'intronisation de cette vérité prétendument supérieure supposée pouvoir être servie abstraction faite de toute conscience : « L'aspiration à rendre l'homme sensible aux injustices sociales et à le cuirasser contre la somnolence morale se retourne en son contraire, en une indifférence de principe à l'égard de l'homme qui n'entre pas sans réserve dans le schéma » [1]. Le choix des mots est ici significatif : mécanique, planification, ingénierie, cuirasse, schéma – tous évoquent, par leur formalisme, le souci de coloniser, voire de révoquer *méthodiquement* tout contenu lié au monde de la vie. La « capitulation de toute intériorité », conclut le philosophe, en résulte nécessairement. Si bien qu'à force de promettre le bonheur universel selon cette brillante méthode il ne reste plus un seul individu, en dernière instance, qui puisse être heureux.

Radicalisme totalitaire et modérantisme parlementaire, pour Patočka, ne se confondent donc pas, loin s'en faut. Patočka est convaincu, comme Milosz – et c'est bien ce en quoi l'un et l'autre demeurent si présents –, que la solution à l'errance de l'homme hors de lui-même est à rechercher par-delà le conflit qui oppose les deux systèmes. Car dire qu'ils constituent (sans s'équivaloir) deux visages différents de la civilisation rationnelle, c'est aussi affirmer que nous avons affaire à deux expressions symétriques de la crise de l'Europe. À des degrés extrêmement variables, montre Patočka, ce qui tend à prédominer ici et là, c'est malgré tout un certain rapport au monde qui, pour l'essentiel, ne bute guère que sur la distinction du rentable et du déficitaire, du faisable et de l'infaisable, de l'utile et du nuisible, du possible et de l'impossible. Seul le « mouvement de vérité » nous ouvre sur d'autres distinctions : sur la distinction de la vérité et du mensonge, du permis et de l'interdit, de l'humain et de l'inhumain, ou, dans la langue du poète polonais, du bien et du mal. Mais justement : la rationalité moderne, qui incline à penser en fonction de combinaisons de forces qu'il s'agit de dominer et d'an-

1. *Ibid.*, p. 128-129.

nexer, n'a que faire de ces différences si floues, si subjectives et si peu scientifiques. C'est pourquoi il y aurait urgence à ce que nos démocraties s'en ressaisissent.

Dans un texte important de l'immédiat après-guerre, « L'idéologie et la vie dans l'idée » (1946), Patočka suggère que le clivage fondamental ne passe pas tant entre socialisme et libéralisme qu'entre deux logiques foncièrement opposées. La première est celle de l'*idée*, de l'idée de l'homme. Et l'idée de l'homme, « c'est l'idée de la liberté humaine ». Le regard purement objectif sera toujours le contraire de l'idée car l'idée doit s'incarner dans la vie, et cela engage notre intériorité. Dans la logique de l'idée, qui représente l'assise de l'héritage spirituel européen, l'autre homme, même en cas de conflit, ne peut jamais être considéré comme une simple chose ni comme une force parmi les forces, ainsi que l'affirme la volonté d'employer *tous* les moyens[1]. *L'idéologie*, elle, regarde l'homme de l'extérieur, comme une « force déterminée dans un complexe général de forces », susceptible d'être utilisée dans un but social déterminé, seul valable, seul porteur et dispensateur de valeur[2]. Pour l'idéologie, l'individu apparaît comme quelque chose de maîtrisable, de l'intérieur aussi bien que de l'extérieur. « Donnez-lui des garanties économiques, laissez s'affirmer sa conscience de masse, organisez sa pensée par la propagande, ses loisirs et ses récréations par des mesures appropriées, et il vous appartiendra sans réserve, il s'imaginera même qu'il est libre et que tout cela constitue l'authentique réalisation de l'homme. » Et s'il refuse le jeu ou ne s'y prête pas ? Alors on le traite, ajoute le philosophe, « comme une force nuisible, inutilisable – il est brutalement neutralisé »[3].

1. « L'idéologie et la vie dans l'idée » (1946), *Critique*, dossier « Prague, cité magique », août-septembre 1987, p. 818.
2. *Ibid.*, p. 813.
3. *Ibid.*, p. 817.

En régime totalitaire – et Patočka n'a en ce domaine aucune leçon à recevoir –, cette « neutralisation » revêt bien entendu des formes effrayantes, en principe exclues en régime libéral. Pour le penseur, la crise de la démocratie occidentale participe cependant, bien que de manière encore une fois moins visible et incomparablement moins brutale, d'une dangereuse éclipse de l'idée, de l'idée de l'homme, au profit de l'idéologie – que celle-ci prenne la forme de l'Histoire, de l'économisme ou du Marché par-dessus tout. Ce constat amène Patočka à considérer dès les années cinquante que, si un danger de barbarie intérieure guette l'Europe – toute l'Europe –, « ce n'est pas le danger d'une évolution rétrograde, d'un retour au primitivisme des sociétés agricoles, impossible compte tenu du caractère industriel de la civilisation moderne, mais bien plutôt celui d'une hypertrophie de la civilisation technique comme telle, d'une technicisation absolue et d'une planification universelle dont l'objet ne serait plus les moyens d'existence fournis par la nature, mais l'homme lui-même[1] ». L'homme qui, pourtant, fut initialement fin et sujet de l'extraordinaire révolution opérée aux Temps modernes.

L'homme coupé des profondeurs

Patočka ne sera plus là, après 1989, pour suivre les avancées de cette « technicisation » par-delà la chute du communisme et la fin de la division de l'Europe. Il est toutefois remarquable d'observer à quel point, tout au long des années quatre-vingt-dix, son ami Karel Kosik relayera ses analyses.

1. « La surcivilisation et son conflit interne », *in* Jan Patočka, *Liberté et Sacrifice. Écrits politiques*, *op. cit.*, p. 132.

Dans un bel essai de la première moitié de la décennie quatre-vingt-dix intitulé « Notre crise actuelle », l'auteur de *La Dialectique du concret* (1962), suivie de « dialectique de la morale », sous-titre à *La Crise des temps modernes*, avance ainsi l'hypothèse que derrière le conflit des deux systèmes œuvrent en vérité des forces apparentées qui les dominent. Mais précisément parce que ici et là sont en jeu des forces dont la nature véritable reste en partie dissimulée aux acteurs, opérant en quelque sorte à leur insu, ce jeu s'effectue comme un jeu à deux niveaux. Il y a le niveau extérieur et superficiel, selon lequel les deux régimes semblent s'opposer terme à terme : d'un côté, on laisse à ces forces toute latitude pour que naisse de leur libre concurrence une harmonie rationnelle ; de l'autre, l'instance suprême, le Parti, les dirige d'en haut. Ici, la main supposée bienveillante et invisible du marché ; là, une main de fer qui n'est que trop visible. Mais Kosik distingue aussi un autre niveau, caché bien que « présent dans quelque chose comme l'ennui, le malaise, l'urgence ». De l'un et de l'autre système résulte donc, comme leur produit « indésirable, inattendu, impensé », quelque chose qui mine et perturbe l'essence même de l'homme [1].

De façon très troublante, Patočka relevait pour sa part, dans ses *Essais hérétiques*, la présence d'un phénomène de ce genre. Et lui aussi le désignait par le mot « ennui ». Un ennui qui, loin de reculer dans le monde contemporain, se porte au contraire sur le devant de la scène. Et ce, sous des formes aussi variées que l'esthétisme, l'offre de biens de consommation ou encore les loisirs obligatoires. Mais que signifie-t-il, se demandait Patočka, « cet ennui de proportions gigantesques que même l'ingéniosité infinie de la

1. K. Kosik, *La Crise des temps modernes. Dialectique de la morale*, *op. cit.*, p. 75-76.

science et de la technique modernes demeure impuissante à dissimuler et qu'il serait naïf et cynique de sous-estimer ou de ne pas remarquer[1] » ? Cet Ennui – car le philosophe l'écrit avec une majuscule – n'est ni une quantité négligeable, ni une simple humeur, ni simplement une disposition intime. Il nous signale rien de moins, à ses yeux, que le statut d'« une humanité qui a entièrement subordonné sa vie au quotidien et à son impersonnalité[2] ».

Fondant son diagnostic sur la même intuition, Kosik estime, en des termes très proches de ceux employés par Milosz et Patočka, que le conflit entre socialisme et libéralisme représente en fait un symptôme qui ne fait qu'obscurcir l'essence de la crise. Mais alors, à quoi tient-elle cette mystérieuse essence ? Trois grandes orientations ressortent de l'analyse de Kosik. L'essence de la crise actuelle tient d'abord au fait que *tout ce qui est réalisable est désormais permis* : les limites ont été brisées et les différences effacées, au point que tous les domaines de la réalité sont devenus partie intégrante d'un fonctionnement routinier et tentaculaire. Dans ce système de perfectionnement continu, où l'homme ne connaît plus la solitude mais où l'habite la rage de tout maîtriser, « la différence entre le possible et l'impossible est évacuée, tout est possible, tout n'est qu'une question de temps ». Si bien qu'un jour viendra, pronostique le philosophe, où une fois créées les conditions techniques requises, « la différence entre ce qui est permis et ce qui ne l'est pas disparaîtra aussi[3] ». Pour-

1. « La civilisation technique est-elle une civilisation du déclin, et pourquoi ? », *in* Jan Patočka, *Essais hérétiques sur la philosophie de l'histoire*, op. cit., p. 123.
2. *Ibid.*, p. 121.
3. « La crise actuelle » (1993), *in* K. Kosik, *La Crise des temps modernes. Dialectique de la morale*, op. cit., p. 76-80.

quoi en effet l'être humain devrait-il à terme être exclu de ce processus d'expérimentation en laboratoire qui s'étend désormais à l'échelle de l'univers ?

La crise contemporaine apparaît ensuite à Kosik comme une *crise du temps*. Notre époque est en crise parce que tout s'y réduit à quelque chose de purement temporaire. Elle n'est plus, à la limite, qu'un point de passage par lequel dévalent le temporaire et le provisoire. Phénomène qu'Ivan Klíma baptise de son côté « la civilisation de l'ordure », constatant lui aussi, au début des années quatre-vingt-dix, que nous vivons bombardés d'informations et d'idées qui se transforment en déchets aussitôt émises [1]. « Les individus se hâtent tant qu'ils fabriquent sans cesse du provisoire qui encore et toujours se désagrège », tandis que dans ce provisoire, ajoute Kosik, « les familles ne trouvent pas le temps de s'asseoir ensemble autour d'une table, le politicien est lancé d'une action dans une autre et n'a pas le temps de réfléchir à leur sens, les centres-ville ne sont pas plus que des carrefours et des aires de parking [2] », le discours se traduit en informatique et l'imagination en slogans. Résultat : *l'être s'est coupé des profondeurs*. L'homme moderne ne s'attarde auprès de rien, « l'essentiel a disparu de la vie des hommes ou en a été chassé, et ils compensent cette perte en poursuivant l'accessoire ». Notre époque, tranche Kosik, est celle de « la victoire de l'inessentiel sur l'essentiel » [3]. Et d'estimer qu'on ne peut plus, dans ces conditions, se contenter de simples corrections. La vérité exige que s'accomplisse un revirement fon-

1. Ivan Klíma, « Brève méditation sur l'ordure », *Frankfurter Rundschau*, 29 juin 1991.
2. « La crise actuelle » (1993), *in* K. Kosik, *La Crise des temps modernes. Dialectique de la morale*, *op. cit.*, p. 81.
3. *Ibid.*, p. 85.

damental dans l'attitude à l'égard de ce qui est. « Seul un tel revirement, dit-il, peut sortir l'homme de la crise[1]. »

La victoire de l'inessentiel sur l'essentiel

Des années cinquante aux années soixante-dix, Patočka était, lui, parvenu à une conclusion identique. La seule question qui vaille, s'agissant de battre en brèche la dialectique négative du courant modéré et du courant radical, n'a-t-il cessé de répéter de mille manières, c'est celle de savoir comment permettre à « l'autre plan de la vie humaine, au plan de la profondeur, de se faire valoir dans le plan de la puissance », dans le plan social et politique[2]. Autour de cette tentative s'est très précisément ralliée, en Europe centrale, ce qu'on appelle la dissidence. L'ensemble de la culture centre-européenne, culture oppositionnelle comprise, nous donne à voir la tragédie – à la fois la monstruosité et l'absurdité – d'une époque qui a cru pouvoir atteindre à la dignité du rationnel à travers une impersonnalité optimale. D'où la notion de somnambulisme si chère à Hermann Broch, le somnambule désignant l'individu qui pense pouvoir remplacer la question du sens de la vie par de misérables simulacres mais qui, dans le même temps, ne veut pas voir qu'il dort et qu'il erre dans l'irréalité d'un monde peuplé d'idoles.

Voilà donc ce que Patočka reproche en premier lieu à la civilisation technique. Il nous le confie à la fin de ses *Essais hérétiques*. En dépit de ses immenses prétentions – et de ses indéniables succès – elle « n'a pas résolu le grand problème

1. *Ibid.*, p. 87.
2. « La surcivilisation et son conflit interne », *in* Jan Patočka, *Liberté et Sacrifice. Écrits politiques*, *op. cit.*, p. 167.

intérieur de l'homme – son propre problème principal : comment non seulement vivre, mais vivre de façon humainement authentique dans la mesure des possibles illustrés par l'histoire ». Pis : elle a rendu la solution de ce problème plus difficile dans la mesure où « ses concepts nivellent, désaccoutument de la pensée au sens profond, principiel du terme. [...] Elle aliène l'homme à son propre égard, lui retire le séjour du monde pour le plonger dans l'alternative soit de ce qui est désormais plutôt l'ennui que la peine qui à chaque jour suffit, soit de succédanés bon marché et enfin d'orgiasmes violents. [...] Elle crée le concept de la force omnipotente et mobilise toute la réalité en vue du règne de la Force qui se réalise à travers des conflits d'ordre planétaire. L'homme est ainsi détruit extérieurement et réduit à la misère intérieure, privé de son "unicité", de son moi irremplaçable, identifié au rôle qu'il joue » [1].

L'essentiel ? Tout se passe comme si les données de l'existence dans la morne grisaille des années soixante/quatre-vingt à l'Est, période où le mal banal l'avait globalement emporté sur le mal radical des années staliniennes, avait eu pour conséquence imprévue de recentrer l'attention des dissidents sur l'essentiel. Confiscation de l'espace public, impossibilité de s'investir dans des luttes de faction politico-politicienne à court terme, futur immédiat plutôt compromis, spectacle permanent d'une société démoralisée – ces paramètres ont incontestablement orienté la pensée est-européenne dans une double direction qui, aujourd'hui, la rend précisément si actuelle. D'un côté, ces conditions difficiles vont inciter les intellectuels à penser l'avenir sur la base d'une perspective à long terme, plus

---

1. « La civilisation technique est-elle une civilisation du déclin, et pourquoi ? », *in* Jan Patočka, *Essais hérétiques sur la philosophie de l'histoire*, *op. cit.*, p. 125-126.

large qu'à l'Ouest ; de l'autre, elles vont simultanément contribuer à diriger leur réflexion sur l'individu.

C'est pourquoi *l'essentiel*, explique Havel au début des années quatre-vingt en sa qualité de porte-parole de la Charte 77, ne consiste pas tant, pour les dissidents, à penser le marasme où s'englue le régime communiste, celui-ci étant devenu on ne peut plus manifeste. Une autre urgence, à leurs yeux, s'impose déjà : penser la crise de la société technique actuelle dans son ensemble. Une crise qui, dit-il, « touche le monde occidental comme le nôtre », si ce n'est qu'elle y revêt des formes infiniment plus subtiles, plus douces et plus raffinées qu'à l'Est. Il existe certes une grande différence, et l'auteur de *Largo desolato*, bien placé pour le savoir, ne l'omet pas : à l'Ouest, souligne Havel, l'individu dispose de droits et de libertés inconnus à l'Est. Pour autant, lui aussi est « incapable de préserver son identité », de dépasser le cadre de ses soucis de survie individuelle pour devenir un membre responsable de la cité, participant de manière active à la construction de son destin[1].

Le dramaturge, qui a passé près de huit ans de sa vie dans les geôles communistes pour s'être courageusement opposé à la dictature[2], ne saurait être soupçonné de la moindre indulgence à son endroit. C'est d'ailleurs la raison pour laquelle son discours est si dérangeant. Car c'est bien le même homme qui, au milieu des années quatre-vingt, nous avertissait en des termes on ne peut plus alar-

1. Václav Havel, « Le pouvoir des sans-pouvoir » (1978), in *Essais politiques*, *op. cit.*, p. 152.
2. Pour plus de détails sur le parcours biographique de Václav Havel, se reporter à John Keane, *Václav Havel : A Political Tragedy in Six Acts*, Londres, Bloomsbury, 1999 ; et aussi Geneviève Even-Gramboulan, *Václav Havel, président philosophe*, La Tour d'Aigues, L'Aube, 2003.

més de l'impuissance où s'enfonçait, selon lui, l'ensemble de l'Europe. Le processus de dépersonnalisation qui conduit à l'anonymat du pouvoir, qui accapare et avale chacun de nous, ce processus constitue « un mouvement unique et universel » : il est « la dimension essentielle de toute la civilisation moderne »[1], affirme-t-il, d'accord sur ce point avec Kosik. Le régime post-totalitaire présente certes une image grotesquement agrandie de cette évolution, pour ainsi dire son avant-garde. Mais c'est justement pourquoi l'expérience est-européenne nous offre des enseignements si précieux sur une crise qui, souligne Havel, doit être regardée comme une « crise globale de civilisation »[2].

Ne nous leurrons pas, et ne vous leurrez pas, insiste en substance ce fidèle disciple de Patočka dans son essai de 1984 sur « la politique et la conscience » : ces systèmes ne nous autorisent pas à regarder le pouvoir impersonnel moderne dont ils sont l'incarnation la plus extrême comme un phénomène tombé d'ailleurs. Bien au contraire, c'est précisément l'Europe qui a donné au monde tout ce sur quoi cette civilisation s'appuie à l'heure actuelle, depuis le rationalisme, le scientisme, la révolution technologique et la frénésie consumériste. Et d'ajouter cette remarque dont la perspicacité, après le 11 septembre 2001, ne saurait nous échapper tandis qu'il s'avère que nos meilleures universités occidentales ont formé certains des plus redoutables terroristes de la planète. Havel écrit : « C'est aussi l'Europe – la démocratique Europe occidentale – qui aujourd'hui reste perplexe face aux conséquences de ces exportations ambiguës[3]. » Perplexe, sans doute. Mais troublée ?

1. Václav Havel, « La politique et la conscience », in *Essais politiques*, *op. cit.*, p. 231.
2. *Ibid.*, p. 235.
3. *Ibid.*, p. 233.

Le sommes-nous, nous autres Européens, au point de suivre Havel quand, de cette crise, il retire, lui, la nécessité de réhabiliter l'horizon éthique de la démocratie, ce qu'il nomme aussi sa « dimension spirituelle » ? Ou quand il parle de ramener la politique sur le seul terrain dont elle devrait partir afin d'éviter les erreurs passées : le terrain de « l'individu concret », de l'individu déterminé à emprunter à nouveau les critères de son action au monde de la vie. Seul un tel « revirement » lui paraît en tout cas à même d'apporter un véritable changement de cap, beaucoup plus crucial que n'importe quel aménagement des mécanismes habituels de la démocratie occidentale, ou si l'on veut, « bourgeoise ». Mais cette révolution existentielle doit commencer en chacun. Il n'y a pas d'autre voie.

La crise de l'humanité européenne ? Entreprendre de la dénouer se ramènera aussi, pour Patočka, à tenter de reconduire son projet authentiquement universel jusqu'au sol où il a été enfoui. Cela ne dépendra pas des dieux, mais des hommes. Or, sur ce chemin se profile un obstacle de taille : la quotidienneté.

QUOTIDIENNETÉ ET BARBARIE :
UNE SECRÈTE COMPLICITÉ

Le quotidien, plusieurs fois croisé dans ces pages, joue un rôle déterminant dans la pensée de Patočka, en particulier dans sa lecture du XXᵉ siècle. En un sens, tout son génie philosophique est d'avoir érigé cette notion, qui recouvre globalement les deux premiers mouvements de l'existence humaine (l'enracinement et le travail), en catégorie anthropologique à part entière. Mais d'où vient cette sensibilité si prononcée à la dimension du quotidien, à la quotidienneté comme problème ?

Une des explications est peut-être à rechercher du côté de la spécificité de l'histoire centre-européenne. Une histoire qui, pour ses habitants, se résume à une somme d'expériences amères : domination des empires, émiettement sans fin, incompréhension et mésentente mutuelles, peur de perdre son intégrité territoriale [1]. De là, une atmosphère si favorable au développement des « hystéries politiques » dont István Bibó reste à ce jour l'un des analystes les plus pénétrants ; mais aussi une manière de se défendre contre le danger par le refuge dans l'anecdote, le repli sur la vie au jour le jour, l'anonymat offrant lui aussi une possibilité de fuite. Dans un texte étonnant qui circulait à Prague au cours des années quatre-vingt sous le pseudonyme de Josef K., « L'Histoire et l'anecdote », l'auteur déployait une très fine description de cette « quotidienneté *biedermeier* » en laquelle il voyait le contenu essentiel de la vie centre-européenne. Tous les écrivains centre-européens, que l'on songe à Jaroslav Hašek, Bohumil Hrabal, mais aussi à Karel Čapek, Ödön von Horváth ou au Hongrois Deszö Koszolányi, qu'ils moralisent ou qu'ils privilégient le mode burlesque, manifestent un sens singulièrement aigu, note l'auteur, « de l'absurdité triviale de l'espace étriqué de l'Europe centrale [2] ». Le soldat Chvéïk, hilare, est finalement aussi anonyme que les héros de Kafka. Comme

---

1. Pour un aperçu d'ensemble en français, voir le volumineux ouvrage collectif récemment paru : *Histoire de l'Europe du Centre-Est* (avec Natalia Aleksiun, Daniel Beauvois, Maris-Elizabeth Ducreux, Jerzy Kloszowski, Henryk Samsonowicz, Piotr Wandycz), Paris, PUF, « Nouvelle Clio », 2004.

2. Josef K., « L'Histoire et l'anecdote », trad. du tchèque par Renata Gérard, *Le Messager européen*, n° 1, 1987, p. 182-246 (p. 191 pour la citation).

si le quotidien banal et ordinaire finissait par se rendre maître de la situation et s'emparait de la pensée, de la langue, de la démarche, des mœurs. La médiocrité de la vie sans problèmes en vient ainsi à remplir les lacunes historiques, la petite histoire remplaçant pour ainsi dire la grande et servant de dérisoire barricade contre ses assauts. Cette disposition évoque ce que Patočka, dans plusieurs de ses écrits consacrés à la Bohême, désigne sous le terme de « provincialisme » ou encore de « petite histoire tchèque ».

Ce climat n'est donc certainement pas indifférent à l'attention que porte le phénoménologue de Prague au problème de la quotidienneté, à la façon dont l'homme incline à pratiquer, dit-il, « la politique de l'autruche », à se laisser toujours à nouveau ravir par la fascination du petit rythme vital. Mais là où l'analyse de Patočka devient extrêmement troublante, c'est lorsqu'il suggère un lien, non pas fortuit mais quasi structurel et inévitable, entre la quotidienneté et la guerre. « La quotidienneté et l'enthousiasme de la lutte jusqu'au bout et sans merci, écrit-il dans les *Essais hérétiques*, sont des aspects connexes d'un même phénomène. » Le penseur va même jusqu'à affirmer dans le même passage : « Au XXe siècle, la guerre, c'est la *révolution de la quotidienneté* d'ores et déjà accomplie. Révolution qui s'accompagne d'un relâchement universel, d'une recrudescence de l'orgiasme sous des formes nouvelles » [1].

Comment comprendre cette connivence intime, *a priori* si déconcertante, entre quotidienneté et barbarie ? Le moins qu'on puisse dire est qu'elle ne va pas de soi. Une époque qui tend à faire de la vie la valeur suprême n'est-

---

1. « La civilisation technique est-elle une civilisation du déclin, et pourquoi ? », *in* Jan Patočka, *Essais hérétiques sur la philosophie de l'histoire, op. cit.*, p. 122. (C'est moi qui souligne.)

elle pas de prime abord la mieux pourvue pour éviter de sombrer dans la guerre ? Patočka soutient que c'est au contraire dans le monde d'une telle vie et d'une telle paix que l'extrême violence trouve son terrain le plus favorable. L'élucidation de cette énigme est cruciale car de la réponse qu'on saura lui apporter dépend, pour Patočka, le destin même de l'Europe au-delà du nihilisme.

L'arrachement au quotidien : de l'extase à la responsabilité

Il n'est en vérité pas de société humaine, montre Patočka s'appuyant ici sur Durkheim, qui ne connaisse, d'une manière ou d'une autre, l'opposition entre le quotidien et ce qui sort du quotidien. Toutes les cultures, traditionnelles ou dites « primitives », reposent sur cette alternance, sur cet entrelacement de la peine et de l'allègement. Il y a d'un côté le travail, le labeur, qui se présente toujours comme une contrainte – « il est dur, il est un *poids*[1] » –, bref, le monde profane où l'homme traîne avec langueur sa vie quotidienne. Et puis, de l'autre, l'exceptionnel, la fête, le monde sacré.

Ce ravissement hors de la servitude quotidienne revêt de multiples formes pouvant aller de la simple pause, de l'instant d'oubli ou d'euphorie, au rapt extatique ou au déchaînement orgiaque. L'homme, comme dans le chamanisme, peut aussi y entrer en contact avec des puissances qui le galvanisent jusqu'à la frénésie. Patočka cherche à mettre en lumière le fait que nous sommes toujours confrontés là à quelque chose qui s'apparente à l'abandon, à la fuite, au

1. « Le début de l'histoire », *in* Jan Patočka, *Essais hérétiques sur la philosophie de l'histoire*, op. cit., p. 45.

soulagement, à *l'oubli de soi*. Le ravissement, à ce stade, nous emporte certes hors de la servitude, hors du pénible enchaînement de la vie à elle-même. Toutefois, souligne Patočka, ce rapt n'est pas pour autant liberté même s'il se fait quelquefois passer pour tel. « L'opposition quotidien-non quotidien peut signifier : nous nous sommes délivrés de l'ordinaire. Mais sommes-nous pour autant déjà venus à notre être propre, plein et inaliénable que signale, par un indice mystérieux, le mot "moi" [1] ? »

Cette analyse permet de mieux comprendre en quoi Platon, selon Patočka, va apporter dans l'histoire une pensée radicalement nouvelle – pensée qu'il tient, on l'a vu, pour l'acte de naissance de l'Europe. La notion platonicienne de « conversion », de revirement, de *métanoïa*, Patočka l'interprète en effet comme le souci de « subordonner entièrement l'orgiasme à la responsabilité ». L'idée nouvelle, autrement dit, est celle d'un dépassement *spirituel* de la quotidienneté : l'orgiaque n'y est pas éliminé, mais discipliné. Le coup d'envoi donné par la philosophie grecque signifie donc le relèvement d'un état de déchéance. Il correspond à une tentative afin d'intégrer la responsabilité au sacré, ou d'« assujettir le sacré à des règles relevant de la sphère de la responsabilité ». Telle est bien la vocation ou la tâche propre de la philosophie : devenir « l'antipôle non extatique » au problème que pose la quotidienneté – sa solution *authentique*, par opposition à l'inauthenticité de la fuite. L'arrachement au quotidien, affirme une fois de plus le philosophe, prend ici la forme du souci de l'âme, une âme qui s'est conquise dans une « transformation morale, dans un revirement devant la face de la mort » [2].

1. « La civilisation technique est-elle une civilisation du déclin, et pourquoi ? », *in* Jan Patočka, *Essais hérétiques sur la philosophie de l'histoire, op. cit.*, p. 111.
2. *Ibid.*, p. 111-117.

On touche ici à un point crucial de toute la philosophie de Patočka, et à une intelligence de l'Europe qu'il aura été l'un des très rares penseurs de notre temps à formuler de manière aussi forte et limpide. Car cela revient à considérer que l'héritage européen renvoie à la capacité de l'homme à devenir un individu, une personne. Être européen, c'est être capable de s'émanciper de la préoccupation exclusive que nous imposent le quotidien, sa servitude et son anonymat, sans que cette libération se produise sur le mode de l'oubli de soi, mais corresponde au contraire à une reconquête lucide de soi. Il en découle que se poser aujourd'hui la question de la culture européenne et de son avenir reviendra d'abord, pour le philosophe, à se demander ce qu'il en est désormais de l'aptitude de l'homme – la nôtre – à surmonter *simultanément* la préoccupation exclusive pour la vie *et* ses antipôles extatiques. Se vouloir européen – car l'identité européenne n'est jamais un donné, un acquis –, c'est avoir le courage d'assumer cette tâche : de « surmonter la quotidienneté sans pour autant nous enfoncer, oublieux de nous-mêmes, dans le domaine des ténèbres, quelque attirantes soient-elles [1] », prévient Patočka.

Qu'en est-il justement à notre époque, avec son obsession de maîtriser la nature, son progrès technique, ses commodités ? Patočka parle de *renversement*, un renversement d'une portée considérable qui n'est pas fait pour nous rassurer : « Ce qui à l'origine, chez Platon, avait été une barrière opposée à l'irresponsabilité orgiaque, s'est mis désormais au service de la quotidienneté. » Certes, ajoute aussitôt le philosophe tchèque, l'homme moderne peut légitimement se flatter d'avoir mis en œuvre les moyens « de faciliter la vie et d'en multiplier les biens

1. *Ibid.*, p. 112.

matériels[1] ». Et il s'agit là d'une extraordinaire performance.

Mais il est un autre aspect qui représente comme l'envers de la médaille : face au problème spécifique qu'adresse la quotidienneté, notre société, souligne Patočka, recèle des penchants dangereusement régressifs. Comme si notre humanité pourtant hyperrationnelle était en passe de renouer avec ses possibilités les plus inférieures. Comme si notre horizon, borné par l'alternance mortifère de la consommation et des loisirs, nous conduisait, à l'instar de l'humanité que Patočka qualifie de préhistorique, à ne plus évoluer qu'à l'intérieur de deux univers : celui où l'individu traîne son quotidien, à quoi s'oppose celui où il cherche à s'en soulager ou à échapper à sa solitude en se laissant ravir par diverses formes d'identifications fusionnelles et collectives : dieux du stade, distractions abrutissantes, désir de se fondre dans la masse des grands rassemblements, tentation communautariste. Car ainsi que le remarquait Václav Havel en 1999, « la meilleure référence, lorsque la raison et la conscience nous abandonnent, c'est ce qui nous est donné sans mérite : l'identité nationale[2] ». À quoi l'on pourrait ajouter l'identité ethnique, religieuse ou autre, si imaginées et imaginaires soient-elles[3]. Ce fait désole et désespère le philosophe tchèque : serait-il possible que notre Europe, au sommet de la « civilisation », n'entrevoie plus guère « d'autres possibilités de vie que de s'échiner pour se remplir le ventre dans la misère, dans un état de nécessité auquel les

1. *Ibid.*, p. 121.
2. Václav Havel, « Les murs anciens et nouveaux » (1999), in *Pour une politique post-moderne*, *op. cit.*, p. 31.
3. Selon la formule de Benedict Anderson, *L'Imaginaire national. Réflexions sur l'origine et l'essor du nationalisme*, trad. de l'anglais par P.-E. Dauzat, Paris, La Découverte, 1996 [1983, *Imagined Communities*].

techniques humaines travaillent industrieusement à remédier, ou bien de s'adonner à des moments orgiaques[1] ». Qu'il existât précisément une troisième possibilité, telle fut pourtant l'apport de la culture européenne. Laisser cette découverte tomber en déshérence apparaît à Patočka comme le plus grand crime que les Européens puissent commettre contre eux-mêmes.

C'est en ce sens, en ce sens seulement, très loin des pensées de la décadence, que Patočka, dans certains passages de ses écrits politiques, ne recule pas devant la notion de « déchéance ». Il précise au demeurant la façon dont il l'entend. Ce terme ne doit être compris ni comme une valeur abstraite ni comme un concept moral. Dans son acception, la déchéance et son contraire – il parle souvent, on l'a dit, de « relèvement » ou de « redressement » – sont inséparables de la vie humaine dans sa nature intime, dans son être même. Qu'est-ce donc qu'une vie déchue ? « Est déchue, explique Patočka, une vie à laquelle le nerf intime de son fonctionnement échappe, une vie perturbée dans son fond le plus propre de telle manière que, se croyant pleine de vie, en réalité elle se vide et se mutile à chaque pas. Est déchue une société dont le fonctionnement mène à une telle vie, tombée sous la coupe de ce qui a une nature étrangère à l'être de l'homme. » Il existe cependant un paradoxe qui permet au phénomène de passer inaperçu : cette vie qui se mutile elle-même offre simultanément « l'aspect de la plénitude et de la richesse »[2]. Sauf lorsqu'elle débouche sur l'inhumanité et la violence. Encore faut-il que ce lien soit repéré et identifié comme tel.

---

1. « La civilisation technique est-elle une civilisation du déclin, et pourquoi ? », *in* Jan Patočka, *Essais hérétiques sur la philosophie de l'histoire, op. cit.*, p. 112.
2. *Ibid.*, p. 107.

Patočka a mis en lumière comme aucun autre penseur contemporain la souterraine connivence qui relie d'une part la défection sans précédent du sentiment d'humanité qui caractérise le XXᵉ siècle, et d'autre part la façon dont l'assimilation de la raison à la seule domination rationnelle va écarter toutes les manières qu'avait conçues notre société pour surmonter le quotidien selon un mode, dit-il, « non orgiaque et tant soit peu authentique ». Bref, pour l'incorporer à la vie responsable.

Là encore, l'acuité de sa réflexion n'est sans doute pas étrangère au fait qu'aucun des « huit » fatidiques de l'histoire tchèque récente ne lui fut épargné, qu'il s'agisse de 1948, le Coup de Prague, de 1968, l'écrasement de son Printemps, et surtout de 1938, les accords de Munich. Ou comment l'obsession de la paix et de la vie pour elles-mêmes, à n'importe quel prix, précipite inévitablement dans la guerre, chaude ou froide. Patočka montre ainsi avec une rare profondeur à quel point la dimension démoniaque de la vie fait en vérité toujours pendant à la vie qui languit dans ses propres chaînes. Car s'il y a au moins une chose que nous apprend le siècle, c'est que cette dimension orgiaque ou violente ne disparaît pas là où l'on ne tient pas compte de la responsabilité, là où on la fuit, là où l'on s'y dérobe. « Au contraire, affirme-t-il, elle ne s'en impose que davantage[1]. » De là, le philosophe va resserrer l'examen de cette secrète complicité au fil d'une argumentation qui met en relief une triple logique.

La première logique à l'œuvre dans cette tendance qui fait dire à Patočka que le « contenu propre du XXᵉ siècle, c'est sa chute profonde dans la guerre », tient à la nécessité

1. *Ibid.*, p. 109.

d'une *libération de la force*. À une époque dominée par la transvaluation de toutes les valeurs sous le signe de la force, il faut bien que l'énorme quantité d'énergie accumulée dans le quotidien, notamment dans cette expérience métaphysique collective qu'est devenu l'ennui, se décharge d'une manière ou d'une autre. Or, la guerre apparaît en dernière instance comme « le moyen le plus efficace de libérer rapidement les forces accumulées », observe Patočka dans ce sombre essai sur « Les guerres du XXe siècle et le XXe siècle en tant que guerre » qui clôt les *Essais hérétiques*.

La deuxième logique se laisse décrypter en termes de *retour du refoulé*, bien que le penseur n'emploie pas la formule. L'invasion destructrice de la quotidienneté par la violence interviendrait dans la mesure où, pour avoir renié sa « face nocturne » – cet affrontement responsable et courageux à la finitude qui nous émancipe de la servitude quotidienne –, la vie moderne, « l'ordre du jour » ou du quotidien, se voit submergée par la nuit (par la violence et la mort). Patočka veut dire par là que l'homme moderne ne peut simplement vouloir se débarrasser de la perspective de la mort (de l'idée que la quotidienneté a une fin), sans subir les retombées négatives de cette forclusion : déniée, l'ombre fait retour, mais sous une forme fondamentalement pervertie et dévastatrice. Dit autrement : à force de fermer les yeux sur l'horizon de la finitude, à force de ne jamais en « finir avec les préparatifs de la vie » (Musil), la mort, à l'époque technique, se saisit en quelque sorte de notre vie pour l'aplatir et la vider de sa substance. La porte ne peut alors que s'ouvrir toute grande sur la violence. Le philosophe relève en ce sens combien le fait de tomber sous la dépendance des choses dont on se préoccupe quotidiennement, qui du coup nous dominent entièrement, combien cette attitude « a son pendant indispensable dans une nouvelle vague de la crue orgiaque »[1].

Troisième logique, indissociable des deux premières : si la vie pour elle-même est tout, si elle est la valeur suprême, si rien, par conséquent, ne mérite de lui être sacrifié – aucune idée, aucune valeur, pas même la vérité, pas même la liberté –, n'est-ce pas la vie dans son ensemble qui, dans ces conditions, se dévalorise sans qu'on s'en aperçoive ? Dans son « testament », déjà cité, Patočka écrivait en substance qu'une vie qui n'est pas disposée à se sacrifier elle-même à son sens ne vaut pas d'être vécue. Cette intuition est décisive. Car n'est-ce pas dans ce monde-là, dans un monde où l'homme renonce si volontiers au sens de sa vie, que la seule digue morale contre la guerre fait défaut – digue effective car garantie, en ultime recours, par la disponibilité au sacrifice suprême ? Sans cet horizon absolu, en effet, tout sacrifice, si modeste soit-il, perd son sens. En clair : rien ne vaut rien. L'homme est responsable et la paix envisageable, montre Patočka, les deux allant de pair, dans la mesure seule où l'individu se montre capable, en certaines circonstances, de renoncer à certains acquis pour que sa vie ait un sens. Toute autre philosophie ne peut qu'être nihiliste, c'est-à-dire fondée sur la négation de l'idée d'humanité.

Dans les années soixante-dix/quatre-vingt, Havel entreprendra ainsi à plusieurs reprises d'expliquer aux intellectuels occidentaux la réticence éprouvée par un certain nombre de dissidents d'Europe de l'Est envers le pacifisme, en particulier envers le slogan « plutôt rouge que mort ». Le dramaturge commençait par exprimer sa sympathie pour ceux qui, à l'Ouest, accordaient davantage d'importance au destin du monde qu'à leur confort personnel.

1. *Ibid.*, p. 122.

Mais il ajoutait que dans un pays où le déclin moderne a commencé avec Munich, les individus ne peuvent être que très sensibles à tout ce qui, de près ou de loin, leur rappelle la capitulation devant le mal. On trouve là l'une des sources de l'attitude globalement favorable des gouvernements de l'Europe postcommuniste à l'intervention américaine en Irak, si difficilement comprise à l'Ouest. Le traumatisme de Munich, souligne Havel, nous a enseigné que, en cas de crise aiguë, « l'incapacité à risquer sa vie pour en sauver le sens et la dimension humaine mène non seulement à la perte de son sens, mais aussi, en fin de compte, à la perte de la vie tout court – pas d'une seule vie, mais de milliers ou de millions de vie [1] ». De façon très significative, Leszek Kolakowski, qui s'exila aux États-Unis en 1968, tire de son expérience polonaise la même leçon, constatant, en mai 1980, combien la société occidentale était dominée par l'hédonisme. Il n'y voyait pas d'inconvénient majeur, sinon celui-ci : « Ce qui est inquiétant ici, dit-il, c'est que les gens n'ont pas, pour la plupart, l'impression qu'il y ait des causes pour lesquelles ils voudraient mourir. Je dirais que si ces causes n'existent pas, il n'y a pas beaucoup de raisons pour vivre... [2] »

La passivité et la capitulation occidentales face à l'épuration ethnique en Bosnie, auxquelles Havel se montra, comme Milosz ou Kertész si sensible, constituent à cet égard un cas d'école. À la dilution du sens dans le fonctionnel aura correspondu la résorption de l'humain dans l'humanitaire. L'a-t-on d'ailleurs remarqué, il ne se produit plus guère, sur cette planète, ni événements politiques

1. Václav Havel, « Anatomie d'une réticence », in *Essais politiques*, *op. cit.*, p. 208.
2. « Entretien avec L. Kolakowski », in *L'Europe et les Intellectuels*, *op. cit.*, p. 180.

ni tueries perpétrées par des humains, mais surtout des catastrophes dites *humanitaires*. La Bosnie toujours : assistance fatale portée à l'armée et aux miliciens serbes, aux massacres et au « nettoyage ethnique » par le meurtre et par le viol systématiques de populations entières, le tout sous couvert de neutralité – comme si l'engagement en faveur de la liberté pouvait être neutre ? Envoi de colis pour sauver des vies, mais surtout pas d'armes pour que les principaux intéressés puissent avoir une chance d'en sauver le sens. « Notre histoire nous a appris à nos dépens le prix de l'indifférence qui débouche sur la trahison », écrivait Havel en 1995 à propos de la Bosnie. « Ce qui arrive, ou risque d'arriver en ex-Yougoslavie est une épreuve pour toute l'Europe, un test qui mesure le sérieux de son engagement envers les principes qu'elle professe. » Et d'ajouter que si le principe d'une coexistence civique devait là-bas perdre la bataille, ce qui est effectivement le cas aujourd'hui sur la majeure partie du territoire bosniaque, « il perdrait la bataille dans l'Europe tout entière »[1]. Le test suivant, le lamentable laisser-faire des Européens face aux massacres de civils tchétchènes par l'armée et les forces spéciales russes de Vladimir Poutine, donne – provisoirement ? – raison à Havel. En 1914, le suicide de l'Europe avait commencé à Sarajevo. Au soir du siècle, elle y aura laissé une part de son âme, ce qu'il en reste étant en passe de sombrer à Grozny. Patočka nous manque.

Si la vie est tout... C'est ainsi, écrivait le philosophe tchèque dès les années soixante-dix, que la guerre comme tout-est-permis universel et comme liberté sauvage peut envahir les États et devenir totale. « La quotidienneté et l'orgie

---

1. Voir son discours « De la Bosnie-Herzégovine », prononcé à Prague le 13 octobre 1995, dans le recueil *Il est permis d'espérer*, Paris, Calmann-Lévy, « Petite bibliothèque des idées », 1997, p. 88.

sont organisées par une seule et même main » : le philosophe pensait résumer par cette phrase l'horreur de la première moitié du XX⁰ siècle. Il ne se doutait pas que son propos se révélerait prémonitoire pour la seconde – de la Bosnie à la Tchétchénie. Aussi Patočka était-il plutôt optimiste lorsqu'il pensait, en 1975, que « les moyens extrêmes de mobilisation par lesquels s'est signalée la terreur systématique, avec les procès et l'extermination de groupes et de couches sociales, la lente liquidation dans les camps de travail forcé et les camps de concentration, ont été progressivement éliminés ». Il voyait juste, en revanche, lorsqu'il se demandait aussitôt si cette élimination correspondait à une démobilisation réelle ou si la guerre ne montrait pas plutôt là « sa face "pacifique" qui n'exprime qu'une démoralisation cynique, un appel à la volonté de vivre et de posséder » [1].

Le paradoxe n'était donc qu'apparent. On comprend mieux, à ce stade, la triple logique selon laquelle la barbarie et la quotidienneté qui ne cherche plus à se surmonter autrement que par une fuite vers l'inauthentique procèdent, pour Patočka, du même élan. On comprend mieux aussi que s'il s'agissait, pour l'opposition démocratique est-européenne, de tenir tête à l'impérialisme soviétique, il s'agissait surtout de rendre à nouveau visible le motif central de la culture européenne comme renvoyant à une culture de la *résistance à l'impérialisme de la quotidienneté*. Voilà ce que nous apportent, entre autres, leurs expériences du « socialisme réel ». Les opposants de Prague, de Budapest et de Varsovie sont venus nous rappeler que renouer avec l'héritage spirituel de l'Europe, c'est d'abord

---

1. « Les guerres du XX⁰ siècle et le XX⁰ siècle en tant que guerre », *in* Jan Patočka, *Essais hérétiques sur la philosophie de l'histoire, op. cit.,* p. 143.

entreprendre de penser et d'agir depuis notre capacité à nous arracher au quotidien, à son impersonnalité et à son absence de scrupules. Cette entreprise, aujourd'hui, a-t-elle encore sa chance ?

LA PERSPECTIVE D'UNE « SOLIDARITÉ DES ÉBRANLÉS »

À propos de la dissidence est-européenne, Patočka a souvent employé la notion de « solidarité des ébranlés » – ébranlés dans leur foi en le jour, la vie et la paix. Il en donne une plus ample définition à la fin des *Essais hérétiques*. Ce passage, d'une sombre beauté, mérite d'être cité en entier :

> *La solidarité des ébranlés peut se permettre de dire « non » aux mesures de mobilisation qui éternisent l'état de guerre. Elle n'établira pas de programmes positifs ; son langage sera celui du démon de Socrate : tout en avertissements et interdits. Elle doit et elle peut créer une autorité spirituelle, devenir une puissance spirituelle capable de pousser le monde en guerre à accepter certaines restrictions, capable ensuite de rendre impossibles certains actes et certaines mesures.*
>
> *La solidarité des ébranlés s'édifie dans la persécution et l'incertitude : c'est là son front silencieux, sans réclame et sans éclat, même là où la Force régnante cherche à s'en rendre maîtresse par ses moyens. Elle ne craint pas l'impopularité, mais au contraire lui lance un défi sans paroles. Ce n'est pas en se soumettant aux critères de la quotidienneté et à ses promesses que l'humanité pourra atteindre le terrain de la paix. Celui qui trahit cette solidarité doit se*

rendre compte qu'il nourrit la guerre, qu'il est un embusqué
qui à l'arrière vit du sang d'autrui[1].

L'attitude qui consiste à ne pas se soumettre aux normes de la quotidienneté et à ses fausses promesses, Patočka tente, ailleurs, de la cerner à partir de la notion, *a priori* surprenante, de « sacrifice ». Comment la comprendre ?

Rompre le chœur des terrorisés

Il importe d'emblée d'écarter plusieurs malentendus. L'idée de sacrifice ne renvoie évidemment pas, chez Patočka, à quelque exaltation du surhomme. Elle ne constitue ni un appel à l'héroïsme ni une invite à immoler son existence sur l'autel de telle ou telle cause. D'abord parce que cette notion, que le philosophe remplace d'ailleurs souvent par celle de risque assumé, doit s'entendre à la manière d'une disposition, d'une disponibilité. Elle représente une sorte d'« horizon régulateur », selon la formule de Kant, ou encore un critère susceptible de guider l'action. Encore que Patočka suggère justement que ce critère pourrait se révéler beaucoup mieux adapté à la spécificité de notre époque que le fameux impératif catégorique kantien[2].

L'intuition de Patočka est en vérité très simple : elle consiste à soutenir que seule la disponibilité à sacrifier en certaines circonstances une part de sa prospérité quotidienne peut déblayer, face à l'horizontalité technicienne, le chemin d'une verticalité éthique, et nous ouvrir au souci

1. *Ibid.*, p. 145.
2. « Séminaire sur l'ère technique », *in* Jan Patočka, *Liberté et Sacrifice. Écrits politiques, op. cit.*, p. 315.

de l'âme. En effet, sur quoi s'appuie, en dernière analyse, le règne du conformisme, de l'inessentiel, de l'aliénation, de l'injustice ou de la « paix » à tout prix ? Sur le soin que nous portons à notre médiocrité quotidienne, laquelle n'aspire qu'à la garantie d'elle-même, d'un *happy end*[1]. Or, dans la mesure où c'est par là, par les liens qui nous enchaînent à notre confort, à nos petits avantages et à nos intérêts particuliers que l'emprise de la force régnante s'exerce sur nos vies et nos consciences, c'est aussi par là qu'il s'agirait de commencer. Dans cette disponibilité à surmonter les liens qui nous rivent au quotidien et qui, d'hommes libres, nous transforment en un troupeau d'esclaves malléables à merci, s'édifie, pour Patočka, la communauté des ébranlés.

Celui qui adopte cette attitude, comme norme générale de sa conduite, témoigne au fond de ce qu'il n'a pas renoncé à son humanité comme capacité de répondre personnellement de valeurs qui le dépassent. C'est précisément l'idée que l'on retrouve exprimée par Adam Michnik, ex-figure de proue de la dissidence polonaise, dans un texte de 1982 intitulé « Pourquoi je ne signe pas ». Signer ou ne pas signer, protester ou se taire, baisser ou relever la tête, voilà bien un dilemme auquel, sous une forme ou une autre, nous sommes chaque jour confrontés dans nos démocraties. Aussi, au fil d'un étonnant monologue intérieur, Michnik se dit-il que sa capitulation serait pour les autorités beaucoup plus qu'un simple succès : elle est leur raison d'être. C'est donc une « confrontation philosophique, poursuit-il, que tu as engagée avec eux », puisque « l'enjeu de cet affrontement, c'est le sens de ton existence, de toute existence humaine et le non-sens de leur vie à eux ». Cette controverse n'a naturellement pas de fin

---

1. Jan Patočka, *Liberté et Sacrifice. Écrits politiques*, *op. cit.*, p. 33.

puisque l'enjeu, en vérité, ne se mesure pas aux chances de victoire de l'idée, mais à la valeur de l'idée elle-même. C'est pourquoi Michnik ne signera pas la déclaration de loyauté qu'on s'efforce de lui extorquer : « Si tu veux te respecter toi-même, te dit une voix intérieure, n'accepte aucune compromission avec le Fonctionnaire »[1]. Une telle détermination, dans le contexte polonais de l'époque, se payait au prix fort : plusieurs années de prison pour Michnik. Elle appelle en effet une attitude dont la « conséquence logique est de renoncer aux avantages matériels et aux honneurs officiels pour vivre dans la vérité », écrit l'enfant terrible de l'opposition polonaise dans « Le nouvel évolutionnisme », retentissant essai qui servira de plateforme à Solidarność. Sacrifice dérisoire ? Non, répond Michnik. Car « chaque acte de résistance sauve une parcelle de liberté, préserve les valeurs sans lesquelles une nation ne peut exister », du moins sans lesquelles elle ne peut devenir une « communauté d'hommes libres »[2]. Le propos, aujourd'hui, n'a pas pris une ride.

Seule une telle attitude, explique de son côté Patočka, permet, sous quelque régime que ce soit – radical ou modéré –, de faire front à l'automatisme irrationnel des appareils bureaucratiques et de préserver l'autonomie de la conscience face au pouvoir. Bref, de faire valoir que la vie n'est pas tout et que par conséquent tout n'est pas possible. Une simple réflexion sur les choses, aujourd'hui, ne suffit plus, insiste le philosophe. Ce dont il s'agit désormais, c'est de montrer cela *in concreto*, historiquement mais sans pathos, à travers un engagement pratique. Tel

1. Adam Michnik, *Penser la Pologne*, préface de L. Kolakowski, introduction de Aleksander Smolar, Paris, La Découverte, « Cahiers libres », 1983, p. 109.
2. *Ibid.*, p. 41.

est, aux yeux de Patočka, le rôle de l'intellectuel. « L'homme spirituel qui est capable de se sacrifier, qui est capable de voir la signification du sacrifice », c'est-à-dire l'intellectuel au sens fort du terme, « ne peut rien craindre » [1]. Il n'est certes pas politique au sens courant du mot, mais d'une autre manière : il l'est dans la mesure où il jette à la face de la société qu'il y a des limites au-delà desquelles les prétentions de l'État ne sauraient avoir prise, mais aussi parce qu'il rend témoignage du fait qu'il existe une différence, une ligne de partage fondamentale entre le mode d'être ouvert de l'homme et celui, fermé, des choses. La communauté des ébranlés renvoie au souci de se mouvoir en direction de cette différence, qui n'est jamais qu'un autre nom pour l'Europe. Elle se rassemble dans le refus de l'indignité à laquelle conduit la soumission au règne universel de la neutralité technique, un « non » formulé, précise Patočka, « dans une intention parfaitement claire et réfléchie » [2].

L'écrivain Ivan Klíma, lui-même membre de cette singulière communauté, s'est interrogé sur ce que pourrait être son rôle s'agissant de briser ou d'ébranler le lien intime entre l'absence d'âme du pouvoir d'un côté, et de l'autre le règne de la peur. Car à l'époque moderne, constate-t-il, le pouvoir n'a pas d'âme. Mais cette absence d'âme va précisément de pair avec la peur. Pourquoi ? Parce que ceux qui ont livré leur âme n'ont plus qu'un corps et c'est pour lui qu'ils craignent : « Ils ont peur de perdre les avantages qui leur restent encore – la tranquillité, les biens matériels, les facilités, les luxes. Seuls ceux qui n'ont pas renoncé à

---

1. « L'homme spirituel et l'intellectuel » (1975), *in* Jan Patočka, *Liberté et Sacrifice. Écrits politiques, op. cit.*, p. 256.
2. « Séminaire sur l'ère technique », *in* Jan Patočka, *Liberté et Sacrifice. Écrits politiques, op. cit.*, p. 314-315.

leur âme, poursuit le romancier, peuvent surmonter la peur : ils savent qu'en définitive la peur vient de l'intérieur, non de l'extérieur. Celui qui a permis au souci extérieur d'envahir son âme, celui-là ne pourra plus jamais se débarrasser de sa peur. Mais celui qui a défendu son âme, son intégrité intérieure, celui qui est préparé à tout sacrifier, sa liberté de mouvement, et, dans des cas extrêmes, sa vie même, celui-là a vaincu la peur et se met ainsi hors d'atteinte du pouvoir[1]. » Il est libre.

Ivan Klíma éclaire admirablement, ici, la pertinence de l'attitude dissidente et les raisons qui poussèrent ses représentants à situer le point de départ de leur action politique sur le terrain moral et existentiel. Car « ces rebelles rompent le chœur des terrorisés », et c'est pourquoi on tentera, par tous les moyens, de les renvoyer à « leur place », c'est-à-dire « dans le vide où règne la peur ». Ces révoltés, souligne Klíma, rappellent ainsi constamment à ceux qui sont au pouvoir d'où ils le tiennent et quelles responsabilités celui-ci engendre, les rendant peut-être, par là, un peu plus humains. Mais pour ceux qui se plient au pouvoir – un pouvoir que Karel Kosik surnommait dans les années quatre-vingt-dix le Prince globalisateur-planétaire –, cette volonté n'est que folie. Pour les autres, ce sont ces fous-là qui, estime Klíma, « portent tout notre espoir ».

Reste à savoir comment cette « expérience du front » pourrait aujourd'hui prendre une forme historique susceptible de peser sur le destin de l'Europe ; susceptible, donc, de se constituer en « minorité active », le propre d'une minorité active résidant dans le fait que plus on lui résiste, plus on change, comme l'a montré Serge Moscovici, inventeur et théoricien de la notion[2]. Car force est de se rendre

1. Ivan Klíma, *Esprit de Prague, op. cit.*, p. 134.
2. Voir Serge Moscovici, *Psychologie des minorités actives*, Paris, PUF, « Quadridge », 1979.

à l'évidence : le monde postcommuniste de l'après-1989 s'est empressé, à des degrés variables selon les pays, de rejeter ses propres ébranlés aux marges[1]. Côté Ouest, la communauté en question ne se porte guère mieux. Patočka l'avait au demeurant prévu lorsqu'il avançait que la protestation de ces résistants aux motifs trompeurs du jour se paie d'un sang qui ne coule pas forcément, mais qui, toujours, croupit dans la marginalité.

Une autre difficulté, toutefois, se présente. Elle tient à la dimension essentiellement individuelle de l'expérience évoquée par Patočka à propos de ceux qui ont « subi le choc ». Il décrit le problème en ces termes : « Chaque individu est projeté séparément vers son sommet duquel il ne lui reste qu'à redescendre vers la quotidienneté où, inéluctablement, la guerre s'emparera de lui à nouveau, sous la forme cette fois de la planification de la Force en vue de la paix »[2]. Le moyen de dépasser cet état, suggère-t-il, c'est précisément la solidarité des ébranlés. Au début des années quatre-vingt, et dans le même esprit – mais la proposition n'a nullement vieilli –, le Hongrois György Konrád invitait quant à lui les intellectuels de l'Est et de l'Ouest à former une « intelligentsia européenne », à s'imposer comme une sorte d'autorité spirituelle capable de reprendre en charge un certain nombre de valeurs universelles[3]. Le (l'ex-) rideau de fer, faisait-il alors remarquer, est dans nos têtes

1. Sur ce point, voir, entre autres, les confessions de Predrag Matvejevitch, *Le Monde « ex »*, Paris, Fayard, 1996, et András Bozóki (dir.), *Intellectuals and Politics in Central Europe*, Budapest, Central European University Press, 1999 ; le dossier « Les intellectuels à l'Est : argent, pouvoir, morale », *L'Autre Europe*, n° 30-31, 1995, p. 3-130.

2. « Les guerres du XXᵉ siècle et le XXᵉ siècle en tant que guerre », *in* Jan Patočka, *Essais hérétiques sur la philosophie de l'histoire, op. cit.*, p. 144.

3. G. Konrád, *L'Antipolitique*, trad. par Pierre Lespoir, préface de Daniel Cohn-Bendit et Bernard Dréano, Paris, La Découverte, 1987, p. 104-105.

avant d'être à nos frontières. Il l'est malheureusement resté depuis.

Que faire ? Les frontières étant désormais ouvertes, cette situation n'est plus insurmontable. Telle est la première évidence qui s'impose. Deux autres lignes complémentaires, chez Patočka lui-même, semblent se dégager. D'une part, en direction d'une conception forte, ou « dure », de l'exigence démocratique, à même d'arracher la politique à la neutralité de la technique pour la restituer davantage à l'éthique ; de l'autre, en direction de ce qu'il désigne derechef par une notion bizarre : le « dévouement ». Deux voies qui, de façon plus déconcertante encore, paraissent se rejoindre dans une troisième idée, très présente dans ses écrits : l'idée grecque de *polemos*, de conflit.

En quoi consiste au juste cette « guerre » ou ce combat sans merci que Patočka nous invite si vivement à engager ?

Une conception « haute » de l'exigence démocratique

Dans sa réflexion sur la cité, sur l'esprit qui devrait gouverner la polis, Patočka n'a cessé, tout au long de son œuvre, de se montrer très intrigué par certains fragments d'Héraclite. Que nous révèle le penseur présocratique ? Que la lutte continuelle engendre au sein de la cité une puissance supérieure aux parties en présence (frag. B 29) ; il nous parle de ce qui est « commun en tout », d'une « loi divine » à laquelle s'alimenteraient toutes les lois humaines, c'est-à-dire la cité dans son fonctionnement général et ses décisions particulières (B 114). Qu'est-ce que cette énigmatique loi divine ? Il faut savoir, répond Héraclite, que le commun en tout est *polemos* et que tout s'accomplit à travers sa poussée, son élan.

Cette intuition trouve chez Patočka sa retraduction dans l'idée selon laquelle notre humanité advient, dans sa modalité la plus haute, à la faveur d'un combat sans cesse recommencé avec soi-même, combat dont les positions ne sont jamais définitivement acquises. D'où la notion, déjà évoquée, de « conquête de soi ». Conquête de soi contre soi, contre cette tendance qui nous est également propre à vivre d'une vie toujours disposée à occulter toute responsabilité supérieure à sa propre survie. Bref, toujours prête à collaborer – à s'en remettre aux critères d'une quotidienneté qui ne connaît que l'utilisable et le calculable. Point d'éthique, point de monde partagé ni de considération possible d'un bien commun, observe Patočka, qui ne procède d'une lutte intérieure et constante avec le mouvement vital qui tend à enfermer chacun dans son monde et à nous rendre indifférents les uns aux autres. Le principe héraclitéen s'éclaire soudain : la condition du commun en tout, d'une universalité digne de ce nom, est bien *polemos*, la discorde, le conflit intérieur. Dans sa figure proprement humaine, écrit Patočka, la vie « doit être conquise, et le mouvement de cette conquête consiste à se surmonter, il est une lutte »[1].

Non seulement cette « lutte d'éveil », comme l'appelle aussi le philosophe tchèque, se distingue de la lutte comme mode de l'aliénation à l'œuvre dans les guerres modernes, mais elle représente à ses yeux le seul moyen de la battre en brèche, de trouver le terrain d'une paix réelle. Or, la démocratie, telle qu'il la conçoit, prolonge directement cette vision.

Il est à cet égard un malentendu qu'il importe de lever d'emblée. Celui-ci voudrait que la dissidence aurait ravalé

1. Jan Patočka, *Le Monde naturel et le Mouvement de l'existence humaine*, *op. cit.*, p. 12.

au second plan la dimension du politique, contribuant ainsi, via l'émergence de la pensée antitotalitaire à l'Ouest, à ce que s'impose une conception ultra-minimaliste de la démocratie, principalement centrée sur les droits de l'homme. Partant du principe que la volonté de réenchanter la politique aurait été le cauchemar du XXe siècle, la pensée antitotalitaire inspirée de la dissidence aurait jeté un soupçon durable sur la possibilité d'une action politique transformatrice. Après avoir été un point aveugle de la gauche occidentale, la question du totalitarisme serait devenue, à partir des années soixante-dix/quatre-vingt, un point de fixation paralysant[1]. Ainsi la pensée antitotalitaire serait-elle en partie responsable de cette inquiétante tendance à la dépolitisation qui, dans les démocraties européennes, ne cesse de gagner du terrain[2]. Or, c'est très exactement l'inverse : faire porter aux dissidents le « chapeau » de la dépolitisation actuelle constitue un comble quand tout leur propos fut au contraire pour inviter à renouer avec une conception dure et éminemment citoyenne de l'exigence démocratique.

Pour Patočka, l'âpreté de la démocratie tient en effet à ce qu'elle est le seul régime où le mouvement de conquête de soi peut s'entretenir de manière durable, sans que les individus retombent sans cesse vers le plan du quotidien, de la « vision diurne », où, derechef, ils se laissent endormir. « La vie politique, écrit Patočka dans les *Essais hérétiques*, est ce qui place l'homme d'un seul coup devant la possibilité de la totalité de la vie et de la vie dans sa totali-

1. Telle est notamment la thèse soutenue par Jean-Pierre Le Goff dans son ouvrage par ailleurs excellent, *La Démocratie post-totalitaire*, Paris, La Découverte, « Cahiers libres », 2002, p. 102 et suiv.
2. Voir, sur ce phénomène, le livre-bilan publié sous la direction de Jacques Lagroye, *La Politisation*, Paris, Belin, « Socio-Histoires », 2003.

té[1]. » Se vouloir démocrate, c'est avant tout se montrer disposé à élire demeure dans la problématicité du sens. D'où l'idée que « l'esprit de la *polis* est un esprit d'unité dans la discorde, dans la lutte. Être citoyen – *polites* – n'est possible que dans l'association des uns contre les autres ». Cette discorde, poursuit-il, « donne un visage à cet espace de liberté que les citoyens s'offrent et se refusent mutuellement »[2]. Dans la vision de Patočka, l'essence de la démocratie réside dans l'expérience de la confrontation et du dialogue, dans l'idée que la compréhension implique nécessairement l'œuvre des autres et de leur altérité. Elle suppose que l'on accepte de faire face au point de vue d'autrui, de s'exposer à la critique, de livrer une guerre permanente à ses propres opinions irréfléchies. C'est la raison pour laquelle l'affrontement au péril fait, pour le philosophe, la tension ou le tonus spécifiques de l'identité démocratique : « Les adversaires se rencontrent dans l'ébranlement du sens donné et créent par là une nouvelle manière d'être de l'homme – peut-être la seule qui, dans l'orage du monde, offre de l'espoir : l'unité des ébranlés qui pourtant affrontent le péril sans crainte[3]. »

Il en ressort que la démocratie est aussi le régime le plus dur, autrement dit le plus exigeant. Elle ne nous allège pas du poids de notre responsabilité au nom de quelque radieux lendemain, elle ne nous promet pas un autre monde, elle ne se réduit pas non plus à la jouissance et à la consommation des richesses de la vie, même si celles-ci y trouvent légitimement leur place. La démocratie nous réintroduit dans ce monde-ci, mais ce monde, justement,

1. « Le début de l'histoire », *in* Jan Patočka, *Essais hérétiques sur la philosophie de l'histoire*, *op. cit.*, p. 53.
2. *Ibid.*, p. 55.
3. *Ibid.*, p. 56.

n'est plus le monde d'hier, de l'immédiateté quotidienne : il s'est humanisé. Il est devenu un monde humain dans la mesure même où il porte la trace d'une déchirure irréparable, d'une dislocation continue de l'évidence sous l'effet du débat contradictoire. Penser et agir en citoyen, c'est ainsi renouer avec l'héritage du souci de l'âme d'où l'Europe a pris son essor. En effet, remarque Patočka dans *Platon et l'Europe*, « l'entretien avec les autres est toujours en même temps un entretien de l'âme avec elle-même, et le soin de l'âme a lieu dans cet entretien [1] ».

De la vie libre comme lutte intérieure : une éthique combattante

C'est dire que cet entretien ou cette lutte intérieure se laisse aussi penser, dans la perspective de Patočka, comme la condition même de l'éthique, du souci de l'autre, lequel ne pourra à son tour se déployer que dans l'espace ouvert par la lutte de chacun contre soi. Il est toutefois remarquable, comme le relevait de son côté Paul Ricœur, que Patočka ait choisi, dans les années 1965-1970, de nommer *dévouement* le sentiment le plus révélateur du mouvement de conquête de soi. Pourquoi le dévouement ? Parce que, en dernière instance, la vie se conquiert pour se dévouer et en appeler aux autres, et non pour s'enclore sur soi.

Patočka précise sa vision de l'éthique dans un essai sur « les fondements spirituels de la crise contemporaine » écrit en cette sombre année 1969, un an après l'écrasement du Printemps de Prague. Si nous nous émancipons de la préoccupation exclusive pour la vie qui nous asservit au quotidien, explicite le penseur dans ce texte, « ce n'est pas

1. Jan Patočka, *Platon et l'Europe*, p. 147.

pour graviter autour de notre propre personne, que nous savons finie ». Dès lors, « il ne s'agit que de trouver ce à quoi je peux et dois me dévouer. Il devient évident que l'homme n'est pas simplement là, mais qu'il a une *mission* et un devoir envers tous ceux qui n'ont pas ce privilège désormais acquis » [1]. La notion de dévouement est capitale car elle semble bien désigner ce par quoi le dépassement de la finitude peut acquérir un contenu véritablement positif. Nulle contradiction, donc, entre la « communauté dans le service dévoué qui dépasse les individus » de 1969, et la « communauté des ébranlés » de 1975. L'idée de dévouement recoupe celle d'engagement. Pour Patočka, notre liberté doit s'incarner à travers notre responsabilité dans et pour le monde. Être veut dire exister. Exister, c'est s'exposer courageusement à la possibilité de la mort. Or, nous accueillons notre finitude en nous dépassant vers autrui. L'ébranlement du sol qui se produit dans notre face-à-face avec la mort ébranle, du même coup, ce qui nous rend étranger et indifférent les uns aux autres. C'est ce qui permet à Patočka d'affirmer que ce dont il y va dans l'Histoire, ce n'est pas ce qui peut être renversé ou ébranlé, mais « l'ouverture à ce qui ébranle » [2].

Seule cette ouverture réconcilie. Elle seule atteste que l'homme n'est pas un étranger pour l'homme. C'est pourquoi Patočka accorde aussi une place importante, dans sa réflexion, à l'art et à la littérature [3]. D'une part, parce que

1. « Les fondements spirituels de la vie contemporaine » (1969), *in* Jan Patočka, *Liberté et Sacrifice. Écrits politiques*, *op. cit.*, p. 234.
2. « Le début de l'histoire », *in* Jan Patočka, *Essais hérétiques sur la philosophie de l'histoire*, *op. cit.*, p. 57.
3. Les principaux essais de Patočka sur l'art et la littérature ont été réunis dans deux volumes : *L'Art et le Temps*, trad. par E. Abrams, préface de Ilja Srubar, Paris, POL, 1990 ; et *L'Écrivain, son « objet »*, trad. par E. Abrams, Paris, POL, 1990.

l'artiste offre la preuve que la liberté de l'homme et la défense de son intériorité sont toujours possibles. D'autre part, parce que l'art constitue la seule sphère où l'individu n'est plus limité par sa propre expérience. Bouleverser l'indifférence envers l'expérience des autres, indifférence à laquelle nous condamne notre condition mortelle : là réside la vocation essentielle de l'œuvre d'art. Václav Belohradsky a très justement rendu justice à cette dimension de la pensée de Patočka en soulignant combien, dans sa conception, « le langage de la littérature (et de l'art en général) jette un pont au-dessus de l'abîme d'indifférence que la finitude creuse entre les hommes[1] ».

L'idée selon laquelle seule peut réconcilier l'ouverture à ce qui ébranle explique également pourquoi, aux yeux du philosophe, situer la lutte sur un plan exclusivement économique et sociale relève d'une vision à courte vue. En effet, relève-t-il dans une veine qui rappelle les considérations d'Emmanuel Levinas sur l'humanisme, « l'urgence de la souffrance humaine ne concerne pas seulement l'être physique, mais au contraire *l'homme entier*. Nous n'éprouvons pas l'urgence d'un changement au spectacle de la douleur et de la faim en général (sans cela, nous nous croirions dans la même obligation vis-à-vis des animaux), mais en présence de la douleur et de la faim d'êtres *humains* qui, en tant que tels, sont des êtres *libres et capables de vérité* ». En cela, le combat qu'il s'agit de mener dépasse forcément le simple plan économico-social qui concerne prioritairement l'être physique – et serait-on tenté d'ajouter aujourd'hui : le plan humanitaire. L'appel que nous adresse l'urgence de la souffrance humaine, un appel qui, souligne Patočka, « ne tolère aucun sursis »,

---

1. Václav Belohradsky, « Sur le sujet dissident », *Le Messager européen*, n° 4, 1990, p. 43.

renvoie à la nécessité d'aider non seulement les opprimés, rabaissés au rang de choses, mais encore ceux qui se font les instruments de cette oppression, ceux qui « étouffent la voix de la conscience, c'est-à-dire la voix de la vérité en eux-mêmes ». On croirait lire Milosz. La souffrance, pour Patočka aussi, nous confronte à un impératif absolu. C'est la raison pour laquelle « l'impératif catégorique, dit-il, n'est pas la voix de la raison abstraite », comme le voulait Kant, « mais celle de la souffrance humaine »[1].

Lutte, conquête, conflit, ébranlement, confrontation, combat : le moins qu'on puisse dire est que le registre lexical de Patočka se fait décidément guerrier aussitôt que l'éthique et la politique sont au cœur de son propos. La langue du philosophe tchèque assassiné rappelle étrangement, en cela, la guerre dont nous parle un autre ébranlé sans doute inconnu de lui, issu, pour sa part, de la première Europe. Il s'agit du poète et philosophe René Daumal (1908-1944), qui fut l'un des principaux animateurs du Grand Jeu, un groupe contemporain du surréalisme autour duquel gravitait, entre autres, le peintre d'origine tchèque Joseph Sima. L'un des poèmes du recueil *Le Contre-Ciel*, poème écrit au printemps 1940, s'intitule « La guerre sainte ». Titre qui sonne étrangement en nos temps troublés où ces mots dévastent une partie de la planète. L'auteur commence donc d'emblée par nous prévenir qu'il va faire un poème sur la guerre. Mais quel genre de guerre ? Le même genre que celle dont nous parle Patočka d'un bout à l'autre de son œuvre. Au point qu'on pourrait voir dans « La guerre sainte », insérée dans une section du *Contre-Ciel* intitulée *Les Dernières Paroles du poète*, le pendant daumalien du testament de Patočka, voire de

1. « La surcivilisation et son conflit interne », *in* Jan Patočka, *Liberté et Sacrifice. Écrits politiques*, *op. cit.*, p. 169-170.

toute sa philosophie. Et ce, en dépit de l'avertissement adressé par Daumal qui prévient que ce poème portera sur une vraie guerre, une guerre « à peine commencée »[1]. Voilà un prologue que Patočka aurait pu signer de sa main. La suite aussi. Car, on l'aura compris, la seule guerre dont il soit question dans ce poème est intérieure. Daumal espère la voir enfin s'allumer irrémédiablement en lui, mais la partie n'est pas jouée d'avance. Elle ne l'est d'ailleurs jamais, comme nous l'enseigne toute la philosophie de Patočka. Voici ce qu'en dit le poète :

> Puisse-t-elle éclater d'une façon irréparable ! Elle s'allume bien, de temps en temps, ce n'est jamais pour très longtemps. Au premier semblant de victoire, je m'admire triompher, et je fais le généreux, et je pactise avec l'ennemi. Il y a des traîtres dans la maison, mais ils ont des mines d'amis, ce serait si déplaisant de les démasquer ! Ils ont leur place au coin du feu, leurs fauteuils et leurs pantoufles, et ils viennent quand je somnole, en m'offrant un compliment, une histoire palpitante ou drôle, des fleurs et des friandises, et parfois un beau chapeau à plumes. Ils parlent à la première personne, c'est ma voix que je crois entendre, c'est ma voix que je crois émettre : « Je suis..., je sais..., je veux... » – Mensonges ! Mensonges greffés sur ma chair, abcès qui me crient : « Ne nous crève pas, nous sommes du même sang ! », pustules qui pleurnichent : « Nous sommes ton seul bien, ton seul ornement, continue donc à nous nourrir, il ne t'en coûte pas tellement ! » [...]
>
> C'est grâce à eux que je fais figure, ce sont eux qui occupent la place et tiennent les clefs de l'armoire aux masques. Ils me disent : « Nous t'habillons ; sans nous, comment te présenterais-tu dans le beau monde ? » [...]

1. René Daumal, *Le Contre-Ciel*, suivi de *Les Dernières Paroles du poète*, Paris, Gallimard, 1970, p. 205.

Pour combattre ces armées, je n'ai qu'une toute petite épée, à peine visible à l'œil nu, coupante comme un rasoir, c'est vrai, et très meurtrière. Mais si petite vraiment, que je la perds à chaque instant. [...]

Contre vous, la guerre à outrance. Nulle pitié, nulle tolérance. Un seul droit : le droit du plus être. [...]

Voyez la jolie paix qu'on me propose. Fermer les yeux pour ne pas voir le crime. S'agiter du matin au soir pour ne pas voir la mort toujours béante. Se croire victorieux avant d'avoir lutté. Paix de mensonge ! S'accommoder de ses lâchetés, puisque tout le monde s'en accommode. Paix de vaincus ! [...]

Vous savez maintenant que je veux parler de la guerre sainte.

Celui qui a déclaré cette guerre en lui, il est en paix avec ses semblables et, bien qu'il soit tout entier le champ de la plus violente bataille, au-dedans du dedans de lui-même règne une paix plus active que toutes les guerres. [....]

Et parce que j'ai employé le mot de guerre, et que ce mot de guerre n'est plus aujourd'hui un simple bruit que les gens instruits font avec leur bouche, parce que c'est maintenant un mot sérieux et lourd de sens, on saura que je parle sérieusement et que ce ne sont pas de vains bruits que je fais avec ma bouche.

La guerre qu'évoque René Daumal, cette guerre que l'on ne subit pas mais que l'on déclare, dont chaque séquence a pour théâtre l'intériorité même de l'homme, ne peut que déboucher, Daumal et Patočka nous l'assurent, sur une paix plus active que toutes les guerres. À condition bien sûr que l'on cesse de s'agiter afin de ne pas voir « la mort toujours béante ». La finitude, si on détourne le regard, fait de toute façon subrepticement retour pour s'emparer de la vie et la mortifier derrière notre dos : là encore, le poète et le philosophe s'accordent. La lutte intérieure prônée par l'un comme par l'autre montre *in fine* à quel niveau d'exigence la vie humaine doit se maintenir sous peine de déchoir vers l'inauthentique, la violence et l'indifférence à autrui. La vie *humaine*, c'est-à-dire la vie historique dans ses deux dimensions fondamentales que sont l'éthique et le politique.

La conception extérieure, littéraliste et terroriste de la notion de « guerre sainte » (*jihad*) dans laquelle sombre aujourd'hui une partie du monde arabo-musulman (une partie seulement), et, face à cette dérive, le désarroi évident que manifeste l'Europe s'agissant d'y répondre de façon à la fois appropriée et concertée – cette double tragédie ne procède-t-elle pas directement du fait que le point de vue du jour et celui de la quotidienneté sont, ici et là, en passe de l'emporter ? Aussi serions-nous bien inspirés de prêter attention au cri d'alarme, ô combien prophétique, qui résonne dans les *Essais hérétiques*. Patočka y évoque « ce dont notre époque tardive qui a atteint le comble de la destruction et de la ruine sera peut-être la première à se rendre compte : qu'il faut comprendre la vie non pas du point de vue du *jour*, du point de vue du simple vivre, de la vie acceptée, mais aussi du point de vue du conflit, de la *nuit*, du point de vue de *polemos*[1] ».

Le mur de Berlin a beau être tombé, la pensée de Patočka, en qui la dissidence est-européenne a trouvé son expression philosophique la plus aboutie, n'est pas derrière nous. Elle est pour demain. Certains appels attendent parfois silencieusement le moment où ils seront décodés et entendus. Ce moment n'est-il pas venu ? Les rebelles d'Europe centrale, « enfants de Patočka » ou « enfants

1. « Le début de l'histoire », *in* Jan Patočka, *Essais hérétiques sur la philosophie de l'histoire, op. cit.*, p. 57.

d'Europe » (Milosz) ont quelque chose d'essentiel à nous dire. Et ce n'est pas un hasard si l'idée d'une morale politique, d'une politique « d'en bas », d'une politique de l'homme a justement vu le jour sur ce récif échoué de notre modernité que fut l'ex-bloc de l'Est. Le seul lieu, sur la planète Terre, à avoir successivement traversé la double expérience du nazisme et du communisme. Et Václav Havel de se demander, sur les traces de Patočka, si la perspective la plus prometteuse pour notre monde – à vrai dire la seule – ne résiderait pas dans la formation d'une communauté européenne des ébranlés. Du moins serait-ce un début.

Troisième partie

ISTVÁN BIBÓ

Guérir l'Europe de ses hystéries politiques

Être démocrate, c'est être délivré de la peur.

Certes, le sentiment d'humanisme ou le courage dépendent aussi de la personnalité, mais pour que ces qualités s'épanouissent, le concours de la communauté est indispensable : il s'agit de savoir si les personnes qui y font autorité sauront faire valoir, face à la débandade et au désarroi, les principes de la dignité morale.

István Bibó

Né à Budapest en 1911, la même année que Milosz, Ist1ván Bibó est mort en 1979, trois ans après Patočka. L'homme compte parmi les penseurs politiques européens à la fois les plus pénétrants et les plus méconnus de la seconde moitié du XXᵉ siècle. Mais a-t-on idée de penser en hongrois ? Milosz avait une fois de plus raison : « Vous aurez beau marcher sur les mains, rien n'y fait ! » La condition d'intellectuel de la deuxième Europe reste bien l'une des moins enviables qui soit. C'est dire que la conviction formulée en 1992 par le professeur R.N. Berki à propos de son éminent compatriote, parfois comparé à Hannah Arendt ou à Isaiah Berlin, se révèle, avec le recul, bien optimiste : « Nul doute, affirmait-il dans les pages de la prestigieuse revue britannique *History of Political Thought*, qu'avec la multiplication des échanges intellectuels entre l'Est et l'Ouest, István Bibó sera bientôt reconnu pour ce qu'il est : un penseur dont la stature rivalise avec celle des autres "grands" de l'histoire de la pensée politique européenne [1]... »

Sur Bibó, il existe même un film, *István Bibó, fragments* (*Bibó breviarium*), sélectionné en 2002 dans le cadre de la Quinzaine des réalisateurs du Festival de Cannes, et à nouveau projeté à la Bibliothèque nationale de France au printemps 2004. Œuvre singulière et poignante, conçue à

1. R.N. Berki, « The Realism of Moralism : the Political Thought of István Bibó », *History of Political Thought*, vol. XIII, nº 3, automne 1992, p. 513.

partir de documents visuels et sonores retrouvés dans les archives, qui retrace à la fois le drame de la Hongrie au XXe siècle et l'itinéraire d'un homme debout qui n'a jamais renoncé à sa foi dans la liberté. Ce film, on le doit à Peter Forgács, vidéaste hongrois de la jeune génération, fortement influencé par l'art conceptuel. La rencontre avec la pensée de Bibó, explique ce créateur d'avant-garde entre Paris et Los Angeles, « a littéralement bouleversé ma vie et ma façon de voir le monde [1] ».

À István Bibó, grand Européen marginalisé et longtemps persécuté en Hongrie, qui aura en outre le mauvais goût de se conduire en héros lors de la révolution de 1956, on doit de fait un chef-d'œuvre. Ce monument, qui a pour titre *Misère des petits États d'Europe de l'Est*, est aussi l'unique ouvrage de l'auteur traduit en français (en 1986). Il rassemble en réalité trois essais remarquables, autant de livres dans le livre, écrits entre 1942 et 1948. Mais qu'il se penche sur les causes du nazisme (première partie), sur la déformation de la culture politique en Europe centrale, ou, dès 1948, sur les responsabilités de la société hongroise dans la persécution et le massacre des Juifs, la portée critique des analyses de Bibó dépasse de beaucoup l'intérêt que peuvent y trouver les historiens ou les seuls spécialistes de la région. Car la *Misère des petits États...*, magistrale réflexion sur les déraillements de l'histoire européenne – déraillements aux retombées toujours actives –, demeure jusqu'à aujourd'hui une immense leçon de courage, de lucidité et de démocratie.

---

1. Entretien privé, mai 2004.

MISÈRES ET GRANDEUR
DE LA DÉMOCRATIE

Le plus étonnant avec Bibó, dont le propos est de tirer les leçons des impasses qui, en Europe centrale, ont durablement perturbé le développement démocratique, c'est en effet qu'il ne cesse, par ce détour, de nous renvoyer, *mutatis mutandis*, à nos propres « misères ». Misère désastreuse de ce qu'il appelle les *hystéries politiques*, nationalistes ou communautaires, lorsqu'elles s'emparent des masses pour se transformer en états durables de ressentiment et de peur collective. Misère de l'accoutumance de certaines couches sociales aux discours de haine : Bibó analyse la déconcertante facilité avec laquelle ils s'intègrent au décor idéologique, y compris en démocratie. Misère récurrente de l'antisémitisme, de la « vision antisémite du monde », dit-il, cette lamentable échappatoire devant la réalité qui autorise le confort de toujours se penser en *objet* plutôt qu'en *sujet* de sa propre histoire. Misère d'une intelligentsia divisée quand s'imposerait la nécessité d'élaborer un « programme de résistance humaniste ». Misère, enfin, de majorités craintives, promptes à se complaire dans les eaux troubles de la lâcheté et de l'indifférence. Misère, surtout, de l'irresponsabilité, car « être adulte et libre », relève Bibó, « c'est d'abord entrevoir la médiocrité de nos actes déterminés uniquement par notre conditionnement » et, partant, « commencer à se sentir responsable » [1]. Point de démocratie, soulignera-t-il tout au long de son œuvre parallèlement à Milosz, qui ne

1. István Bibó, *Misère des petits États d'Europe de l'Est*, trad. du hongrois par György Kassai, Paris, L'Harmattan, 1986, p. 254 ; deuxième éd. Albin Michel, 1993 (c'est à la première édition que nous nous référons pour la pagination).

repose sur une authentique culture de la responsabilité. Que celle-ci chancelle, et c'est l'édifice entier de la société qui risque de craquer de toutes parts.

Bibó parle lui aussi en connaissance de cause. En citoyen de l'Empire né sous la monarchie habsbourgeoise, il aurait pu dire à l'instar de François Fejtö, essayiste hongrois exilé à Paris depuis 1937, qu'il fut témoin, enfant et adolescent, de la transformation d'un peuple plutôt ouvert « en une nation finalement séduite par l'intolérance la plus féroce[1] ». D'une manière générale, écrit Bibó fort de cette édifiante expérience, la démocratie résiste rarement à un climat de menace, d'inquiétude et de griefs réciproques qui finit par vous faire admettre que la cause de la liberté risque de compromettre la cause de la collectivité – culturelle, politique ou nationale. Là réside justement, à ses yeux, la tragique leçon de ces démocraties « immatures » du centre de l'Europe qui, avant de tomber dans l'orbite du nazisme puis du stalinisme, n'auraient en fait pas supporté une vie politique exempte de peur. Un tel sursaut, montre l'impitoyable analyse du penseur hongrois, aurait pu balayer leurs complexes d'innocence, compromettre leur politique d'agression et ébranler les fondements idéologiques de leurs pratiques sociales très inégalitaires.

István Bibó, il importe de le relever, fut ainsi parmi les premiers observateurs de la scène européenne à accorder aux affects – à la part *affective* du politique – une importance cruciale dans l'étude du dysfonctionnement des collectivités humaines[2]. Aussi n'est-ce pas un hasard si l'on

1. François Fejtö, *Mémoires, de Budapest à Paris*, Paris, Calmann-Lévy, 1986, p. 20. Voir aussi son livre d'entretien avec Maurizio Serra, *Le Passager du siècle*, Paris, Hachette Littératures, 1999.
2. Sur cette approche, qui suscite aujourd'hui un regain d'intérêt, voir Claude Gauthier et Olivier Lecour Grandmaison, *Passions et sciences humaines*, Paris, PUF, 2002.

trouve sous sa plume l'une des phrases les plus profonde jamais écrite sur la démocratie, par quoi il rejoint de façon frappante l'une des intuitions cardinales de Patočka : « Être démocrate, observe-t-il en 1946, c'est être délivré de la peur[1] ». Encore une formule qu'on pourrait utilement inscrire au frontispice de l'Union européenne. D'autant que dans un contexte certes différent, il paraît fort difficile, depuis le séisme du 11-Septembre, de ne pas percevoir la pertinence de cette remarque. Comment faire en sorte que le « mécanisme de la peur » ne supplante pas le « mécanisme de la raison » ? Il n'existait pas, aux yeux de Bibó, de question politique plus sérieuse ni plus grave que celle-ci. À l'heure où le spectre de l'islamisme radical et du terrorisme fragilise nos démocraties et les confronte à un défi inédit, il n'y en a guère de plus imminente.

Mais comment désarmer la haine sans entrer soi-même dans la spirale de la paranoïa et de la violence ? Cette question hantait Bibó qui, de son analyse de l'histoire européenne, retirait la conviction que « la violence sous toutes ses formes – guerre, révolution, coercition étatique – s'enracine toujours dans la peur ; or la peur débouche inévitablement sur la haine[2] ». Dès les années cinquante, cette vision ira de pair, chez lui, avec l'idée qu'opposer socialisme et libéralisme n'a plus aucun sens en Europe au stade où nous en sommes de l'évolution de nos sociétés. Aussi le penseur s'impose-t-il également comme l'un des premiers

1. István Bibó, *Misère des petits États d'Europe de l'Est, op. cit.*, p. 166.
2. István Bibó, « Bréviaire politique » [« Political Breviary »], in *Cross Currents. A Year Book of Central European Culture*, 1984, n° 3, Ann Arbor, University of Michigan, p. 10 ; texte écrit par Bibó durant la révolution de 1956, entre le 27 et le 28 octobre, traduit et présenté par Georges Schöpflin.

théoriciens de cette fameuse « troisième voie » aujour-d'hui tant débattue, qui donne d'ailleurs son titre à un recueil de ses essais, *Hármadik ut*, paru en hongrois, à Londres, en 1960. Une quête qui, dans les années quatre-vingt, deviendra l'un des leitmotive de l'opposition démo-cratique hongroise, qu'elle s'énonce comme la recherche d'une alternative entre individualisme et collectivisme, chez Agnès Heller, ou, chez György Konrád, d'une voie médiane entre l'Est et l'Ouest, entre le culte du Marché et celui de l'État. « Il est temps que l'Europe s'exprime en tant que sujet indépendant dans le débat entre l'Amérique et l'Union soviétique », remarquait ainsi ce dernier dès 1984 dans son essai sur *L'Antipolitique*. Après tout, pour-suivait le dissident, pourquoi n'y aurait-il pas aussi une « idéologie européenne » [1] ?

On comprend dans ces conditions que la question d'une paix durable, entre les nations aussi bien qu'au sein des sociétés elles-mêmes, n'ait cessé de tourmenter Bibó. Il en sortira un ouvrage sur *La Paralysie des institutions inter-nationales : quels remèdes ?*, publié en Angleterre en 1976 [2]. Ce livre important sur les conflits mal résolus du monde européen conclut à la nécessité de redonner consis-tance aux outils de l'arbitrage international. Il aurait pu nous éviter bien des erreurs dans les années quatre-vingt-dix. Les solutions suggérées s'appliquaient littéralement, en effet, à la gestion de la guerre en ex-Yougoslavie, et elles s'appliqueraient d'ailleurs toujours à la situation tragique qui prévaut dans plusieurs provinces de l'ex-Union sovié-

1. G. Konrád, *L'Antipolitique, op. cit.*, p. 40 et 42.
2. István Bibó, *The Paralysis of International Institutions and the Remedies. A Study of Self-Determiantion, Concord among the Major Powers, and Political Arbitration*, introduction de Bernard Crick, Londres, The Harvester Press, 1976.

tique, dont la Tchétchénie. Une meilleure connaissance des travaux de Bibó et une mise en œuvre même partielle des remèdes qu'il avait élaborés auraient sans doute permis de sauver des milliers de vies humaines. Et, accessoirement, d'épargner la honte à la communauté internationale [1].

Un extraordinaire professeur de politique

C'est dire que celui en qui le politologue franco-hongrois Pierre Kende, disciple de Raymond Aron, voit « l'un des intellectuels européens les plus marquants du XXe siècle [2] » se montre particulièrement rétif aux étiquettes. Bibó était-il plutôt juriste, sa formation initiale, ou plutôt historien ? Plutôt philosophe, sociologue ou moraliste ? À moins qu'il ne faille le définir comme un homme d'action ? Ce savant atypique, doublé d'un fin psychologue et d'un radical de gauche convaincu, qui préférait de loin le réalisme des solutions concrètes aux échafaudages des « faiseurs de phrases creuses », était à vrai dire tout cela à la fois. Mais il était d'abord, et il reste aujourd'hui, par sa pensée, par son inlassable souci d'argumenter et de convaincre autant que par son intransigeance morale, un extraordinaire « professeur de politique » [3].

Un seul exemple de cet inimitable style Bibó. En 1945, alors que ses contemporains sortent d'une guerre désastreuse menée au côté du Reich dont ils s'estiment naturel-

1. Voir, sur ce point, l'analyse de Pierre Kende : « Le sens de la civilisation européenne selon István Bibó », in *Les Intellectuels et l'Europe, de 1945 à nos jours*, *op. cit.*, p. 131-136.
2. *Ibid.*, p. 134.
3. Selon l'expression de son disciple Sándor Szilágyi, dans un essai qui, sous une forme résumée, sert de postface à *Misère des petits États d'Europe de l'Est*, *op. cit.*, p. 445-459.

lement les pures victimes, et que, déjà, l'antisémitisme relève la tête, Bibó les interpelle en ces termes : « Je n'oublierai jamais », leur dit-il, « ce gentleman qui se disait prêt à tuer parce que son père avait été emprisonné sans motif valable ». Par ailleurs, poursuit-il dans cet essai sur « La crise de la démocratie hongroise » (1945), le même gentleman, qui était magistrat, se plaisait à raconter comment il avait fait donner vingt-cinq coups de bâton à des témoins de Jéhovah déambulant dans son canton « estimant qu'ils auraient pu être communistes ». « Alors, je pose la question, écrit Bibó : Laquelle de ces insultes est la plus grave ? Notre société n'a pas vraiment le droit de se plaindre des préjudices portés à la dignité humaine tant qu'elle n'aura pas appris que cette dignité humaine est une et indivisible. Ceux qui voudraient vivre dans une société où leur propre dignité et celle de leurs proches sont protégées contre toute atteinte devraient commencer par considérer que toute violation de la dignité humaine les touche personnellement, quel que soit en réalité l'individu concerné – le premier magistrat d'un canton, un menuisier, un seigneur, un Juif, un communiste ou le membre errant d'une secte[1]. » István Bibó était un « maître », dira Fernand Braudel dans sa préface au livre désormais célèbre de l'historien Jenö Szücs (1928-1988), *Les Trois Europes*[2]. Un essai justement dédié à la mémoire de Bibó et dont la question centrale – « où se trouvent les frontières intérieures de l'Europe ? » – reprend maintes idées aupara-

1. Extrait cité dans le film de Peter Forgács *István Bibó, fragments* (*Bibó breviarium*), 2001.
2. Jenö Szücs, *Les Trois Europes*, trad. du hongrois par Véronique Charaire, Gabor Klaniczay et Philippe Thureau-Dangin, préface de Fernand Braudel, Paris, L'Harmattan, 1985 ; éditions Ibolya Virag, 2002 (pour la pagination de référence utilisée ici), p. 15.

vant développées par le « maître » dans l'un de ses derniers essais, dicté au magnétophone entre 1971 et 1972, et intitulé *Le Sens de l'histoire européenne*[1].

Ce profil, on s'en doute, n'aura l'heur de plaire ni aux fascistes hongrois – Bibó leur échappera de justesse en 1944 – ni aux communistes une fois installés aux commandes. C'est ainsi que ces derniers réserveront à l'un des intellectuels les plus intègres et les plus authentiquement démocrates de la Hongrie contemporaine un sort comparable à celui que le pouvoir tchécoslovaque réservera de son côté à Jan Patočka. Démis comme lui de toutes ses fonctions à partir de 1949 – Bibó a trente-huit ans –, il se voit dès lors condamné à trois décennies d'un douloureux exil intérieur. Une importante parenthèse vient cependant interrompre cette retraite forcée : la révolution de 1956, qui fut aussi la première insurrection à la fois antistalinienne et anticapitaliste d'Europe centrale. Bibó, nommé ministre dans le gouvernement révolutionnaire, prend une part active à ce qui aurait pu devenir, dira-t-il souvent, l'expérience sociale la plus exaltante du XXe siècle et la seule révolution européenne vraiment réussie. Il lui en coûtera, après l'intervention des blindés soviétiques, six longues années de prison.

Quelles furent les grandes étapes de la vie de ce singulier personnage qui prenait l'histoire avec un sérieux si absolu

1. István Bibó, *Le Sens de l'histoire européenne. Esquisse d'une théorie politique*, manuscrit de la traduction française (pour la pagination de référence), 1994 ; des extraits de ce texte ont par ailleurs été publiés en anglais sous le titre « The Meaning of the Social Evolution of Europe », *in* George Schöpflin, Nancy Woood (dir.), *In Search of Central Europe*, *op. cit.*, p. 47-56. Au cours des dernières années de sa vie, Bibó écrira aussi un récit intitulé *Uchronie*, qui se présente sous la forme d'un dialogue entre l'auteur lui-même et un évêque calviniste modelé sur le personnage de son beau-père.

que, quelques jours avant sa mort, raconte son disciple Jenö Szücs, tandis que la maladie avait déjà affaibli sa voix, Bibó dissertait encore… sur le tiers état. « Au milieu du va-et-vient des infirmières, des malades et des visiteurs, parmi les bruits de l'hôpital, il faisait des efforts obstinés, se souvient Szücs, pour expliquer que l'identification automatique du tiers état avec la bourgeoisie était une erreur[1]. »

ISTVÁN BIBÓ, HÉROS TRAGIQUE

De fait, on voit mal comment l'histoire aurait pu ne pas tenir une place fondamentale dans l'œuvre de Bibó. Né d'un père protestant et d'une mère catholique, issu d'une famille d'enseignants et de magistrats de la classe moyenne hongroise éclairée, István Bibó a déjà vécu, lorsqu'il fête ses vingt ans, en 1931, une invraisemblable série noire, à commencer par la Première Guerre mondiale, qui s'achève en 1918 sur la désagrégation de la double monarchie, et pour Budapest sur une catastrophe nationale. Car, sur les ruines de l'Empire, la Hongrie obtient certes son indépendance, mais le pays ne s'en retrouve pas moins, à la paix de Versailles, du côté des perdants : le traité de Trianon, signé en 1920, l'ampute des deux tiers de son territoire et de la moitié de sa population[2] !

Au cours de l'immédiat après-guerre, la défaite des puis-

1. Jenö Szücs, *Les Trois Europes*, *op. cit.*, p. 12-13.
2. Pour un aperçu aussi synthétique qu'éclairant de l'histoire contemporaine de la Hongrie, voir l'essai récent de Pierre Kende, *Le Défi hongrois : de Trianon à Bruxelles*, Paris, Buchet-Chastel, 2004.

sances centrales provoque par ailleurs des révolutions en chaîne. La Hongrie n'y échappe pas. C'est ainsi que, à la fin de 1918, un Conseil national proclame la République, renversée cinq mois plus tard par une autre république, celle des Conseils cette fois, que dirige Béla Kun. L'objectif, assez utopique : imposer le socialisme dans un pays faiblement développé, à la mentalité largement prémoderne et conservatrice. L'expérience est de courte durée : cent trente-trois jours plus tard, la Commune de Budapest est défaite par l'armée roumaine tandis que les troupes de l'amiral Horthy déclenchent la « terreur blanche ». La répression contre-révolutionnaire, qui dépasse de loin les exactions des camarades de Béla Kun, vise les militants et les sympathisants communistes, mais aussi les Juifs, qui leur sont assimilés.

L'« ordre » rétabli, Horthy instaure un régime autoritaire et national-chrétien que Bibó tenait en horreur et auquel il reprochera d'avoir maintenu le pays dans ses structures féodales et aristocratiques. À son actif : l'invention de la toute première loi antisémite d'Europe, dite du *numerus clausus*, qui dès 1920 limite l'accès des Juifs à l'enseignement supérieur. Rappelons qu'en Hongrie Allemands et Juifs – ces derniers, parmi les plus assimilés d'Europe, ayant souvent été qualifiés de « patriotes magyars plus patriotes que les Magyars » –, constituaient une part essentielle de la bourgeoisie nationale, de surcroît sa part la plus dynamique et la plus modernisatrice.

Cette donnée structurelle est cruciale dans la mesure où elle va devenir, au XXe siècle, l'obsession majeure des couches dirigeantes et de très larges fractions de société. D'où l'approbation massive que va rencontrer, dans les années trente, le durcissement continu de la législation discriminatoire. « Nous sommes amenés à constater, écrira Bibó dans son exemplaire bilan moral de 1948, que les lois antijuives bénéficiaient sinon de l'appui d'une majorité claire et nette, tout au moins de l'appui de forces supérieures à celles qui les combattaient[1]. » L'essayiste hongrois verra dans cet écho l'un des symptômes les plus inquiétants de l'impasse dans laquelle s'était fourvoyée l'évolution politique hongroise en même temps que le signe de la faible implantation des idées européennes sur l'égalité politique et la dignité humaine. Pour preuve, remarque-t-il, cette phrase – « Il faut trouver un moyen de résoudre la question juive ! » –, phrase qui dans les années trente avait acquis valeur de slogan politique, s'imposant « comme une évidence qu'il eût été vain de récuser et dont la réfutation argumentée n'avait jamais trouvé d'oreilles compréhensives »[2].

L'attrait de l'action

C'est dans ce contexte tendu que le jeune homme entame ses études de droit et de sciences politiques à l'université de Szeged, petite ville du sud du pays. Mais il s'ouvre aussi sur le vaste monde, complétant sa formation par plusieurs séjours à l'étranger. À Vienne d'abord, puis à La Haye, en passant par l'Institut universitaire des hautes études internationales de Genève qui l'accueille de 1934 à 1935, et où il suit l'enseignement du juriste Hans Kelsen et de l'historien italien Guglielmo Ferrero, alors une célébrité ; sans oublier Paris, où il se rend à plusieurs reprises entre 1936 et 1939.

Entre autres rencontres décisives au cours de cette

1. « La question juive en Hongrie après 1944 » (1948), *in* István Bibó, *Misère des petits États d'Europe de l'Est, op. cit.*, p. 222.
2. *Ibid.*, p. 223.

période, Bibó croise sur sa route un *monstre*. Et pas n'importe lequel. « Le monstre le plus redoutable, dira-t-il, des Temps modernes » : le nationalisme antidémocratique. Rien d'étonnant si les deux ouvrages qu'il publie alors, *Le Problème des sanctions dans le droit international* (1934) et *Coercition, loi et liberté* (1935), annoncent en partie l'orientation que prendra sa pensée après la Seconde Guerre mondiale. Y affleurent déjà la recherche d'une issue à la crise européenne, mais aussi le credo qui domine sa philosophie politique, à savoir que la liberté constitue d'abord une « expérience intérieure » telle que, soumis aux pires contraintes, l'individu conserve toujours la possibilité de choisir entre plusieurs options et de résister, le cas échéant, à la pression de l'opinion.

Vers le milieu des années trente, cet état d'esprit le conduit à se rapprocher des populistes de gauche avec qui il ne partage guère, toutefois, qu'une seule idée : celle situant le critère des libertés hongroises dans le degré de dignité accordé à la paysannerie. Très tôt sensibilisé aux problèmes sociaux, notamment au sort misérable des paysans sans terre qu'on appelle alors « les trois millions de mendiants », Bibó préconise une réforme agraire radicale sur le plan intérieur, et, sur le plan extérieur, une union des peuples danubiens capable d'amorcer une transformation démocratique de la région. Si tout le prédestinait à une brillante carrière de chercheur, ses centres d'intérêt, on le voit, sont aussi ceux d'un homme politique. D'autant que la guerre approche et que, pour la Hongrie, une funeste dynamique s'enclenche. D'abord neutre, de 1939 à 1941, le régent Horthy, qui espère récupérer la totalité des territoires perdus à Versailles, rallie l'Allemagne nazie et déclare la guerre à l'URSS. La Hongrie devient un satellite du Troisième Reich, jusqu'à ce que Hitler l'occupe militairement en mars 1944, décidé à en finir avec la relative autonomie dont elle bénéficiait jusque-là.

C'est au cours de cette période qu'aura lieu le dernier acte de la Solution finale : la déportation et l'assassinat de la moitié de la population juive du pays qui comptait avant guerre plus de huit cent mille personnes. Et ce, ainsi que Bibó sera l'un des premiers à le relever, avec la collaboration d'une partie des autorités, de l'administration publique et des forces de l'ordre hongroises, en particulier de la gendarmerie. Pour le reste, un aperçu honnête de l'expérience que les Juifs persécutés recueillirent alors dans la société magyare nous oblige à admettre, écrira tristement Bibó, que « la mauvaise volonté, l'indifférence, l'étroitesse d'esprit et la lâcheté dominent dans ce tableau[1] ».

La guerre : un savant fabrique de faux papiers

Que fait l'homme pendant ce temps ? Il s'attelle, dès 1942, à un ouvrage de longue haleine, *L'Équilibre et la paix en Europe*, qu'il compte faire parvenir clandestinement à l'Ouest. En pleine guerre, Bibó se préoccupe donc déjà des modalités de la paix qui, pour les décennies à venir, allaient décider du sort de la démocratie en Europe ! L'invasion du pays par les nazis au printemps 1944 l'empêche cependant de mener à bien ce projet, dont il n'achève que la première partie, « Les raisons et l'histoire de l'hystérie allemande », aujourd'hui intégrée à la *Misère des petits États d'Europe de l'Est*. Puis, pendant l'été, Bibó se lance de façon quelque peu donquichottesque dans l'élaboration d'une *Offre de paix*. Un manifeste qu'il rédige au nom de la classe ouvrière et destine à cette classe

1. *Ibid.*, p. 239.

moyenne hongroise qui, depuis la Commune de Béla Kun, vivait dans la hantise d'un retour du bolchevisme, d'où son malheureux soutien à la politique horthyste. Mais ce tract, Bibó ne parvient finalement pas à le faire distribuer.

Proche, comme Milosz, des milieux de la Résistance antifasciste, le savant, il est vrai, est happé par d'autres urgences, plus précisément par ce que Patočka appelle « l'urgence de la souffrance humaine ». Employé comme secrétaire au ministère de la Justice, Bibó use en effet de sa fonction pour fabriquer toutes sortes de faux papiers et autres sauf-conduits à destination des Juifs persécutés. Dans un beau livre autobiographique, *Départ et Retour*, le futur dissident György Konrád, enfant à l'époque, donne une idée du climat de panique qui règne alors dans le pays. L'écrivain se souvient comment sa sœur et lui parvinrent, à la veille de la grande rafle, à quitter la petite ville de province où ils habitaient. « Si nous avions attendu un jour de plus, nous aurions été déportés à Auschwitz. Âgée de quatorze ans, ma sœur aurait peut-être survécu. Moi, j'en avais onze : le Dr Mengele avait expédié tous mes camarades de classe à la chambre à gaz [1]. » De fait, la « déjudaïsation » de la province hongroise sera à peu près achevée à la mi-juillet 1944 : à cette date, quatre cent trente-sept Juifs ont été déportés vers les camps de la mort.

Les deux enfants se réfugient à Budapest où, depuis la mi-juin, les deux cent mille Juifs de la ville sont jetés hors de chez eux et concentrés dans des « maisons juives » signalées par une immense étoile jaune. La création d'un grand ghetto au centre de Budapest n'interviendra qu'à la fin novembre 1944. Pendant ces mois de cauchemar de l'automne et de l'hiver 1944, les Croix fléchées (les nazis

1. G. Konrád, *Départ et Retour*, trad. du hongrois par George Kassai et Gilles Bellamy, Paris, Fayard/Mille et une nuits, 2002, p. 5.

hongrois) sèment dans la capitale une absolue terreur. C'est dans ce contexte que Bibó, lui, est dénoncé, arrêté par leurs milices, emprisonné puis relâché quelques jours plus tard dans la confusion générale. Il se réfugie alors dans la clandestinité, qu'il ne quittera qu'en février 1945, à la levée du siège de Budapest par les troupes soviétiques. Une scène relatée par Adam Biro dans *Les Ancêtres d'Ulysse* (2002) donne elle aussi la mesure de la barbarie qui gagne la capitale, livrée à la folie meurtrière des miliciens qui pillent et tuent sans discontinuer. L'éditeur d'art parisien d'origine hongroise, retraçant l'histoire de sa famille, raconte l'irruption des Croix fléchées un jour de janvier 1945 et les circonstances atroces de l'assassinat de son grand-père Mark Biro et de son fils Jozsi, d'abord torturés puis emmenés près du Lanchid, le pont suspendu : « Là, au bord du Danube, on les a attachés ensemble, et on a tiré sur l'un des deux pour que le mort entraîne le vivant au fond de l'eau. Le père a-t-il entraîné le fils ? Ou le contraire[1] ? » Scène quotidienne dans la Budapest de la fin 1944 et du début 1945.

Quant à Bibó, à qui nul ne saurait reprocher d'être resté inactif, il écrira, dans son magnifique essai de 1948, qu'il ne reste plus, après cela, qu'une seule chose à faire : « Définir et assumer la part de responsabilité qui nous incombe personnellement. » En cela, Bibó entend commencer par lui-même. Suit cette phrase impressionnante : « Constater par exemple, écrit-il, que toute l'aide que l'auteur de ces lignes a pu apporter ou essayer d'apporter, soit parce qu'il obéissait à la voie de sa conscience, soit parce qu'il avait été sollicité, que toute cette aide, dis-je, est pitoyablement dérisoire, reste en deçà de ce qu'il aurait dû et pu faire[...][2]. »

1. Adam Biro, *Les Ancêtres d'Ulysse*, Paris, PUF, 2002, p. 68.
2. « La question juive en Hongrie après 1944 » (1948), *in* István Bibó, *Misère des petits États d'Europe de l'Est, op. cit.*, p. 256.

Ces lignes, et bien d'autres, font de ce texte (nous y reviendrons) l'un des sommets de la littérature mondiale sur la Shoah.

« Vous inscrirez sur ma tombe :
István Bibó, 1945-1948 »

Après guerre, István Bibó se lance à corps perdu dans la reconstruction. Cette période de relative liberté, au cours de laquelle un gouvernement de coalition préside aux destinées de la Hongrie (la prise du pouvoir par les communistes n'intervint qu'en 1949), marque l'apogée de sa carrière. Elle sera brève. Bibó a trente-cinq ans et il commence à se faire un nom, notamment par l'écho que rencontre la série d'études qu'il publie alors dans la presse social-démocrate – dont les textes qui composent *Misère des petits États de l'Est* – et d'autres encore, notamment sur le rôle de l'intelligentsia. Il côtoie les milieux marxistes sans en être (même si certains voient en lui un « compagnon de route »), s'active au sein du Parti national paysan et entend œuvrer à la relève d'un pays politiquement compromis et économiquement ruiné, mais dont il pense qu'il a une chance historique à saisir pour se réformer de fond en comble.

Dans ses *Mémoires*, l'essayiste François Fejtö, auteur de la fameuse *Histoire des démocraties populaires* (1952), raconte qu'il partageait avec Bibó l'espoir, qui ne semblait pas utopique, que les communistes finiraient par jouer comme en Finlande le jeu démocratique. Bibó était certes assez réaliste pour comprendre que le PC, lié à Moscou, serait appelé à jouer un rôle déterminant sur la scène politique. Mais comme beaucoup d'intellectuels, poursuit François Fejtö, « Bibó ne vit pas que le jeu était truqué d'emblée, que la libération n'en était pas une, que l'opinion ne la ressentait pas comme telle, que l'effondrement de l'ancien régime n'était pas une révolution et qu'il en résultait surtout, d'un côté la peur du communisme, de l'autre la crainte des communistes de se voir isolés, sans parler des Soviétiques redoutant de voir la Hongrie basculer à l'Ouest[1] ».

En attendant, la vie publique est en pleine effervescence et Bibó s'y démène. Au ministère de l'Intérieur d'abord, où il est nommé chef du département de l'administration publique puis de la section chargée de la préparation des lois. Sur le plan universitaire, il accepte en 1946 la chaire de science politique de l'université de Szeged, prend la direction d'un institut de recherches de Budapest (l'Institut de l'Europe de l'Est) et devient membre correspondant de l'Académie, où il se fait aussitôt remarquer par une conférence sur... l'actualité de Montesquieu. Nous sommes en 1947, et l'infatigable professeur trouve encore le moyen de sillonner le pays à raison de deux conférences par semaine pour initier les maires des communes aux rudiments de la démocratie, tout en participant à d'innombrables réunions de jeunes militants, notamment syndicaux.

Surtout, ces années sont les plus productives de sa vie. Sur le plan politique immédiat, cependant, son programme mi-socialiste (autogestionnaire et anticapitaliste), mi-libéral (favorable à un cadre institutionnel solide garantissant l'exercice de la liberté), programme qui proposait en somme de conjoindre une révolution par le haut et une démocratisation par le bas, est loin de plaire à tout le monde. Il est jugé trop à gauche et trop révolutionnaire par la droite ; trop bourgeois et trop plébéien à la fois par la gauche – et même « droitier » pour le György Lukács de

1. François Fejtö, *Mémoires, de Budapest à Paris, op. cit.*, p. 92.

l'époque. Bref, Bibó fâche les deux figures antagonistes qui, à ses yeux, bloquent l'évolution de la vie et de la pensée politique européennes depuis près de deux siècles : celle du « révolutionnaire professionnel » et celle du « réactionnaire professionnel », sa bête noire.

En 1949, la conquête de tous les leviers du pouvoir par les staliniens achève de clore ces trois années de gloire. De nombreux esprits indépendants s'exilent, d'autres croupissent en prison. Bibó, qui refuse obstinément d'enseigner selon les canons du marxisme-léninisme désormais en vigueur, est rapidement privé de sa chaire et interdit de publication. Il obtient tout de même un poste subalterne à la Bibliothèque universitaire de Budapest... pour faire vivre ses trois enfants – son aînée, Anna, devait mourir à 8 ans –, sa femme et ses beaux-parents, à sa charge, dont le beau-père, évêque calviniste intransigeant et conservateur. Aussi avait-il coutume de dire à ses amis : « Sur ma tombe, il faudra inscrire : *István Bibó, 1945-1948.* »

La révolution de 1956 :
le ministre Bibó, seul à son poste

Mais 1956 ? Car, cette année-là, Bibó, incontestablement, entre derechef dans l'Histoire. L'heure est aux retombées du XXᵉ Congrès du Parti communiste de l'Union soviétique, lors duquel Khrouchtchev dénonça les crimes de Staline. Varsovie bouge, Budapest s'insurge – comment Bibó serait-il resté en retrait ? Sur place, le Parti même se divise. Et voilà que la société hongroise, comme réconciliée avec elle-même, ose braver l'État bureaucratique et policier : elle s'auto-organise spontanément en comités révolutionnaires – une expérience qui va très profondément marquer le penseur. Dans l'ensemble du pays, ouvriers, intellectuels, artistes, étudiants et cadres du régime réclament des réformes. La Hongrie, en quelques semaines, bascule de la contestation au soulèvement, de l'euphorie à l'explosion, des manifestations populaires à l'émeute. La loi martiale est promulguée, des unités soviétiques avancent vers la capitale. Entre-temps, Imre Nagy, communiste réformiste dont le pays demandait le retour, est nommé Premier ministre[1]. Tandis que les divers délégués des innombrables conseils se succèdent dans son bureau pour exprimer leurs doléances, le nouvel homme fort du pays s'identifie résolument à leur cause. Advienne que pourra : après tout, ils sont le peuple !

Le 3 novembre, Nagy compose un deuxième gouvernement de coalition qui comprend des représentants des partis démocratiques. Il inclut István Bibó, ministre d'État. Après guerre, Bibó avait tenu trois ans ; cette fois, il résistera trois jours ! Car ce que lui et ses compagnons ignorent, c'est que nous sommes à la veille du déclenchement de l'attaque soviétique contre Budapest. Le 4 novembre, Bibó se rend donc aux premières heures du jour à la réunion ministérielle pour laquelle il avait été convoqué. C'est ainsi qu'il se retrouve seul au Parlement tandis que les chars soviétiques réinvestissent Budapest. Quant aux autres membres du gouvernement, les uns sont déjà rentrés chez eux, les autres partis se réfugier à l'ambassade yougoslave. Lorsque les Russes franchissent le seuil de l'édifice, qui avait arboré le drapeau blanc, le ministre István Bibó est donc le seul représentant légal de la Hongrie révolutionnaire à être à son poste...

1. Sur la révolution de 1956, voir notamment, en français, l'ouvrage qui fit date de Krzysztof Pomian et Pierre Kende (textes réunis par), *1956, Varsovie-Budapest : la deuxième révolution d'octobre*, Paris, Seuil, 1978 ; et Miklós Molnar, *Victoire d'une défaite : Budapest 1956*, Paris, Fayard, 1968 ; rééd. Lausanne, L'Âge d'Homme, 1996.

La situation est d'autant plus irréelle que, au Parlement, Bibó, qui entend incarner la continuité, reste deux jours durant, les soldats ignorant manifestement sa présence. Mais à quoi est-il occupé ? À rédiger... un manifeste. Un appel dans lequel il conjure les Soviétiques de rappeler leurs troupes et de traiter avec Imre Nagy. Impossible, on s'en doute, de diffuser ce texte par les canaux officiels. C'est ainsi qu'au matin du 7 novembre le penseur a l'idée de se présenter chez un diplomate français, Guy Turbet-Delof. Celui-ci rend compte, dans son *Journal d'un témoin*, de cette apparition inattendue : « Neuf heures : M. István Bibó, ministre d'État, non rasé, dans un manteau déchiré, mais avec la belle simplicité du courage et du sang-froid, sonne à ma porte. Il me remet les textes hongrois de sa proclamation et de sa lettre d'accompagnement, qu'il signe sous mes yeux, et dont il me prie de faire parvenir les traductions ci-jointes à ma légation et à celle de Grande-Bretagne[1]. » Bibó lui explique qu'il a déjà remis une copie du manifeste à la légation des États-Unis ainsi qu'à des étudiants. Le jour même, Guy Turbet-Delof informe donc Paul-Boncour, son supérieur, de la visite de Bibó ; et lui communique le texte de sa proclamation. Tandis que les combats font rage – cocktails Molotov contre tanks soviétiques –, on peut lire un peu partout dans Budapest, placardé par les insurgés sur les murs, sur les arbres et sur le bâtiment du Conseil central des ouvriers, le manifeste suivant :

« Hongrois ! », écrit István Bibó qui en appelle au peuple en tant que « seul représentant du seul gouvernement hongrois légal », et précise d'emblée, vu les circonstances,

---

1. Guy Turbet-Delof, *La Révolution hongroise de 1956 : journal d'un témoin*, préface de F. Fejtö, Paris, Ibolya Virag, 1996, p. 113.

qu'il « n'est pas dans l'intention de la Hongrie de suivre une politique antisoviétique ».

> *La Hongrie veut absolument appartenir à cette communauté des pays de l'Europe centrale qui souhaitent organiser leur vie sous le signe de la liberté, de la justice et d'une société sans exploitation de l'homme par l'homme [...].*
>
> *Le peuple hongrois tout entier, sans distinction de classe ou de confession, a pris part à la lutte. Et rien n'est plus impressionnant ni plus admirable que l'attitude humaine, intelligente et nuancée, de ce peuple insurgé qui ne s'est dressé que contre le joug imposé par une armée étrangère et contre les bourreaux recrutés dans son propre sein.*
>
> *Au peuple hongrois, je demande de ne considérer comme autorités légales ni l'armée d'occupation ni le gouvernement fantoche que cette armée pourrait être amenée à patronner. Qu'il emploie contre eux toutes les armes de la résistance passive, sauf en ce qui pourrait nuire à l'approvisionnement et aux services publics de Budapest.*
>
> *Je n'ai pas qualité pour donner l'ordre d'une résistance armée [...] ; il y aurait donc de ma part une grave inconséquence à disposer du précieux sang de la jeunesse hongroise. Notre pays a déjà répandu assez de son propre sang pour prouver au monde son attachement indéfectible à la liberté et à la justice.*
>
> *Maintenant, la parole est aux puissances ; à elles de montrer la force des principes de la charte des Nations unies et celle des peuples épris de liberté.*
>
> *J'adjure les grandes puissances et les Nations unies de prendre une décision sage et courageuse pour assurer la liberté d'un peuple opprimé [...].*
>
> *Dieu protège la Hongrie*[1] *!*

1. *Ibid.*, p. 115-116 (pour une version française de ce manifeste).

On sait la suite : la révolution hongroise sera écrasée dans le sang. Mais István Bibó, lui, était encore de ces intellectuels pour qui il n'y avait rien d'absurde à se réclamer de l'Europe comme d'une valeur fondamentale pour laquelle « il vaut la peine de mourir » (Patočka). En Hongrie, il n'est pas le seul. Dans « Un Occident kidnappé » (1983), Kundera rappelle ainsi le message désespéré qu'au même moment le directeur de l'agence de presse de Budapest adressait au monde entier. La dépêche finissait par ces mots : « Nous mourrons pour la Hongrie et pour l'Europe ! » Que signifiait cette phrase ? interroge le romancier d'origine tchèque. « Elle voulait certainement dire que les chars russes de 1956 mettaient en danger la Hongrie, et avec elle l'Europe. Mais dans quel sens l'Europe était-elle en danger ? Les blindés soviétiques étaient-ils prêts à franchir les frontières hongroises en direction de l'Ouest ? » Non. L'homme, poursuit Kundera, voulait dire que « l'Europe était visée en Hongrie même. Il était prêt à mourir pour que la Hongrie restât Hongrie et restât Europe »[1].

Quant à Paul-Boncour, de l'ambassade de France, il suggérera courageusement, dès la réception du manifeste de Bibó, qu'on le mette de côté, estimant par ailleurs que le texte ne devait pas être révélé à la presse internationale, contrairement à la demande expresse de son auteur[2]...

Ce manifeste est suivi de plusieurs essais plus longs dans lesquels Bibó tente d'esquisser les grandes lignes d'une solution de compromis, tout en récapitulant les enseignements fondamentaux de la révolution hongroise pour la politique mondiale. Ces manuscrits circulent clandestine-

1. Milan Kundera, « Un Occident kidnappé ou la tragédie de l'Europe centrale », *op. cit.*
2. Guy Turbet-Delof, *La Révolution hongroise de 1956 : journal d'un témoin, op. cit.*, p. 117.

ment, et Bibó apparaît alors à beaucoup comme l'ultime représentant des idéaux universels de l'insurrection de 1956. Dans l'un d'eux, *Bréviaire politique*, publié après sa mort, le penseur souligne notamment que la liberté n'est pas une notion relative, qu'elle ne mérite pas ce nom si elle désigne la seule liberté d'un groupe au détriment des autres et au prix de leur soumission – qu'il s'agisse de la fausse liberté de l'aristocratie aux dépens des serfs, de la pseudo-liberté d'un capitalisme débridé au détriment des ouvriers, ou de celle du despote qui rejette haut et fort toute ingérence dans ses affaires intérieures au motif que la souveraineté serait ce qui n'a de comptes à rendre à personne[1]. Un autre de ces textes, connu sous le nom de *Memorandum*, paraît dans le journal viennois *Die Presse* en septembre 1957.

À cette date, Bibó est déjà incarcéré depuis plus de trois mois. Il est en effet arrêté le 23 mai 1957. Au terme d'un procès à huit clos, le penseur est condamné, le 2 août 1958, à la prison à perpétuité pour « haute trahison ». Bibó, qui ignorait qu'Imre Nagy avait été exécuté (en juin 1958), révélera par la suite qu'à aucun moment, au cours de l'audience, l'idée ne l'effleura qu'il risquait la mort. Il avait tort. On sait aujourd'hui que telle était bien la sentence qui lui avait été réservée : certaines pressions internationales, dont celle de l'Inde, ayant joué à la dernière minute, la condamnation de Bibó à la peine capitale ne sera commuée en condamnation à la prison à vie que quelques heures avant l'annonce officielle du verdict...

---

1. István Bibó, « Bréviaire politique » [« Political Breviary »], in *Cross Currents. A Year Book of Central European Culture, op. cit.*, p. 13.

Six ans. C'est le temps que l'auteur du manifeste du 4 novembre passera finalement derrière les barreaux : en mars 1963, une amnistie partielle s'appliquant à la période de 1956 lui permet en effet de recouvrer la liberté. Mais quelle liberté ? De ces années de prison, accomplies dans les pires conditions – il est interné dans les établissements les plus durs et le plus souvent privé de tout contact avec ses codétenus –, l'homme sort physiquement affaibli. Moralement, il lui reste assez de force pour entreprendre de sensibiliser les intellectuels occidentaux au sort de plusieurs centaines de ses compagnons de 1956, toujours emprisonnés. Et assez de dignité pour n'envisager aucun compromis avec le « socialisme du goulash » de Janós Kádár, pourtant considéré, à l'époque, comme le plus libéral du bloc.

C'est que Bibó n'est pas homme à accepter les termes du contrat implicite conclu depuis 1956 entre le Parti et la société – conditions économiques convenables moyennant passivité politique –, contrat grâce auquel la Hongrie pouvait alors passer, à l'Ouest, pour « la baraque la plus joyeuse du camp ». Pour un musicien, passe encore, sa mission consistant à veiller sur la continuité de la tradition musicale. « Quant à celle qui m'incombe, dit Bibó, elle consiste à essayer de formuler un certain nombre de vérités dans le domaine de la théorie de l'État et de la société. Or, tout geste de compromis, tout hommage rendu au pouvoir irait à l'encontre de cet objectif[1]. » C'est ainsi que « le plus éminent penseur politique de toute l'Europe centrale[2] »,

1. István Bibó, *Misère des petits États d'Europe de l'Est, op. cit.*, postface, p. 458.
2. F. Fejtö, préface au livre de G. Turbet-Delof, *La Révolution hongroise de 1956 : journal d'un témoin, op. cit.*, p. 7.

désormais employé... à la bibliothèque de l'Office des statistiques, passera les seize années qui lui restent à vivre dans la plus complète solitude, coupé du monde de la recherche et recevant assez peu de visites. Et puis comment savoir si la personne qui sonnait à la porte était un admirateur ou un mouchard de la police politique ? « Ce que mon père supportait le plus mal, explique aujourd'hui son fils, István junior, c'était l'isolement intellectuel et spirituel[1]. » La façon dont János Kádár continuera à s'acharner contre le vieil homme a de fait quelque chose d'ahurissant. Ainsi le régime refusera-t-il obstinément de le laisser sortir quand, en 1974, ses anciens amis de l'université de Genève lui proposeront un poste de professeur associé.

Peu à peu, toutefois, les gestes d'amitié se multiplient. Bibó reçoit régulièrement lettres, manuscrits ou ouvrages dédicacés. Une nouvelle génération intellectuelle émerge, qui commence à exhumer ses écrits et à méditer l'importance de son exemple personnel. C'est à leur initiative qu'un choix de ses œuvres, dont la publication en quatre volumes est relayée par l'exil hongrois, paraît, non pas à Budapest, mais à Berne entre 1981 et 1984. István Bibó, qui disparaît le 10 mai 1979, ne verra jamais la réalisation de ce projet. Pas plus que l'émouvant volume de *Mélanges*, publié par l'opposition hongroise en *samizdat*[2] et prévu pour son soixante-dixième anniversaire, qui réunissait en son hommage les contributions de soixante-seize personnalités.

Curieusement, la mort du penseur donne une sorte

1. Entretien privé, septembre 2004.
2. Sur l'aventure du samizdat en Hongrie dans les années quatre-vingt, voir l'excellent essai de Miklós Haraszti, *Opposition = 0,1 % (extraits du samizdat hongrois)*, trad. du hongrois et préfacé par Georges Aranyossy, Paris, Seuil, 1979.

d'impulsion à sa redécouverte. Et comme pour Jan Patočka, son enterrement, qui rassemble un millier d'admirateurs (parmi lesquels quelques inévitables « agents »), va vite se transformer en manifestation politique. Au cours des mois suivants, son texte sur « L'hystérie allemande », publié par une revue d'histoire, sera épuisé en quelques heures, tandis qu'une séance de séminaire consacré à son œuvre, organisée en novembre 1980, rassemblera des centaines de jeunes dans deux salles archicombles. Dans sa note, le mouchard de service, dont le rapport de police nous est désormais connu, se verra contraint d'admettre le succès de la manifestation : « Contrairement, écrit-il, à ce qu'on aurait pu imaginer, trois cent cinquante personnes étaient présentes. Sinon, aucun trouble majeur à signaler[1]... »

QU'EST-CE QU'UNE « HYSTÉRIE POLITIQUE » ? L'ANALYSE VISIONNAIRE DU PENSEUR HONGROIS

Vingt-cinq ans après sa mort, c'est bien un trouble majeur que l'on éprouve pourtant à la lecture des pages que cet intellectuel tourné vers l'universel consacre à l'expansion et à l'exacerbation mortifères des hystéries politiques collectives. Au point que le docteur Bibó reste un peu aux « hystéries politiques » européennes (selon sa terminologie), à l'étude de leur genèse, de leurs mécanismes, de

1. Voir, sur cet épisode, György Litván, « Soirée d'hommage à Bibó au Collegium Rayk : publication d'un document [rapport III/III-2-a] », texte en hongrois consultable sur le site de l'Institut d'histoire de la révolution hongroise de 1956 (Budapest).

leurs récurrences et de leurs remèdes, ce que fut le docteur Freud aux hystéries et aux névroses individuelles : l'un de leurs plus sûrs diagnosticiens. C'est pourquoi il nous est aujourd'hui si précieux. Il faut dire que la scène qui s'est offerte à lui par la force des événements historiques – l'Allemagne et, au-delà, l'Europe centrale des années vingt/quarante – représente à cet égard un laboratoire unique, un véritable chaudron d'hystéries collectives. Dans *Misère des petits États d'Europe de l'Est*, Bibó se montre catégorique sur ce point : « Le théâtre classique d'hystéries envahissant l'ensemble de la vie politique et devenant pour ainsi dire chroniques est l'Europe centrale et orientale[1]. »

Si la peur se saisit de la démocratie

Triste spectacle, en effet, que celui de ces petites nations européennes qui, au XXᵉ siècle, n'auront de cesse de se dresser les unes contre les autres dans des rivalités sans issue, d'opprimer leurs minorités, d'exalter leur « génie » national, de laisser le poison de leurs querelles frontalières envahir leur vie publique et, une fois acculées à l'impasse, d'attendre leur salut de pseudo-leaders providentiels. Les héritiers de Bibó, que l'on reconnaît immédiatement en Europe centrale à leur lecture démystificatrice de l'histoire récente, soulignent ainsi, à l'instar de György Konrád, combien ces états d'âme, qui participent toujours peu ou prou du syndrome de la patrie en danger, vont en venir, entre les deux guerres, à submerger la vie de sociétés entières. « Le romantisme de l'État-nation » va triompher partout, écrit le dissident en 1984 : « Des poètes

1. « Les raisons et l'histoire de l'hystérie allemande » (1942), *in* István Bibó, *Misère des petits États d'Europe de l'Est, op. cit.*, p. 22.

excessivement raffinés gazouillaient sur la rédemption par le feu ; l'impotence identifiait la vitalité au bain de sang. Et que s'est-il produit depuis ? Rien. Une autre guerre mondiale, avec trois fois autant de morts, puis la préparation de l'arsenal physique et spirituel pour une troisième. Et la crème de notre culture est complice de ce travail de préparation, en raison de son impuissance veule à y faire face[1]. » Et depuis ?

En Europe centrale, des nations ethniquement plus homogènes (après l'extermination des Juifs, l'expulsion des minorités allemandes en 1945 étant venue parachever ce processus). Et depuis 1989, un continent qui s'unifie politiquement et ne connaît plus guère de litiges territoriaux sévères – s'il est permis d'espérer que la ruineuse aventure grand-serbe en aura représenté l'ultime convulsion. On assiste par contre, depuis quelques années, à la montée en puissance d'un sentiment diffus d'appréhension et de menace, d'autant plus inquiétant qu'il porte sur quelque chose qui, dans l'esprit de ceux qui l'éprouvent et plus encore de ceux qui l'exploitent, semble toucher au registre même de la survie. Que cette inquiétude se déplie sur le registre sécuritaire, social, écologique ou même civilisationnel (défense de la civilisation face au péril islamiste et terroriste). Or on peut dire que les penseurs est-européens ont accumulé, dans ce domaine si sensible des liens entre incertitudes vitales et névroses collectives, une expérience, un savoir et une intuition qu'il serait aujourd'hui irresponsable de sous-estimer.

Ceci est particulièrement vrai des analyses de Bibó qui, dans son approche des passions politiques, se pose chaque fois la question du terrain existentiel où elles naissent et prospèrent. Quel est donc, à ses yeux, le point de départ

1. György Konrád, *L'Antipolitique*, *op. cit.*, p. 25.

existentiel des hystéries politiques – point de départ qui, d'une époque à l'autre, et du théâtre est-européen au nôtre, maintient les vues du penseur hongrois si actuelles ? C'est un sentiment. Un sentiment dont l'observation très attentive des hommes, et sans doute aussi la lecture de Hobbes et de Spinoza, ont appris à Bibó qu'il représentait l'un des moteurs les plus puissants de leur conduite, des conflits socio-politiques en particulier : il s'agit de la peur. En politique, souligne le penseur hongrois dans *Le Sens de l'histoire européenne,* il importe toutefois de ne jamais perdre de vue que le théoricien a toujours affaire à des individus. D'où une responsabilité accrue, mais aussi l'impossibilité de prétendre à une absolue exactitude scientifique. « Il convient donc, écrit Bibó, de se garder d'y procéder avec témérité, cynisme et suffisance[1]. »

« Je partirai, dit-il, d'un constat ontologique : l'homme est le seul être vivant qui sait qu'il doit mourir[2]. » Or, si cette conscience de la mort est source d'une extraordinaire créativité, elle est également à l'origine de cette « maladie psychique » d'un genre particulier qu'est la peur. Un affect d'autant plus redoutable qu'il se porte partout, sur toutes sortes d'objets – et de sujets – fantasmatiques. Il se crée ainsi, remarque Bibó, des peurs imaginaires, si bien que cette passion-là se développe dans nos vies comme un facteur à part, indépendant de son objet. De là, cette idée essentielle chez Bibó selon laquelle « soumettre autrui par la contrainte, et ce, pour vaincre sa propre peur, est une voie sans issue[3] ». S'il y a une chose – une seule – que l'histoire nous apprend avec certitude, c'est bien celle-là. Dompter la peur sans pour autant se fourvoyer dans cette

1. István Bibó, *Le Sens de l'histoire européenne, op. cit.,* p. 12-13.
2. *Ibid.,* p. 14.
3. *Ibid.,* p. 15-16.

funeste spirale marque le commencement de la maturité politique. Ou, si l'on veut, de l'autonomie morale. « La première condition de l'ascendance que nous pouvons acquérir sur notre propre existence, écrit Bibó, repose sur notre capacité à dissoudre en nous la peur. » Voilà qui paraît *a priori* fort simple. Il n'empêche que « sur presque aucun point du globe, relevait le penseur hongrois dans les années soixante-dix, l'humanité n'est parvenue à briser le cercle vicieux de la peur »[1].

Est-ce à dire que, sous l'œil impitoyablement lucide de Bibó comme de Patočka, l'Europe centrale devrait désormais nous apparaître comme une métaphore du destin possible de l'Occident ? D'un avenir où le point de vue vital tendrait à faire norme, où la peur, débarquant en politique, en viendrait à tout se soumettre ?

Du drame est-européen à l'après-11-Septembre

Dans *Les Testaments trahis*, Milan Kundera retient à sa façon le même critère que Bibó pour caractériser ces malheureux petits États d'Europe de l'Est. Le concept de petite nation, observe l'écrivain d'origine tchèque, « désigne une situation, un destin : les petites nations ne connaissent pas la sensation heureuse d'être là depuis toujours et à jamais ; elles sont toutes passées, à tel ou tel moment de leur histoire, par l'antichambre de la mort ; toujours confrontées à l'arrogance des grands, elles voient leur existence perpétuellement menacée ou mise en question ; car leur existence est question[2] ». Voilà de prime abord un beau

1. *Ibid.*, p. 16.
2. Milan Kundera, *Les Testaments trahis*, Paris, Gallimard, 1993, p. 225.

programme philosophique. Mais relisons une deuxième fois ce passage qui, avec quelques minimes aménagements, pourrait décrire la situation qui prévaut dans le monde occidental depuis le 11 septembre 2001. Affirmer que la petite nation – qui peut d'ailleurs être grande – entretient une relation intime et constante à la finitude, cela revient-il à considérer qu'elle désignerait, par là même, le lieu privilégié d'une ouverture à l'esprit de questionnement ou d'auto-interrogation qui définit la culture européenne ? Ou, dans les mots de Patočka, la terre d'élection d'une ouverture à la problématicité du sens ? À y regarder de près, rien n'est moins sûr. Car comment souscrire jusqu'au bout à une pensée de l'arrachement (de l'arrachement au sens donné, au quotidien) à partir d'un sol qui n'en finit pas de se dérober ? Pour le dire autrement, il n'est pas du tout certain que la démocratie, comme « épreuve d'une indétermination dernière [1] », comme angoissante mais grandiose dissolution de tous les repères de la certitude, fasse nécessairement bon ménage avec une situation où l'existence même est perpétuellement vécue comme menacée et problématique.

Ce constat, qui donne fort à penser aujourd'hui, est finalement au cœur du travail d'István Bibó. Le savant hongrois va ainsi montrer de main de maître par quels tours et détours la peur pour l'existence de la collectivité va devenir le trait le plus saillant de l'attitude psychique dominante au sein des États d'Europe centrale et orientale au XXe siècle. Plus précisément de leur déséquilibre et, en ce sens, de leur « misère ». Un bref détour par l'histoire s'impose ici.

Comprendre pourquoi cette région est devenue un ter-

1. Selon la belle expression de Claude Lefort dans *Essai sur le politique*, Paris, Seuil, 1986, p. 29.

rain si propice au développement d'une psychologie de l'incertitude nationale, et, partant, au déchaînement du nationalisme antidémocratique, exige en effet qu'on prenne la mesure du sentiment de fragilité et de précarité existentielles si prégnant dans ces pays du fait des nombreuses secousses intervenues au cours de leur histoire. La longue domination des trois empires (russe, autrichien et ottoman), la mouvance des cadres étatiques et, surtout, la non-coïncidence des frontières ethno-culturelles et des frontières politiques, sont autant de données qui expliquent ce que Bibó appelle la « déformation de la culture politique » en Europe centrale et orientale. La propension à tout rapporter à une dialectique de l'humiliation et de l'honneur national, la promptitude à déceler en toute revendication minoritaire quelque arrière-pensée visant au démembrement de l'État, la tendance à se percevoir comme autant de « petits » toujours victimes des Grands et la difficulté à assumer la responsabilité des épisodes les moins glorieux du passé national – ces inclinations constituent, aujourd'hui encore, quelques-unes des expressions les plus caractéristiques de ce syndrome.

Bibó a ainsi admirablement montré à quel point les hystéries politiques qui ébranlent les pays de la région à intervalles réguliers remontent pour l'essentiel à leur difficulté à se constituer en nation. Ce phénomène est parfois difficile à appréhender pour nous autres Européens de l'Ouest, issus de nations plus heureuses, dont la formation n'a été ni retardée par les empires, ni hypothéquée ensuite par l'impossibilité de faire correspondre frontières culturelles et étatiques [1]. Or, à l'est de l'Allemagne, ces peuples, eux,

---

1. Il existe une bibliographie considérable sur les nationalismes est-européens. On pourra consulter, pour une vision comparative Est-Ouest, l'ouvrage de Krzystof Pomian, *L'Europe et ses nations*, Paris, Gallimard, « Le Débat », 1990.

ne disposaient pas, souligne Bibó, « de certaines données élémentaires, banales chez les nations occidentales, comme l'existence d'un cadre national et étatique propre, d'une capitale, d'une cohésion politique et économique, d'une élite sociale homogène, etc. ». En Europe centrale, le cadre national était « à créer, à rétablir ou à obtenir de haute lutte et il fallait le préserver jalousement »[1]. Le préserver contre les visées des empires d'abord, puis contre celles des peuples voisins (perçus comme potentiellement irrédentistes) et contre les minorités nationales (potentiellement séparatistes), et encore contre les éclipses de la conscience collective. Car les masses (paysannes) pouvaient aussi se montrer hésitantes, voire indifférentes à la cause nationale.

En outre, toutes ces nations, insiste Bibó à juste titre, ont été, à tel ou tel moment, sur le point de disparaître, temporairement ou définitivement. Toutes ont connu « la perte des hauts lieux de leur histoire, la soumission totale ou partielle de leur peuple à une puissance étrangère ». Entre les deux guerres, tous ces États récents possédaient soit des territoires qu'ils avaient peur de perdre, soit d'autres qu'ils revendiquaient comme leurs. Une chose est sûre : « Parler de la mort de la nation ou de son anéantissement passe pour une phrase creuse aux yeux d'un Occidental, car s'il peut concevoir l'extermination, l'assujettissement ou l'assimilation lente, l'anéantissement politique survenant du jour au lendemain n'est pour lui qu'une métaphore grandiloquente[2]. » Pour les nations d'Europe de l'Est, au contraire, c'est une réalité tangible. Cette hantise de la fin, Cioran la décrit lui aussi de l'intérieur, et presque dans les

---

1. « La misère des petits États d'Europe de l'Est » (1946), *in* István Bibó, *Misère des petits États d'Europe de l'Est, op. cit.*, p. 162.
2. *Ibid.*, p. 162-163.

mêmes termes, au fil de ses considérations de 1936 sur « la tragédie des petites cultures ». Impossible d'appartenir à une petite nation, écrit-il alors, sans vivre dans un état d'effroi permanent. Car c'est appartenir à une nation déséquilibrée par une entrée tardive dans l'histoire, obnubilée par la perspective du sous-développement et par celle de se voir subitement biffée de la carte, bref, dont la raison d'être ne va jamais vraiment de soi[1]. C'est précisément cette hantise – aux effets politiques partout explosifs – qui poussera le jeune essayiste roumain dans les bras du fascisme[2].

Univers passablement cauchemardesque, enfin, que celui où même la notion de « peuple », qui à l'Ouest évoque la démocratie, va renvoyer à un champ sémantique fondamentalement ambivalent puisqu'il va aussi désigner, rivalité idéologique oblige, « l'âme nationale » en son essence supposée immuable. Du coup, la conception même de la légitimité politique, qui dans ces conditions dérivera du peuple-ethnos autant que du peuple-dêmos, va se voir profondément biaisée. Après 1918, la présence d'importantes minorités dans l'ensemble de ces États ne fera que renforcer l'idée selon laquelle la seule expression véritablement légitime de la volonté populaire appartient à la population majoritaire – le populaire et le culturellement majoritaire tendant, à la limite, à se confondre. C'est pourquoi l'univers du nationalisme est-européen combine presque toujours une dimension identitaire défensive ou agressive à une orientation antidémocratique ou antiplu-

1. Emil Cioran, *La Transfiguration de la Roumanie*, Bucarest, Vremea, 1936, p. 7-38 (en roumain).
2. Sur l'engagement politique du jeune Cioran, voir Alexandra Laignel-Lavastine, *Cioran, Eliade, Ionesco : l'oubli du fascisme*, Paris, PUF, 2002.

raliste souvent très appuyée, inclinant vers la réduction de l'altérité, qu'elle soit culturelle ou d'opinion.

Ce que donne au fond à méditer l'histoire de l'Europe de l'Est, c'est la tragédie d'un monde où la peur s'est emparée de la politique ; d'un monde où les élites au pouvoir, tout en se revendiquant d'une idéologie du peuple à émanciper, n'auront pourtant de cesse d'en limiter les droits – majorités et minorités confondues –, au nom des intérêts « supérieurs » de la nation. Misère d'un climat, donc, où, comme le résume Bibó d'un trait de plume, il n'apparaissait pas du tout évident que l'appropriation du pays par la communauté nationale puisse et doive s'accompagner de la libération de l'individu[1]. L'essayiste italien Claudio Magris relève de son côté avec beaucoup de justesse les effets pathologiques, à terme, de ce hiatus entre sentiment démocratique et sentiment national. Tourné vers lui-même, absorbé dans l'affirmation de sa propre identité et soucieux de vérifier que les autres le reconnaissent comme il se doit, le petit peuple, remarque-t-il, « risque de consacrer toutes ses forces à cette défense et ainsi d'appauvrir son champ d'expérience ». Plus grave : de « mal maîtriser son rapport au monde »[2].

Qu'avons-nous de commun, aujourd'hui, avec le petit peuple en question ? Sur le temps long de l'histoire ouest-européenne, la perturbation des relations entre nation et démocratie ne s'est certes jamais posée en des termes aussi dramatiques qu'à l'Est. Mais souvenons-nous de la mise en garde de Milan Kundera : le concept de petite nation

1. « La misère des petits États d'Europe de l'Est » (1946), *in* István Bibó, *Misère des petits États d'Europe de l'Est*, *op. cit.*, p. 165 et suiv.
2. Claudio Magris, *Danube*, trad. de l'italien par Jean et Marie-Noëlle Pastureau, Paris, Gallimard, « L'Arpenteur », 1986, p. 276-277.

n'est pas quantitatif. Il désigne un destin ou, dans les mots de Magris, un rapport au monde. Dans cette acception, rien n'exclut donc qu'une grande nation, voire une très grande, puisse être atteinte du syndrome. Il y aurait même lieu de se demander si un tel processus n'est pas en cours au sein du monde occidental, désormais gagné par la peur pour l'existence de la collectivité.

Certaines évolutions récentes légitimeraient en effet que l'on s'inquiète de notre possible devenir petit-national, à commencer par l'entrée en convergence, au cours des dix dernières années, de plusieurs types de peurs. Physique et urbaine d'abord, avec le développement de l'incivilité et de la délinquance. Peur dont on a pu mesurer en France – le choc de l'arrivée de Le Pen au second tour de la présidentielle en avril 2002 – à quel point elle est répandue et contagieuse. Physique et planétaire ensuite : réchauffement du climat, pollution, recrudescence des épidémies à la une de l'actualité, de la vache folle à la grippe aviaire, catastrophes naturelles, etc. Peur sociale aussi, largement nourrie par la mondialisation néolibérale et la révolution des nouvelles technologies. D'où, dans l'esprit de beaucoup, délocalisations, chômage persistant, retraites menacées, angoisse de se retrouver hors jeu, etc. À ces trois premiers types de peurs s'agrège une peur identitaire dominée par la crainte d'une dilution des identités « traditionnelles » ou nationales dans un espace plus vaste, en l'occurrence l'Europe. Appréhension qui n'est nullement marginale sur le continent, y compris en France, et qu'accompagne souvent le rejet d'une soumission aux instances internationales, dont Bruxelles. Peur globale enfin : celle qu'inspire un islamisme radical et conquérant, allié à un ennemi – le terrorisme – d'autant plus redoutable qu'il semble insaisissable, parce qu'il ne coïncide ni avec un groupe donné ni avec un État ou un territoire précis. Une situation qui ne contribue guère à apaiser la méfiance émergente à l'égard de ces « cinquièmes colonnes » potentielles que constitueraient, selon certains, les minorités musulmanes d'Europe (plus de dix millions de personnes), immigration en qui d'aucuns voient déjà, d'amalgame en amalgame, l'« ennemi intérieur » de demain.

Bref, l'avenir semble pour le moins opaque, sinon lourd de périls, et le credo n'est certainement plus « Jouissez sans entraves ! », comme au temps de l'individualisme triomphant des années quatre-vingt, mais plutôt « Craignez à tout âge ! »[1]. L'effet de résonance et d'amplification suscité par l'irruption quasi simultanée de ces différentes peurs, qui prises séparément seraient plus aisément maîtrisables, devrait nous rendre d'autant plus attentifs à l'intéressante symptomatologie dressée par Bibó depuis son expérience centre-européenne.

Comment s'annonce une hystérie collective ?
Premiers symptômes

Que nous apprend donc le savant hongrois sur la nature de ces hystéries politiques et communautaires avec lesquelles il aura eu, sa vie durant, maille à partir ?

Première observation, dont la pertinence ne paraît guère réfutable depuis l'attaque contre les tours de Manhattan et la série d'attentats perpétrés depuis : une hystérie politique, note-t-il, trouve toujours sa source dans une *expé-*

---

1. Gilles Lipovetsky (avec Sébastien Charles), *Les Temps hypermodernes*, Paris, Grasset, 2004, p. 38. Sur les peurs contemporaines, voir aussi les observations très pertinentes de Michel Winock, « Les passions politiques françaises », *Cités*, hors-série « La France et ses démons », Paris, PUF, 2002 p. 19-26.

rience historique traumatisante affectant l'ensemble de la collectivité : agression majeure, occupation étrangère, défaite militaire, écroulement du prestige politique. Il ne s'agit donc pas d'un traumatisme quelconque. Il faut que les membres de la communauté aient le sentiment que la solution des problèmes qui en découlent dépasse leur capacité de riposte. Plusieurs raisons peuvent conforter ce sentiment, comme le caractère inattendu et démesuré de la secousse, la conviction que les souffrances qui en résultent sont imméritées et injustes, ou encore un optimisme résultant d'expériences historiques positives, dont le bien-fondé se voit brusquement mis à mal. Rien n'est plus étranger aux Américains que le sens du tragique, disait déjà Milosz – trait culturel qu'un Européen de l'Est ressent forcément comme un insondable mystère.

Toutefois, souligne Bibó, une hystérie collective se développe souvent sur plusieurs générations. C'est pourquoi il est vain d'imputer sa naissance à une personne seulement, à un leader ou même à un groupe, qu'il suffirait alors d'éloigner. Certes, remarque-t-il, l'hystérie collective sécrète immanquablement un certain type d'individus « aveugles, bornés et obstinés qui seront les premiers à croire aux illusions stupides qui caractérisent l'hystérie et à les répandre [1] ». On a ainsi les « profiteurs » de l'hystérie, ceux qui en vivent et les instrumentalisent ; il y a encore ses « bourreaux » et ses « gangsters ». Et le penseur hongrois, qui a décidément le sens de la formule, de relever qu'une hystérie entraîne presque toujours une sorte de *sélection à rebours* qui réduira peu à peu au silence les clairvoyants pour faire émerger, au sommet, les « faux réalistes », c'est-à-dire « les conciliateurs de l'inconcilia-

---

1. « Les raisons et l'histoire de l'hystérie allemande » (1942), *in* István Bibó, *Misère des petits États d'Europe de l'Est, op. cit.*, p. 22.

ble ». Ils sont faussement réalistes car leur posture consiste à prétendre consolider un édifice fondé sur le mensonge, à louvoyer et à temporiser. En ces circonstances, enchaîne Bibó, ceux qui à l'inverse « vont à l'essentiel » tendent à se constituer en groupes, à s'isoler et à bouder. Ils auraient pleinement leur place dans la communauté des ébranlés dont nous parle Patočka. D'autant que « c'est à ces marginaux et à ces prophètes », souligne Bibó, qu'échoit alors « la tâche de dire la vérité »[1].

Eux savent que les « méchants » ne sont jamais que les supports visibles d'une hystérie émergente. Et se contenter de les mettre simplement à l'écart laisserait malheureusement intactes les conditions de base – évolution sociale perturbée, impasses politiques, traumas historiques – sur lesquelles croît l'hystérie politique et, avec elle, les théories idéologiques confuses ou délirantes qu'elle génère. Encore une fois, dit Bibó, nous avons affaire à un état qui affecte, à des degrés divers, la quasi-totalité de la collectivité. Si bien qu'« on aura beau exterminer tous les "méchants", les idées fausses et les réactions déplacées continueront à survivre chez de paisibles chefs de famille, chez des mères de six enfants, chez des individus inoffensifs ou animés des meilleures intentions »[2]. Voilà une description qui pourrait aussi bien s'appliquer, de nos jours, au cas de l'isla-

1. « La déformation du caractère hongrois et les impasses de l'histoire de la Hongrie » (1948), *in* István Bibó, *Misère des petits États d'Europe de l'Est, op. cit.*, p. 428. Sur la notion d'élite chez Bibó, ce qu'il nomme « les intellectuels socialement organisés », on peut voir Gabor Kovács, « Can Power be Humanized ? The Notions of Elite and Legitimation in István Bibó's Political Philosophy », *Studies in East European Thought*, n° 51, Kluwer Academic Publishers, 1999, p. 307-327.
2. « Les raisons et l'histoire de l'hystérie allemande » (1942), *in* István Bibó, *Misère des petits États d'Europe de l'Est, op. cit.*, p. 21.

misme politique fondamentaliste : on aurait beau éliminer tous les leaders en activité, type Ben Laden, que d'autres surgiraient aussitôt pour les remplacer. Le vrai problème, suggère ici Bibó, tient en réalité à l'emprise, à l'audience, et en ce sens au degré de « légitimité » que les meneurs parviennent à acquérir sur des masses déboussolées. Aussi est-ce sur ce phénomène qu'il conviendrait en priorité de concentrer l'attention.

Mais à quels symptômes concomitants reconnaît-on au juste que nous sommes bel et bien confrontés à une hystérie politique ? Parmi les plus caractéristiques, Bibó constate une *paralysie* de la pensée et des affects sur le cataclysme vécu (du moins sur le ou les événements perçus comme tel) : ce souvenir devient prédominant, obsédant, tout comme le désir de ne jamais le voir se reproduire. C'est ainsi que « les sentiments et l'activité de la communauté *se fixent* pathologiquement sur une interprétation d'un seul vécu [1] », écrit-il. Dans cet état de fixation, les problèmes actuels deviennent insolubles pour peu qu'ils soient, d'une façon ou d'une autre, en rapport avec le point sensible. On pense naturellement, ici, au conflit israélo-palestinien. La spirale de la victimisation qui s'amorce dans ce type de situation évoque aussi le cas serbe au moment de l'agression en Bosnie puis au Kosovo. Le cas est en effet assez emblématique de ces fuites dans l'imaginaire d'une grandeur passée, articulées à un rapport victimaire au monde environnant, perçu comme peuplé d'ennemis. De fait, la conscience victimaire écrit toujours une histoire vindicative tissée d'outrages subis et de souffrances accumulées. Ces récits sont redoutables dans la mesure où ils soutiennent un rapport halluciné au présent au gré duquel les pires violences se trouvent légitimées par avance au nom du redressement du

1. *Ibid.*, p. 22.

passé et de l'hostilité sans fin dont le sujet hystérique s'estime l'objet.

Ce brouillage, où entre une confusion entre le passé et le présent, le proche et le lointain, contribue au caractère *fermé* et *homogène* de la vision du monde hystérique : celle-ci explique tout, justifie tout. Au point, note Bibó, qu'on peut parler de *système clos*. C'est ainsi que la communauté en arrive, de proche en proche, à se réfugier dans de pseudo-solutions illusoires, à l'abri des assauts du réel. Dans cet état, le pays agira par exemple comme s'il était uni alors qu'il ne l'est pas, comme s'il était démocratique alors qu'il ne l'est pas. Il en résulte l'entretien d'un rapport de plus en plus en plus faux à la réalité. « Qu'une communauté vivant dans une fausse situation "refuse de regarder la réalité en face", observe judicieusement Bibó, ne signifie pas que cette réalité lui échappe, cela signifie que l'opinion publique ou dirigeante a élaboré un certain nombre de slogans qu'elle oppose aux faits désagréables[1]. » Voilà une remarque qui pourrait aider à décrypter la logique qui pousse une part importante de l'opinion russe à suivre la politique suicidaire et massacreuse de Vladimir Poutine en Tchétchénie.

Rapport de plus en plus faux à la réalité, donc, mais aussi à soi-même. D'où cette autre spirale symptomatique de toute hystérie politique : la tendance à la *fausse évaluation de soi*. Complexes d'infériorité se muant en complexes de supériorité, enthousiasme immodéré face aux maigres succès obtenus, foi en la force magique des mots et de la propagande. L'ennui, c'est que plus les échecs patents se multiplient, plus les réactions aux *stimuli* venant du monde extérieur deviennent irréelles et disproportionnées. C'est à ce stade critique qu'apparaît générale-

1. *Ibid.*, p. 23.

ment un groupe désigné comme responsable des déboires de la communauté. La psyché hystérique, écrit Bibó, cherche alors « quelqu'un ou un groupe d'individus sur qui elle puisse faire retomber les responsabilités dont elle-même cherche à se dégager[1] » – ou à ne pas affronter. La logique la plus classique et la plus récurrente à cet égard reste celle de l'antisémitisme.

L'une de ses sources actuelles, l'antisémitisme de facture arabo-musulmane, présente d'ailleurs un cas type où le mécanisme d'externalisation de la responsabilité vers un tiers se greffe sur un rapport à soi et au monde souvent très perturbé. En témoignent les identifications fantasmatiques qui animent l'univers d'un certain nombre de jeunes musulmans des banlieues issus de l'immigration. On trouve parmi eux des individus plus ou moins abandonnés à eux-mêmes qui, dans une sorte de va-et-vient constant entre soi et le monde, inclinent à fantasmer ce dernier à l'aune de leur propre biographie. Et, du coup, à vivre leurs déboires personnels (désocialisation, délinquance, prison, racisme, etc.) comme personnifiant l'injustice faite, dans leur esprit, à l'ensemble des musulmans de la planète. Qu'ils s'identifient au peuple palestinien, afghan ou irakien, ceux-ci remplissent surtout une fonction de miroir ayant pour principale vertu de leur renvoyer une image sublimée de leur propre souffrance, tout en lui conférant au passage un pseudo-sens. Dans le même temps, ces individus tendent à surévaluer de façon flagrante leur propre misère, généralement sans comparaison avec celle des communautés auxquelles ils se réfèrent, dont ils sous-évaluent le malheur réel[2]. Il en résulte un ressassement sans

1. *Ibid.*, p. 24.
2. Sur ce mécanisme, voir les travaux du sociologue Farhad Khosrokhavar, notamment son enquête *L'Islam dans les prisons*, Paris, Balland, « Voix et Regard », 2004.

issue où, dans l'imaginaire de ces jeunes, la figure du « Juif » pourra incarner la cible idéale en ce qu'il incarnerait dans la société où ils vivent l'intégration et la réussite (qui leur seraient, à eux, déniées), tandis qu'ils cristalliseraient ailleurs, propagande islamiste aidant, la figure de l'« agresseur ».

De l'imaginaire du complot aux visions victimaires du monde, nous pénétrons inévitablement, à ce stade, dans un univers « peuplé de croquemitaines », résume Bibó. Tant et si bien que l'hystérique se comporte ici à la façon de l'homme « primitif » : c'est à l'évidence la peur qui se dissimule derrière ses explications magiques, mais celle-ci n'est jamais identifiée comme telle. La communauté, entrée dans le jeu de l'autosatisfaction et de la mégalomanie, se montre dès lors « réfractaire à toute explication logique » [1].

Rompre le cercle vicieux de la peur

Est-ce à dire que, une fois le processus enclenché, il n'y aurait plus aucune réponse politique ou morale – politique *et* morale – à lui opposer ? Non, répond Bibó, mais à condition de ne jamais perdre de vue cette vérité fondamentale qui veut qu'« on ne profite pas des bienfaits de la démocratie dans un climat de peur convulsive [2] ». C'est l'évidence, dira-t-on. Certes, mais pourquoi est-elle justement la première à voler en éclats aussitôt que pointent les prodromes d'une hystérie communautaire ? La scène est-

1. « Les raisons et l'histoire de l'hystérie allemande » (1942), *in* István Bibó, *Misère des petits États d'Europe de l'Est, op. cit.*, p. 24.
2. « La misère des petits États d'Europe de l'Est » (1946), *in* István Bibó, *Misère des petits États d'Europe de l'Est, op. cit.*, p. 166.

européenne nous délivre, à cet égard, quelques précieuses leçons quant aux impasses à éviter. Bibó en dénombre au moins trois.

Première impasse : quand *l'État d'exception*, qu'une démocratie sûre de soi n'instaure qu'au moment du danger, tend à devenir la règle. Restriction des libertés publiques, retour éventuel de la censure, maintien de l'ordre à tout prix et imposition de l'unité nationale aux dépens de la liberté. Ce type de réponse débouche presque inévitablement sur le fameux cercle tragique tant redouté par Bibó : plus la coercition ou la contrainte s'intensifient, plus la peur augmente de part et d'autre ; et plus la peur augmente, plus la coercition s'intensifie. « Pour vivre sans peur, il faut, certes, ne pas subir la contrainte oppressante de ses semblables, mais il faut aussi ne contraindre ni oppresser personne [1] », observe Bibó. C'est aussi la raison pour laquelle la Révolution française lui apparaît à la fois comme la plus réussie et la plus ratée de toute l'histoire européenne. La plus réussie, car elle a permis une réorganisation rationnelle de la société d'une ampleur jamais atteinte auparavant ; la plus ratée, car elle a engendré, remarque-t-il au milieu du XXe siècle, une peur dont le monde occidental ne s'est pas remis. De là, l'intellectuel hongrois en tire la conclusion que toute organisation sociale et politique qui se veut digne des valeurs européennes doit désormais reposer sur le pari qu'il ne peut exister entre les humains de conflits d'intérêts insurmontables, mais « seulement des peurs convulsives nourries par des situations sociales figées [2] », elles-mêmes expressions de certaines scléroses plutôt que de véritables antagonismes.

La deuxième impasse réside dans l'*oppression des mino-*

1. István Bibó, *Le Sens de l'histoire européenne, op. cit.*, p. 16.
2. *Ibid.*, p. 51.

rités. L'erreur à ne pas commettre en la matière, prévient Bibó, c'est de se demander qui a commencé : serait-ce la majorité en opprimant sa minorité (passé colonial, échec de l'intégration, dirait-on de nos jours) ? Ou serait-ce la minorité, en se rendant coupable d'actions subversives ? Vaine querelle. D'un côté, les minorités dépenseront « des trésors d'éloquence pour illustrer les horreurs de l'oppression dont elles sont victimes » ; de l'autre, la majorité décrira « l'abominable travail de sape d'agitateurs formés dans des universités étrangères et occupés à exciter la haine de populations paisibles contre l'État »[1], écrit-il en... 1946. Stérile, ce scénario récurrent est également redoutable dans la mesure où il contribue à ce que ces griefs réciproques deviennent des réalités au fur et à mesure qu'on leur attache précisément du crédit. C'est le fameux phénomène de la « prophétie autoréalisatoire », que Bibó connaît parfaitement. Il est en effet au cœur de la tragédie est-européenne, autrement dit d'une dynamique où *la cause de la collectivité* et *la cause de la démocratie* auront tendance à se disjoindre ou à être perçues comme incompatibles, une trop grande diversification des pôles d'allégeances, au détriment du seul pôle d'identification ethnonational, inclinant à être éprouvé comme un luxe inassumable, voire un danger mortel.

Dans ces conditions, une troisième impasse intervient quand les élites estiment devoir mettre leurs talents au service de *l'autojustification communautaire*. Attitude qui consiste également à défendre les siens, quoi qu'ils commettent. On trouve là une éloquence dont de nombreux intellectuels d'Europe centrale s'étaient fait une spécialité : « Toutes leurs performances, leur prix Nobel

---

1. « La misère des petits États d'Europe de l'Est » (1946), *in* István Bibó, *Misère des petits États d'Europe de l'Est, op. cit.*, p. 175.

comme leurs records olympiques, ne valaient pas pour eux-mêmes, rappelle Bibó, mais devenaient des titres de gloire nationale[1] ».

Face à ces impasses engendrées par la peur, que suggère le savant hongrois ? Pour l'essentiel, deux issues semblent se dégager de ses écrits : la première tient à ce qu'on pourrait nommer la voie reconstructive du *réalisme moral*[2] ; la seconde nous achemine, de façon complémentaire, en direction de cette « révolution de la dignité humaine » qui lui était si chère ; ou, pour le dire dans le vocabulaire de Janós Kis, philosophe et dissident hongrois né en 1943 chez qui l'on sent fortement l'héritage intellectuel de son aîné, en direction du principe d'« égale dignité ».

La dimension reconstructive du réalisme moral prôné par Bibó repose sur la conviction que seul l'entretien d'une relation critique à soi, à son passé récent, son histoire ou son groupe de référence, peut à terme introduire une brèche dans le cercle stérile de l'auto-apologétique et de la martyrologie collective. Et, de là, surmonter les blocages qui obèrent la coexistence pacifique entre communautés. Dans ce domaine, il n'est pas d'autre solution que de commencer par soi. Aussi est-ce plutôt aux majorités qu'il revient, pour Bibó, de faire le premier pas, de se décentrer vers l'autre pour s'ouvrir au récit de son vécu, en pariant que celui-ci fera de même. L'âme responsable agira ici à l'opposé de l'âme apeurée. En effet, souligne-t-il, « l'âme tourmentée par la peur et par le sentiment d'incertitude,

1. *Ibid.*, p. 171.
2. J'emprunte ici la notion de « reconstruction », qui me paraît la mieux appropriée pour définir la démarche de Bibó, au philosophe Jean-Marc Ferry dont on ne saurait trop conseiller, par les temps qui courent, le beau petit livre intitulé *L'Éthique reconstructive*, Paris, Cerf, « Humanités », 1996.

déformée par les grands traumatismes de l'histoire et par les griefs qui s'ensuivent, se nourrit non de ses propres ressources intérieures, mais des exigences qu'elle formule à l'égard de la vie, de l'Histoire, bref *à l'égard des autres* » – et d'eux seuls. Or, dans cette situation, « elle perd de plus en plus le sens de son devoir et de ses responsabilités »[1].

Cette stratégie, orientée vers la coopération des mémoires et la confrontation des récits de soi, ne serait-elle pas particulièrement indiquée dans le cas de la France d'aujourd'hui ? Se demande-t-on assez, par exemple, pourquoi un débat de politique étrangère – le conflit israélo-arabe – y rencontre une répercussion aussi « pathologique », avec cette conséquence aberrante qui voudrait qu'à la limite chacun ait désormais à choisir son camp – islamophobie *versus* judéophobie ? Ce phénomène n'aurait-il strictement rien à voir avec le fait que la France soit le seul pays d'Europe à avoir entretenu à ce point une mémoire longtemps refoulée, à la fois pour les actes commis à l'encontre des Juifs (affaire Dreyfus, Vichy) et pour ceux commis envers les musulmans (colonialisme, guerre d'Algérie)[2] ?

Pour qu'une communauté préserve son « sens du devoir », le réalisme selon Bibó commande donc que chaque partie assume sa part de responsabilité morale et politique à l'égard des erreurs ou des maladresses d'hier, de façon à alléger le passif de ressentiment ; que l'on s'efforce aussi d'identifier ce qui ressortit au mythe dans les discours de victimisation de soi et de diabolisation de l'autre. Cette éthique de la responsabilité tournée vers le passé,

1. « La misère des petits États d'Europe de l'Est » (1946), *in* István Bibó, *Misère des petits États d'Europe de l'Est, op. cit.*, p. 181.

2. Cette hypothèse était notamment formulée par Sylvain Cypel dans son analyse « Le racisme et la concurrence des victimes », *Le Monde*, 18-19 juillet 2004.

mais aussi vers l'avenir puisqu'elle tend à une possible cohabitation, ne s'apparente pas à une pratique du « désaveu de soi » ou de la délectation morose, comme le voudraient un certain nombre de nos intellectuels souverainistes. Il ne s'agit pas de marcher la tête basse. Il s'agit à l'inverse, estime Bibó, de pouvoir marcher tête haute.

Tel est justement le message qu'il tente de faire entendre à ses compatriotes au lendemain de la Seconde Guerre mondiale, message dont la rigueur pourrait valoir pour d'autres situations de moindre gravité. « Si nous portons la responsabilité de certains actes, écrivait alors Bibó, il faut l'assumer sans tergiverser, car c'est le seul moyen pour nous de devenir une nation adulte, la seule voie qui conduise à notre propre élévation morale. Soyons sûrs qu'à longue échéance, l'estime que le monde pourra avoir pour nous et ce qu'il mettra dans la balance lorsqu'il nous comparera à d'autres nations ne dépendra pas de la quantité des torts que nous aurons admis ou que nous aurons niés, mais du sérieux et de la détermination avec lesquels nous aurons établi nos propres responsabilités[1]. »

Mettre aujourd'hui en œuvre une telle détermination, ce pourrait être, au-delà de l'horreur absolue qu'inspire à tout esprit sensé la barbarie terroriste, se demander également pourquoi elle suscite en nous un si profond désarroi. Ce désarroi ne vient-il pas aussi du fait que les meneurs, qui ne sont en rien des damnés de la terre, procèdent en partie de notre modernité ? L'homme qui a décapité le journaliste américain Daniel Pearl au Pakistan sortait de la London School of Economics. D'une manière générale, la plupart des cadres terroristes sont bardés de diplômes

1. « La question juive en Hongrie après 1944 » (1948), *in* István Bibó, *Misère des petits États d'Europe de l'Est*, *op. cit.*, p. 251.

universitaires ou possèdent une expérience prolongée du monde européen. Or comment rendre compte que cette expérience et cette culture n'aient en rien enrayé leur dérive meurtrière et nihiliste ? Il y là une question à laquelle il faudra bien, un jour ou l'autre, s'affronter.

La deuxième direction corrélativement suggérée par Bibó – le principe de *l'égale dignité* – semble rejoindre le propos des penseurs « communautariens » (*communautarians*) modérés d'aujourd'hui. Des intellectuels à la fois universalistes et démocrates, dont les Anglo-Saxons Charles Taylor ou Michaël Walzer demeurent parmi les plus représentatifs et qu'un vaste débat oppose, depuis une quinzaine d'années, à leurs adversaires « libéraux » (*liberals*). À l'heure où, en France, le mot « communautarisme » a acquis le statut de repoussoir par excellence, suscitant désormais une peur de magnitude comparable à celle qui entourait hier les mots « totalitarisme » ou « fascisme », il conviendrait peut-être de rappeler que la prise en compte des identités communautaires ne signifie pas, sauf chez quelques extrémistes, que les exigences de la communauté devraient prévaloir sur celles de l'individu ni sur les valeurs universelles qui régissent la société. Il s'agit plutôt de se demander, dans les pays où existent de fait des minorités, si (et dans quelles limites) une meilleure reconnaissance de ces identités, souvent ignorées ou dépréciées, ne permettrait pas aux individus qui s'en réclament de puiser dans cette reconnaissance les ressources nécessaires à l'estime de soi et au sentiment de leur propre dignité – socle moral par ailleurs indispensable à l'exercice d'une citoyenneté épanouie [1]. Être démocrate, disait Bibó, c'est

---

1. Voir notamment, sur ce point, le livre remarquable du philosophe et sociologue allemand Axel Honneth, *La Lutte pour la reconnaissance*, trad. de l'allemand par Pierre Rusch, Paris, Cerf, « Passage », 2000.

notamment « ne pas craindre ceux qui professent des opinions différentes, ceux qui parlent une langue différente ou appartiennent à une race différente, ne pas redouter la révolution, les conspirations, les ruses d'un ennemi, sa propagande et, d'une façon générale, tous les dangers imaginaires engendrés par la peur[1] ».

Cela revient à dire que reconnaître des identités particulières, à la fois pour elles-mêmes et au nom des valeurs universelles (pourvu bien sûr que ces communautés s'engagent à les respecter), n'est pas nécessairement incompatible avec la démocratie. Ne discerner dans la « communauté » que facteur d'enfermement, faisant de surcroît courir d'immenses dangers à la cohésion tant sociale que nationale, c'est là une vue bien courte. Aussi faut-il être aveugle pour ne pas voir à quel point, aujourd'hui, nombre de jeunes filles voilées se cachent pour se montrer, se voilent pour être vues. Que cherchent-elles au juste à exprimer par cette voie bien alambiquée ? Là est l'une des vraies questions, quelle que soit par ailleurs la position qu'on adopte sur des questions comme l'opportunité du port de signes religieux visibles à l'école.

Dans cette situation, toutefois, le pire n'est plus à éviter puisqu'il est déjà là. On pourrait le résumer en deux types d'impasses. La première consiste dans la complaisance et la perte de toute distance critique face à des discours qui tendent à exalter la figure d'un certain nombre de quasi-messies des temps nouveaux, crucifiés comme il se doit par une armée locale (Israël) et mondiale (États-Unis). La tendance parfois associée à déculpabiliser les auteurs de propos ou d'agressions antisémites, en Europe ou ailleurs, en leur déniant par là même, et selon une logique extrême-

1. « La misère des petits États d'Europe de l'Est » (1946), *in* István Bibó, *Misère des petits États d'Europe de l'Est*, *op. cit.*, p. 166.

ment perverse, leur *dignité* de sujets responsables, achève par son confusionnisme de bien mal servir la cause de communautés incontestablement souffrantes et victimes d'injustices. C'est aussi se rendre aveugle à ce que Bibó, il y a plus de cinquante ans, avait déjà compris, à savoir que, « pour que la "question juive" et l'antisémitisme [re] deviennent des problèmes sociaux centraux », il faut que « l'évolution sociale dans son ensemble soit atteinte d'une pathologie spéciale » [1]...

Seconde impasse symétrique, et expression pour ainsi dire renversée de la même pathologie : soutenir que la première urgence, afin de pallier ce que d'aucuns nomment déjà l'ottomanisation de l'Europe, serait d'en finir une bonne fois avec ces trois abominations que seraient l'antiracisme, le « droit-de-l'hommisme » et le multiculturalisme. À quoi s'ajoute parfois le moralisme, autre mauvais objet préféré d'un nombre croissant d'intellectuels français, les « isme » ici ajoutés étant censés remplir une fonction disqualifiante. Faut-il s'en étonner ? Dans un climat de menace, quand prédomine le sentiment de se trouver dans une impasse politique, le sens des valeurs politiques tend à s'obscurcir de plus en plus, observait déjà Bibó, les individus réagissant en général « en reniant leur ancien système de valeurs ». Aussi le penseur hongrois aurait-il probablement vu dans cette dangereuse dissociation de deux causes qu'il s'agirait plutôt de réassocier – celle de l'antiracisme et celle de la lutte contre l'antisémitisme – le symptôme flagrant d'une hystérie communautaire renaissante. La lutte en faveur de la dignité, écrit-il par ailleurs dans *Misère des petits États d'Europe de l'Est*, « doit se diriger contre *toutes* les haines », contre « toute affirma-

---

1. « La question juive en Hongrie après 1944 » (1948), *in* István Bibó, *Misère des petits États d'Europe de l'Est, op. cit.*, p. 308.

tion tendant à poser l'existence fatale de différences entre les hommes » [1].

Le pire, toutefois, n'est jamais certain et Bibó lui-même se montre rassurant : « Je ne crois pas qu'il y ait dans l'histoire de fatalités à cent pour cent ; je crois qu'il y a un certain nombre d'opportunités qui peuvent être aussi bien gâchées que saisies [2]. » Aussi assure-t-il, au terme de son analyse sur les hystéries politiques, qu'une communauté équilibrée, qui gère bien ses propres forces, peut aussi sortir renforcée de ces traumatismes et de ces impasses. Mais à condition de consentir à une série d'opérations encore une fois qualifiées par lui de « réalistes » : rechercher les causes du malheur qui l'a frappée et en tirer les conséquences ; supporter ce qu'elle reconnaît comme un fléau inévitable, assumer la responsabilité de ce qu'elle identifie comme étant de sa faute et chercher à obtenir satisfaction pour les torts subis dans le respect du droit. Se résigner enfin à ce qu'elle ne peut pas changer, et se fixer des tâches raisonnables pour le proche avenir.

L'essai de Bibó sur « La question juive en Hongrie après 1944 » constitue une extraordinaire illustration des vertus reconstructives de ce réalisme moral qui place au centre la notion de dignité humaine.

---

1. *Ibid.*, p. 310.
2. Propos rapporté par Jenö Szücs dans *Les Trois Europes*, *op. cit.*, p. 118.

LA VOIE RECONSTRUCTIVE DU RÉALISME
MORAL : BIBÓ FACE À LA SHOAH

À la fin de l'année 1948 paraît à Budapest, dans la revue *Valasz* (Réponse), une étude de près de deux cents pages qui, à l'Ouest, aurait immanquablement provoqué une vaste discussion nationale. István Bibó s'y assigne une tâche aussi délicate que difficile : aborder la question, sensible entre toutes, de la part de responsabilité qui revient à la société hongroise dans « ce qui s'est passé ». Ce qui s'est passé ? Le texte débute par un rappel précis, factuel, sans pathos : « Entre 1941 et 1945, plus d'un demi-million de Juifs hongrois ont péri dans les camps de travail de l'armée, à la suite d'atrocités commises par les forces de l'ordre, en déportation et dans les camps de concentration. Après la libération et passé l'effet de choc, l'antisémitisme renaît sensiblement autour des rescapés et des survivants[1]. » Notons d'emblée qu'il existe certaines analogies entre la destruction des Juifs de Hongrie et celle des Juifs de France sous Vichy. Parce que les uns et les autres étaient profondément assimilés, intégrés et patriotes, au point que, en Hongrie, même la législation antisémite renforcée d'après 1938 n'était pas parvenue à ébranler leur confiance dans l'État. Et parce que se pose, dans les deux pays, la question du degré de participation ou de collaboration des autorités nationales (police, administration, etc.) dans la mise en œuvre de la « Solution finale ».

Entreprendre de soulever le problème trois ans après la fin de la guerre était particulièrement courageux. Bibó s'expose en effet à ce que sa démarche soit fort mal reçue

---

1. « La question juive en Hongrie après 1944 » (1948), *in* István Bibó, *Misère des petits États d'Europe de l'Est*, *op. cit.*, p. 213.

– et elle le sera. Il semble toutefois s'y attendre, comme en témoigne la façon dont il relate l'initiative prise en 1946 par un groupe d'ecclésiastiques et de laïcs calvinistes suggérant que l'Église réformée demande pardon aux Juifs. La proposition, commente Bibó, fut accueillie « par un murmure d'indignation ». Autre difficulté : Bibó, en pionnier, ne possède guère d'outils prêts à l'usage pour penser la radicale nouveauté de l'événement. De quoi dispose-t-il ? De son expérience propre, de ses convictions personnelles, de la finesse de son instrument d'analyse, qu'on pourrait qualifier de socio-éthique, et de son sens de la justice. Car ce tableau moral des responsabilités, il le veut passionnément vrai, nuancé, objectif – en deux mots, « inattaquable » et d'une « crédibilité absolue » [1]. Il peinera à trouver ses destinataires. Peu de temps après sa publication, en Hongrie comme dans les autres pays du bloc, un silence officiel va tomber sur la Shoah, sujet quasi tabou jusque dans les années quatre-vingt.

Insistons sur le contexte : 1948. À l'époque, le génocide des Juifs par les nazis était loin d'avoir acquis, dans la conscience collective, le statut qu'il possède aujourd'hui, celui d'événement unique dans le cours de la Seconde Guerre mondiale. Nous sommes dans l'immédiat après-guerre, et nombreux sont alors les intellectuels de bonne volonté, européens ou américains, qui demeurent à peu près aveugles devant la spécificité du génocide. Comme si leur cadre d'analyse, leur univers de référence et leur horizon de visibilité ne leur permettaient pas encore de concevoir et d'imaginer, donc d'atteindre les camps de la mort.

Bibó, là encore, se distingue. Certes, le nom d'Auschwitz n'apparaît pas dans son exposé, pas plus que la différence, plus tardive, entre camps d'extermination et camps

1. *Ibid.*, p. 246.

de concentration. Mais, d'une part, son texte reste l'un des rares, pour cette période, à aborder de front la destruction des Juifs comme un événement tout à fait à part à propos duquel Bibó parle d'« Horreur concentrée » avec une majuscule, et qu'il n'est pas question pour lui de confondre avec d'autres faits de guerre, si pénibles soient-ils (captivité, privations, bombardements, etc.). Oser mettre sur le même plan ou « vouloir comparer ces malheurs à l'assassinat massif des Juifs serait faire preuve de cynisme ou de mauvaise foi » [1], soutient-il déjà.

D'autre part, cet intellectuel hongrois non juif ose poser avec une force et une lucidité exceptionnelles pour l'époque la question, complexe, de la « faillite morale » de sa propre société. À cet égard, il serait temps, écrit-il, de « rompre avec cette pratique qui affaiblit la valeur morale de l'acceptation de nos responsabilités, en nous demandant sans cesse quel serait l'impact qu'une telle reconnaissance de dettes pourrait avoir sur d'autres » [2], sur telle nation voisine, sur l'étranger ou sur le monde en général.

Considération là encore étonnamment prémonitoire quand on sait à quel point ce genre de réaction est courant à l'Est depuis 1989, y compris au sein du monde intellectuel [3]. Nous sommes à cet égard confrontés, depuis quinze ans, à une logique plus identitaire qu'historienne où le travail de mémoire demeure fortement empêché par une puissante

---

1. *Ibid.*, p. 248-249.
2. *Ibid.*, p. 250.
3. Sur ce point, voir notamment Timothy Garton Ash, « Les séquelles du passé en Europe de l'Est », *Esprit*, octobre 1998, p. 45-66 ; et plus spécifiquement sur la Hongrie, Paul Gradvohl, « Construction de la mémoire au XXᵉ siècle en Hongrie : sortir de l'image du peuple victime de l'injustice des grandes nations », Rapport de recherche, Centre interuniversitaire d'études hongroises (CIEH), Paris, Jussieu, avril 1997.

rhétorique de l'honneur et du déshonneur national, de surcroît nourrie par un sentiment diffus d'humiliation au sortir
de quarante ans de dictature et de domination communistes.

Avec deux variantes : de la part des pays qui frappent
encore à la porte de l'Union européenne (comme la Roumanie), la crainte qu'une confrontation lucide aux épisodes les moins valorisants de leur passé du point de vue du
narcissisme national ne diffuse une « mauvaise image » du
pays à l'étranger, en particulier auprès de Bruxelles[1].
Quant aux pays ayant intégré l'Europe en 2004, ces
enjeux de mémoire se voient souvent enrôlés et politiquement instrumentalisés dans une compétition pour le statut
de meilleur élève de l'Union, de nation dont l'européanité
séculaire serait au-dessus de tout soupçon, et naturellement supérieure à celle du voisin. Bibó, lui, est d'avis que
l'identité européenne se mesure d'abord à la détermination
avec laquelle une société se montre capable de dépasser le
stade de cette « culture de la honte » (*Shame Culture*), où
prime la préoccupation pour l'image de soi, pour s'acheminer vers la mobilisation d'une véritable culture de la responsabilité, mue par une éthique à la fois introspective et
reconstructive ordonnée à la recherche de la vérité historique. C'est pourquoi la première partie de son étude, Bibó
va tout simplement l'intituler : « Notre responsabilité dans
ce qui s'est passé ». Chose remarquable : près de soixante
ans plus tard, les progrès de l'historiographie, s'ils révèlent
bien sûr des aspects dont Bibó ne pouvait avoir connais-

1. Sur le cas de la Roumanie, voir notre dossier : « Les avatars du
postcommunisme », *Les Temps modernes*, mars-avril-mai 2001 (en
collaboration avec Mihai Dinu Gheorghiu et Liliane Kandel) ; et
Georges Voicu, « L'honneur national roumain en question », dans le
dossier « À l'Est, la mémoire impossible », *Les Temps modernes*,
novembre-décembre 1999, p. 142-152.

sance en 1948, n'ont fait pour l'essentiel que confirmer son analyse.

« Notre responsabilité dans ce qui s'est passé »

L'objectif le plus immédiat de Bibó dans ce texte de 1948 est d'intervenir à chaud sur l'opinion qu'il sent se généraliser dans la Hongrie d'après guerre, tant du côté officiel que du côté de la société civile, consensus qu'il résume en deux thèses. Première thèse : « La majorité du peuple hongrois se serait tenue à l'écart des monstruosités perpétrées par les Allemands et leurs laquais. » Deuxième thèse : les « meilleurs hongrois » auraient « tout fait pour prévenir ces tragiques événements »[1]. Bibó procède dans la foulée à cette observation significative tant elle montre combien l'idéologie du trop-plein de mémoire, du « cela suffit, on en a assez parlé ! », était en vérité déjà présente dès le lendemain de la Shoah. Certains, s'inquiète-t-il ainsi, reprochent aux Juifs de « revendiquer le privilège de la souffrance », tandis que d'autres les mettent « en garde contre toute démesure dans leur réclamation de représailles » ou les invitent « à pardonner et à oublier le passé »[2]. Il est significatif de se voir aujourd'hui remis en présence de considérations de ce type. Elles reflètent un point de vue qui tend, depuis une dizaine d'années, à se faire de plus en plus fortement entendre, notamment en France, parfois sous couvert de lutter contre les « abus » de la mémoire[3].

---

1. « La question juive en Hongrie après 1944 » (1948), *in* István Bibó, *Misère des petits États d'Europe de l'Est, op. cit.*, p. 213.
2. *Ibid.*, p. 214.
3. Sur cette idéologie des abus de la mémoire, une mémoire qui aurait le triple inconvénient d'enfermer, d'enchaîner au passé et de nous rendre aveugles au présent, avec en arrière-plan, ici ou là, l'idée qu'il serait lassant, à la longue, de voir certains groupes (les Juifs étant ici le plus fré-

Bibó, pour sa part, ne pense pas que la politique du « non-dit » et du trait tiré sur le passé soit de quelque secours. Tout se passe, écrit-il avec sa lucidité coutumière, « comme si une conspiration du silence s'était créée autour de la question : il est interdit de proférer autre chose que des banalités. Certes, il ne sert à rien de raviver des blessures, mais noyer le poisson et refuser de voir les problèmes en face est une solution bien pire que la réouverture des dossiers, si douloureuse fût-elle » [1]. Avec des accents parfois pathétiques, il exprime donc l'espoir – bientôt déçu – qu'en procédant à l'examen, à l'évaluation et à la délimitation des responsabilités de l'État et de la société, il aura parlé au nom de toute la nation hongroise.

D'emblée, une précision. Bibó ne perd évidemment pas de vue que la responsabilité ultime et principale de l'extermination des Juifs revient aux nazis et à leurs auxiliaires directs, au régime hiltérien et à son état-major. En ce qui concerne les déportations, il rappelle que leur mise en œuvre fut dirigée par l'occupant, mais avec l'aide des forces de l'ordre hongroises, au premier chef de la gendarmerie. Dans la pratique, explique-t-il, « cela signifiait que le mode et l'horaire des déportations étaient fixés par les Allemands, le rassemblement et la mise en wagons des Juifs revenaient aux gendarmes hongrois qui s'acquittaient de cette tâche avec beaucoup de cruauté ». L'armée et l'administration, de leur côté, avaient à accomplir toutes sortes de missions plus ou moins subalternes, « avec

<hr />

quemment visés) exhiber leurs malheurs, poser en nantis du souvenir et s'en sortir toujours mieux que les autres : voir Alexandra Laignel-Lavastine : « Des intellectuels contre la mémoire : remarques sur les ressorts d'une exaspération », *in* Thomas Ferenczi (dir.), *Devoir de mémoire, droit à l'oubli ?*, Bruxelles, Complexe, 2002, p. 33-39.

1. « La question juive en Hongrie après 1944 » (1948), *in* István Bibó, *Misère des petits États d'Europe de l'Est*, *op. cit.*, p. 214.

entrain ou à leur corps défendant, de façon tantôt humaine, tantôt inhumaine »[1].

Il existe par conséquent, poursuit-il, deux questions distinctes auxquelles « nous devons chercher à répondre » – on le note au passage, Bibó dit « nous » comme s'il ne s'estimait pas autorisé à s'exclure du lot. Mais il s'adresse en même temps à *chaque* individu, un à un. *Primo*, « comment et dans quelle mesure chacun a-t-il cédé à la pression de l'opinion publique qui présentait la limitation du pouvoir des Juifs dans la vie économique comme un problème national central ». *Secundo*, « comment et dans quelle mesure chacun a-t-il réagi aux exactions qui, après avoir bafoué la dignité humaine, ont abouti à l'extermination massive des Juifs »[2].

La réponse qu'il apporte à la première question conclut d'un côté à l'approbation massive apportée par le peuple hongrois aux lois antijuives, et de l'autre à « la baisse de la moralité publique consécutive à leur exécution »[3], phénomène qui lui paraît plus grave encore. Sur ce point, il n'hésite pas à rappeler que cette législation avait permis à de nombreux représentants de la petite et moyenne bourgeoisie de faire carrière sur le dos de leurs concitoyens juifs. Ainsi ces couches vont-elles se familiariser « avec l'idée que le travail et l'entreprise n'étaient pas les seuls moyens de subvenir à ses besoins, qu'il suffisait désormais de lorgner sur les moyens de subsistance d'autrui, de démontrer l'ascendance juive de la personne, la privant ainsi de son emploi ou la dépossédant de son magasin, la faisant expédier éventuellement dans un camp d'interne-

1. *Ibid.*, p. 219.
2. *Ibid.*, p. 222.
3. *Ibid.*, p. 224.

ment[1] ». L'auteur, en la matière, parle en partie d'expérience, lui qui fut arrêté par les Croix fléchées en 1944 après avoir été dénoncé par un zélé compatriote. Aux délateurs, Bibó ne trouve aucune circonstance atténuante. Cette attitude révèle selon lui la proportion dans laquelle le processus de dégradation morale avait gagné la société. Et c'est peu dire qu'il ne cherche pas à ménager la susceptibilité de ses concitoyens : « La cupidité, l'hypocrisie, la brutalité ou, dans le meilleur des cas, l'arrivisme calculateur offraient une image consternante[2] », écrit-il.

À la seconde question, Bibó répond avec la même sévérité. Quand les mesures antisémites se transformèrent en persécutions physiques et en projet d'extermination, observe-t-il, la société hongroise ne se retourna pas contre elles, contrairement à ce qu'on aurait pu imaginer. Là encore, aucune excuse. D'ailleurs, écrit Bibó comme pour fermer d'avance toute porte de sortie, « si nous avons refusé de croire aux camps d'extermination, ce n'était pas parce que nous avions confiance en la bonté humaine, mais pour ne pas avoir à envisager notre propre responsabilité[3] ».

Certes, il y eut en Hongrie un certain nombre d'actions de sauvetage et, remarque-t-il, « l'aide venait quelquefois de parfaits inconnus ou de personnes inattendues », des gens remarquables à qui des milliers de Juifs doivent certainement la vie. Soit, mais tout cela, dit-il, « n'était qu'une goutte d'eau dans la mer »[4]. Et de mettre aussitôt en garde contre la tentation de récupérer ces actes isolés et héroïques au bénéfice de toute la collectivité. D'où sa mise au point : « Il serait insensé de penser, ne fût-ce qu'un ins-

1. *Ibid.*, p. 224.
2. *Ibid.*, p. 225.
3. *Ibid.*, p. 250.
4. *Ibid.*, p. 225-226.

tant, que *l'ensemble* des Juifs persécutés doit de la *reconnaissance* à *l'ensemble* des Hongrois ». Car à la limite, le pire, ce n'était pas tant le comportement des antisémites et des indifférents. En Hongrie, comme dans toute société, note Bibó, « les ingrats, les lâches et les veules sont légion ». Le plus difficile à oublier, à ses yeux, « c'est l'attitude gênée et ambiguë des Hongrois honnêtes qui, tout en continuant à fréquenter les Juifs et tout en compatissant à leur malheur, ne comprenaient pas leur situation de bête traquée, leur angoisse mortelle devant la cruauté, la sauvagerie et le nihilisme moral de leurs persécuteurs » [1].

L'État, les Églises et les intellectuels

Une fois ce cadre posé, Bibó va tour à tour procéder à un examen minutieux et sans complaisance des trois principaux acteurs concernés : l'administration publique, les Églises et l'intelligentsia. Dans le premier cas, l'aspect le plus douloureux à observer tient, pour l'auteur, à la passivité de la partie « européenne » du corps des fonctionnaires, qu'il distingue de celle composée de « tyranneaux » ou d'incapables. Or, force est de reconnaître que cette communauté organisée qui, à l'instar des Églises, était dépositaire de l'humanisme européen, n'a pas été à la hauteur de sa mission : en son sein, « pas de résistance unie » et « peu d'actes sporadiques de désobéissance ». Si bien qu'en aucun cas l'on ne saurait parler d'un « boycottage systématique et efficace » [2].

Les Églises chrétiennes ? Si elles se sont dans l'ensemble tenues à l'écart des persécutions, Bibó déplore précisément

1. *Ibid.*, p 226-228.
2. *Ibid.*, p. 230.

« la trop grande distance qu'elles avaient observée à l'égard des horreurs qui en découlaient[1] ». Les historiens s'accordent aujourd'hui avec Bibó pour dire qu'il y eut en leur sein des personnalités lumineuses, des prêtres qui, soutenus par des couvents ou des associations, n'hésitèrent pas à adresser des protestations ou à procurer des certificats de baptême aux Juifs persécutés[2]. Dans les années trente, les hauts représentants des Églises n'en votèrent pas moins comme un seul homme les lois antijuives, omettant par la suite, souligne Bibó, de condamner l'hitlérisme. Bilan : « L'ensemble des ecclésiastiques fit preuve d'un comportement tout aussi inconséquent que celui de l'ensemble de la société hongroise, allant de l'incompréhension et du refus d'aide jusqu'à l'hostilité déclarée[3]. » Bibó se montre particulièrement outré par la décision des paroisses de refuser le baptême aux Juifs en danger de mort qui venaient implorer leur aide, une pratique maintenue, de façon « inadmissible » à ses yeux, après l'occupation du pays par les Allemands en mars 1944.

Parenthèse biographique : cette question représentait l'une des grandes pommes de discorde entre Bibó et son beau-père, l'évêque calviniste à la retraite Laszló Rávasz, avec qui il entretenait des relations très complexes. L'homme, qui fut un représentant de premier plan de l'Église réformée hongroise de 1921 à 1948 et un conseiller de l'amiral Horthy, souvent décrit comme un personnage très conservateur, justifiait quant à lui ces

1. *Ibid.*, p. 229.
2. Entre 1938 et 1944, 9 406 conversions furent ainsi enregistrées. Voir Viktor Karady, « Patterns of Apostasy among surveying Jewry in Post-1945 Hungary », History Department Yearbook 1993, Central University, Budapest, 1994.
3. « La question juive en Hongrie après 1944 » (1948), *in* István Bibó, *Misère des petits États d'Europe de l'Est*, *op. cit.*, p. 232.

répugnances à conférer le baptême aux persécutés sous prétexte que leur désir de conversion n'était pas... sincère. Si l'évêque s'éleva contre les persécutions antisémites dès 1941, c'est aussi lui qui, lors de l'assemblée générale des pasteurs de 1946 déjà évoquée, rejeta la proposition de demande de pardon présentée par un groupe de participants. On imagine le climat qui devait régner certains jours dans la maison familiale, d'autant que Bibó avait en outre à charge son beau-père, lequel passait ses journées à arpenter le jardin et à retraduire la Bible de bout en bout[1] ! Au-delà de l'anecdote se profilent derrière le profond désaccord qui opposait Laszló Rávasz et István Bibó deux visions du christianisme : l'une institutionnelle, conservatrice et passablement antisémite ; l'autre ouverte, de gauche, humaniste et tout intérieure. Bibó, en effet, s'est toujours senti foncièrement étranger aux Églises instituées.

Ce qui vaut pour les Églises vaut pour les intellectuels, incapables d'établir une plate-forme sans équivoque de résistance et d'humanisme, tranche Bibó. Leur responsabilité lui apparaît d'autant plus lourde que, en vertu de leur statut, ils avaient à répondre d'eux-mêmes, mais aussi « de tous ceux qu'ils ont influencés par leur mauvais exemple, ou faute de leur avoir montré le bon exemple[2] ». Mais de quelle manière Bibó départage-t-il justement, dans ce texte, les différents niveaux de responsabilité ? Dans son célèbre ouvrage de 1946, *La Culpabilité allemande*, Karl

---

1. Voir le film que le vidéaste Peter Forgács a également consacré à la personnalité ambiguë du beau-père de Bibó, intitulé *Le Jardin de l'évêque* (2003, 57 minutes). Une œuvre qui brosse aussi un portrait sans complaisance de la classe moyenne protestante hongroise de l'entre-deux-guerres.
2. « La question juive en Hongrie après 1944 » (1948), *in* István Bibó, *Misère des petits États d'Europe de l'Est*, op. cit., p. 251.

Jaspers identifiait, pour sa part, trois types de culpabilité : politique, morale et métaphysique. Sont coupables moralement, estimait-il, tous ceux « qui savaient ou qui pouvaient savoir », mais qui « ont pu, par commodité, se dissimuler à eux-mêmes ce qui se passait », ou bien encore ceux qui se sont laissé « étourdir et séduire » [1].

Bibó avait-il lu Jaspers ? Rien ne l'indique. Mais on retrouve dans son texte de 1948 une distinction qui rappelle les deux premiers cercles, politique et moral, identifiés par le philosophe allemand. Et si le penseur hongrois accorde une large place au second, c'est qu'il voit déjà ceux qui n'ont pas directement participé aux meurtres ou aux pillages s'autoproclamer indûment membre de l'« élite morale ». Ce qui le tourmente plus que tout, c'est ainsi la façon dont, par une sorte d'accord tacite, le pays et la société s'évertuent à « esquiver leurs responsabilités en les rejetant sur quelques politiciens et sur quelques bourreaux » [2]. Cette attitude, scandaleusement insuffisante, lui paraît confirmer ce qu'il ne cesse de répéter au fil de son étude, à savoir que « l'examen de conscience et la recherche des responsabilités dans la persécution des Juifs n'ont pas eu lieu [3] ».

1. Karl Jaspers, *La Culpabilité allemande*, trad. de l'allemand par Jeanne Hersh, préface de Pierre Vidal-Naquet, Paris, Les Éditions de Minuit, 1990 [1948], p. 74.
2. « La question juive en Hongrie après 1944 » (1948), *in* István Bibó, *Misère des petits États d'Europe de l'Est*, *op. cit.*, p. 358.
3. *Ibid.*, p. 357.

Bibó, en historien ne pouvant se passer, compte tenu de l'objet qui l'occupe ici, de se faire aussi sociologue et psychologue, soutient certes que l'exacerbation de l'antisémitisme est toujours liée, à l'instar d'autres types d'hystéries collectives, à certains troubles majeurs de l'évolution politique et sociale. En outre, il a toujours estimé, proche en cela de l'École des Annales, que derrière les événements historiques se trouvent les structures de la société, qui sont l'essentiel sur une longue période. Il n'en balaye pas moins d'un revers de main la confortable objection, qu'il sent venir dès 1948, selon laquelle nous serions face à des facteurs historiques si déterminants que cela n'aurait aucun sens de « moraliser » à leurs propos ni d'invoquer des catégories comme la culpabilité ou la responsabilité. Raisonner ainsi serait témoigner d'une parfaite méconnaissance du problème, estime Bibó, intraitable sur l'importance qu'il accorde à la responsabilité individuelle : quand des individus se comportent de manière lâche ou basse, leur conduite, bien souvent, ne procède pas de « décisions diaboliques librement prises », mais consiste surtout « à agir en misérables et en inconscients privés de libre arbitre », à obéir à des pesanteurs sociales, éducationnelles ou personnelles, elles-mêmes nourries de « préjugés enracinés, de lieux communs vides de sens, de clichés stupides et paresseux »[1]. Or, s'il ne faut guère attendre de tels individus qu'ils assument une responsabilité, « car ils sont simplement incapables de saisir le sens de ce terme », cela ne les dispense pas, à ses yeux, de « subir les conséquences de leurs actes, c'est-à-dire la *mise* devant leurs responsabilités ». En d'autres termes, quelle que soit sa situation de classe, il est malgré tout donné à l'individu de pouvoir comprendre

1. *Ibid.*, p. 254.

cette situation et, dès lors, de prendre position « consciemment », poursuit-il dans une langue exceptionnellement marxiste de façon à se faire bien comprendre de tous[1].

C'est dire que, au-delà des conditionnements à l'œuvre, il y a toujours, pour Bibó comme pour Milosz et Patočka, une sorte d'irréductibilité ultime de la conscience morale individuelle. C'est la raison pour laquelle il apparaît indispensable au penseur hongrois que « chacun » procède à son examen de conscience. Et ce, « en évitant de mettre l'accent sur ses mérites et sur ses excuses, et de chercher à les invoquer pour compenser ses propres fautes et manquements, se demandant simplement de quoi il est *responsable* ou *coresponsable*[2] ». Le principe de l'unité de la conscience et de la raison, prôné par Karel Kosik en 1968, lors du Printemps de Prague, Bibó le mit ainsi en œuvre dès 1948. Ce qui fera justement dire à François Fejtö dans son livre, *Hongrois et Juifs*, que « sa voix était celle de la conscience et de la raison les plus pures exprimées en Hongrie par un Hongrois au lendemain de la Shoah[3] ».

Qu'en est-il, dans la Hongrie actuelle, du bilan moral auquel Bibó invitait ses compatriotes il y a un demi-siècle ? La mise de la nation devant ses responsabilités quant à la Shoah est encore loin de faire l'unanimité, dans son principe comme dans sa pratique. Depuis 1989, elle se trouve de surcroît compliquée, comme dans d'autres pays de la région, par la gestion, simultanée et parallèle, de la période communiste et de ses crimes[4]. Du coup, la tentation est forte, dans

---

1. *Ibid.*, p. 253-254.
2. *Ibid.*, p. 256.
3. François Fejtö, *Hongrois et Juifs. Histoire millénaire d'un couple singulier (1000-1997)*, Paris, Balland, 1997, p. 335.
4. Voir le récent état des lieux dressé par le politologue Michaël Shafir, *Entre négation et trivialisation par comparaison : la négation de l'Holocauste dans les pays postcommunistes d'Europe centrale et*

certains milieux, de se débarrasser de ce double et encombrant héritage en faisant précisément porter aux Juifs la responsabilité du communisme, inusable cliché qui, en Hongrie, circule depuis la Commune de Béla Kun. Ainsi la boucle de l'innocence se trouve-t-elle bouclée au motif que les victimes d'avant-hier seraient devenues les bourreaux d'hier. Conclusion : les deux « communautés », hongroise et juive, s'en trouveraient pour ainsi dire quittes [1]... Pour ceux qui résistent au pathos exonératoire de cette déplorable concurrence des victimes [2], Bibó, dont l'intransigeance à l'égard du nazisme n'aura d'égal que sa sévérité à l'égard du stalinisme, représente aujourd'hui une autorité intellectuelle et un point de repère extrêmement précieux.

L'attribution du prix Nobel de littérature à l'écrivain juif hongrois Imre Kertész, en 2002, va dans le même sens. Du point de vue même de la construction d'une identité européenne, cette récompense, ainsi que les réactions qu'elle a suscitées en Hongrie, se révèlent au plus haut point révélatrices des enjeux symboliques liés à ces conflits de mémoire.

de l'Est [*Intre negare si trivializare prin comparatie. Negarea holocaustului in tarile post-comuniste din Europa centrala si de Est*], Iasi, Polirom, 2002 (en roumain).

1. Sur cette logique, voir Paul Gradvohl, « Les historiens et les enjeux politiques du passé en Hongrie » et Alexandra Laignel-Lavastine, « Fascisme et communisme en Roumanie : enjeux et usages d'une comparaison », *in* Henry Rousso (dir.), *Stalinisme et nazisme. Histoire et mémoire comparées*, Bruxelles, Complexe, 1999, p. 247-273 et 201-245.

2. Selon la formule, devenue courante, de Jean-Pierre Chaumont, dans son ouvrage *La Concurrence des victimes. Génocide, extermination, reconnaissance*, Paris, La Découverte, 1997.

De Bibó à Kertész : en finir
avec la concurrence des victimes

Le prix Nobel, décerné à un écrivain dont l'audience restait jusque-là confidentielle en France comme en Hongrie, et qui, à l'instar de Milosz, aura tour à tour connu le cauchemar nazi et la démence stalinienne, vient ainsi nous rappeler que l'Europe centrale n'a jamais été uniquement cette Europe des poètes et des penseurs (*Dichter und Denker*) quelque peu idéalisée par Kundera, tandis que les juges et les bourreaux (*Richter und Henker*) auraient été l'apanage de l'Allemagne et de la Russie. Trop simple et trop idyllique, remarquaient déjà, dans les années quatre-vingt, d'autres intellectuels est-européens en réplique à Kundera, partisans d'une approche plus critique de leur propre histoire[1]. On se souvient du mot de l'essayiste et dissident hongrois György Konrád qui, dans les années quatre-vingt, affirmait en substance qu'après tout, c'est nous autres, gens d'Europe centrale, qui avons déclenché les deux guerres mondiales.

En cela, le prix décerné à l'auteur d'*Être sans destin* (1998) doit aussi servir à attirer l'attention sur ce problème, central, de la double mémoire du communisme et du nazisme. Comment, en effet, d'Est en Ouest, envisager une Europe qui ne soit fondée sur l'élaboration d'une approche historique commune des pages les plus noires du XXᵉ siècle ? D'une mémoire au sein de laquelle l'un des deux totalitarismes ne soit pas systématiquement mis en avant – à l'Est, c'est le communisme qui joue ce rôle – pour occulter, minimiser ou relativiser l'autre ?

1. Sur ce débat, voir le dossier rassemblé par George Schöpflin et Nancy Wood, « Milan Kundera's lament », in *In Search of central Europe*, *op. cit.*, p. 137-190 (avec des textes de Milan Šimečka, Mihaly Vajda, Pedrag Matvejevitch, entre autres).

Le point de vue d'Imre Kertész, comme celui de Bibó, mais cette fois formulé du point de vue des victimes, est à cet égard exemplaire. D'un côté, il est constamment question, dans son œuvre, des camps nazis, où il fut déporté en 1944 à l'âge de quinze ans. Il y a peu, dans *Un autre* (1997), Kertész ironisait même sur la réception de son œuvre, accueil qui aurait sans doute empli Bibó de consternation : « On me reproche, écrit-il, de n'écrire que sur *un seul* et *unique* thème (à savoir Auschwitz) et de ne pouvoir de ce fait représenter le pays (à savoir la Hongrie)[1]. » Aux riverains du Danube enclins à idéaliser l'âge d'or supposé de l'entre-deux-guerres, et plus généralement à tous ceux qui, en Europe, ont tendance à penser que la mémoire de la Shoah commence à tourner au « ressassement », le romancier, comme en écho aux analyses de Bibó, n'a cessé d'opposer que les conditions de possibilité d'Auschwitz étaient déjà là avant guerre, dans la vie de tous les jours. Et que de leur exploration, on ne vient jamais à bout. D'un autre côté, l'intérêt de l'œuvre de Kertész, écrivain de l'ombre tout au long de la période communiste, tient aussi à sa critique extrêmement radicale de cette machine à broyer les âmes que représente à ses yeux le « socialisme réel ». Aucune ambiguïté sur ce point, l'écrivain allant jusqu'à expliquer qu'il n'a pu concevoir Auschwitz qu'à travers l'expérience vécue du totalitarisme qui a suivi.

Mais si la démarche de Kertész est exemplaire, est-elle pour autant représentative ? Oui, d'une partie non négligeable de l'opinion publique des nouveaux pays membres de l'Union – cette partie que Bibó qualifierait d'européenne

1. Imre Kertész, *Un autre. Chronique d'une métamorphose*, trad. du hongrois par Natalia et Charles Zaremba, Arles, Actes Sud, 1999, p. 75.

et humaniste. Mais il existe également, au sein de ces sociétés, un autre camp : une anti-Europe nationaliste pour qui
la fierté nationale se conjugue mal avec le retour critique sur
le passé[1]. On assiste ainsi, au centre et à l'est du continent, à
l'inquiétante résurgence de stratégies mémorielles piégeant
jusqu'à des politiciens modérés. Aussi aurait-on tort de
sous-estimer la contribution de ces courants à la banalisation du discours antisémite en Europe, même si elle repose
sur d'autres ressorts qu'à l'Ouest[2].

Là-bas, ni minorités arabo-musulmanes en vue ni focali-
sation particulière sur le conflit au Moyen-Orient, mais
depuis les années trente des décennies de régimes autoritai-
res ou dictatoriaux à « digérer ». Autour du communisme,
il y va ainsi, à l'Est, d'une histoire douloureuse, à écrire certes, mais surtout, au stade où nous en sommes, à prendre à
charge : une histoire faite de périodes différenciées, de divers
ralliements intellectuels (stalinisme), de compromis collectifs
(sous l'ère Kádár après 1956) et de multiples ajustements,
aussi, avec les idéologies nationalistes d'avant guerre. Ces
identités blessées, en mal d'innocence et de « coupables »,
transforment les recyclages symboliques de l'histoire nationale récente (tentatives de réhabilitation du régime Horthy, etc.) en un formidable combustible aux mains de
leaders nationaux-populistes sans scrupules, et sans projet[3]

1. Voir, sur cette question, Georges Mink et Laure Neumayer,
« Contagion anti-européenne en Europe centrale », *Politique étrangère*, nᵒ 3, juillet-septembre 2002, p. 665-681 ; et Jacques Rupnik,
Les Européens face à l'élargissement. Perceptions, acteurs, enjeux,
Paris, Presses de Sciences Po, 2004.
2 Voir l'étude de Leon Volovici, « Antisemitism in Post-Commu-
nist Eastern Europe : A Marginal or Central Issue ? », *Acta*, nᵒ 5,
The Hebrew University of Jerusalem (The Vidal Sassoon International
Center for the Study of Antisemitism), 1994.
3. Nous nous permettons ici de renvoyer à notre article : « Les
mémoires blessées de l'Europe », *Le Monde*, 27 décembre 2003.

C'est dire que le nouvel antisémitisme est-européen est lié, de manière essentielle, à la gestion du passé. Kertész risque à ce propos un commentaire d'une grande justesse : « Si les nations préfèrent considérer que la destruction de vies individuelles et le ratage de leur histoire ne sont pas dus à elles-mêmes et à leurs propres erreurs, mais résultent plutôt d'un *malheur* provoqué par des forces malveillantes et *étrangères*, peut-être comme une *malédiction nationale*, le destin, voire la fatalité : eh bien alors, on peut dire qu'*elles ont besoin de l'antisémitisme*. » Et de souligner, dans l'orbite de Bibó, que « l'âme des petites nations d'Europe orientale » ne pourrait pas vivre, semble-t-il, sans « décharger leur malchance historique » sur divers oppresseurs, mais aussi « sans le bouc émissaire des minorités sur lequel elles peuvent reporter la haine et les ressentiments accumulés par les défaites quotidiennes »[1].

Le grand historien de la destruction des Juifs hongrois, Randolph L. Braham[2], rappelait ainsi, en 1999, qu'à l'ère stalinienne la Shoah avait été « virtuellement enfouie dans le trou noir orwellien de l'Histoire[3] », sans qu'aucun travail de mémoire conséquent n'ait été impulsé jusqu'au milieu des années quatre-vingt. Un oubli organisé qui explique que Kertész lui-même mettra vingt ans à être publié dans son propre pays, pour ne rien dire de Bibó. Conséquence : dans une Hongrie où, en 1995, un adulte

---

compte rendu d'un colloque organisé à Prague en décembre 2003 sur le thème : « L'Europe face à ses passés douloureux ».

1. Imre Kertész, *Un autre. Chronique d'une métamorphose*, *op. cit.*, p. 77.

2. Auteur de : *The Politics of Genocide. The Holocaust in Hungary*, 2 vol., New York, Columbia University Press, 1994.

3. Randolph L. Braham, « Offensive contre l'histoire. Les nationalistes hongrois et la Shoah », *Les Temps modernes*, dossier « À l'Est, la mémoire impossible », novembre-décembre 1999, p. 128.

sur quatre nourrissait encore de forts préjugés antisémites, comme le montre une enquête du sociologue András Kovács[1], les offensives des « purificateurs de l'histoire », selon la formule de Braham, vont considérablement se multiplier après la chute du régime. Dix ans après, en Hongrie, « la mémoire politique de la Shoah est de toute évidence en état de siège », remarque l'historien. « Étant donné le climat politique de la période d'après 1989, sans compter l'absence de prise de position morale claire et non équivoque à l'égard de cet événement, les purificateurs de l'Histoire semblent avoir eu carte blanche pour "sauvegarder l'honneur national de la Hongrie" en l'absolvant de toute responsabilité vis-à-vis de cette catastrophe[2]. » Braham relève en outre que si les négationnistes patentés restent marginaux, globalement circonscrits à l'extrême droite, en revanche, le nombre de ceux qui tendent de plus en plus ouvertement à minimiser la Shoah et à la « dénationaliser » se renforce. Un groupe qui, note-t-il, comprend désormais de nombreuses personnalités tenues pour respectables – intellectuels, écrivains, politiques, parlementaires ou officiers militaires de haut rang.

À Budapest même, la réception du prix Nobel s'est ressentie de ces tensions. Dès le lendemain, et sous le titre délibérément provocateur « Un écrivain hongrois est prix Nobel. Il est juif », le philosophe Gáspár Miklós Tamás en profitait pour souligner, dans les colonnes du quotidien libéral *Magyar Hirlap*, que ce Nobel manquerait son but s'il n'était justement l'occasion, pour les Hongrois, d'entamer un travail en profondeur sur eux-mêmes. « Nous pou-

---

1. András Kovács, « Antisemitism Prejudices in Contemporary Hungary », *Acta*, n° 16, The Hebrew University of Jerusalem, 1999.
2. Randolph L. Braham, « Offensive contre l'histoire. Les nationalistes hongrois et la Shoah », *op. cit.*, p. 129.

vons être heureux. Nous pouvons avoir honte », écrivait-il. Honte que Kertész ait pu par exemple écrire, en 1997, que « pour qu'un Juif soit accepté comme Hongrois, il doit répondre à certaines exigences qui, pour être bref, conduisent à la négation de soi »[1]. Plus mitigé, le quotidien conservateur *Magyar Nemzet* (La Nation hongroise) s'est certes félicité de cette distinction sous un titre également significatif – « Notre prix Nobel hongrois à nous » –, tout en faisant quand même remarquer que, dans une part importante de son œuvre, l'écrivain ne s'adressait pas aux lecteurs dont il partage la langue – comprendre : les Hongrois de souche...

« Le choix d'une tradition » : ainsi s'intitulait, en 1975, un célèbre essai de l'ex-dissident polonais Adam Michnik. Le prix Nobel accordé en 2002 à Kertész vient nous rappeler que c'est au choix d'une Europe que nous sommes confrontés. Soit une Europe centrale qui s'enferme dans l'apologétique nationale et incline à faire des Juifs les principaux responsables du « martyre » des populations autochtones sous le communisme. Une posture que certains intellectuels et historiens de l'Ouest relayent volontiers en dénonçant sans discontinuer l'inadmissible asymétrie qui, à les suivre, existerait entre l'amnésie dont pâtiraient les crimes du communisme comparée à l'hypermnésie dont bénéficierait la Shoah.

Cet empressement justicier au chevet d'une mémoire qu'il s'agirait à tout prix de guérir de son hémiplégie supposée omet d'intégrer ce que nous avons appelé la dimension paradoxalement « anti-antitotalitaire » de penseurs comme Michnik, Kertész ou Bibó. C'est l'autre tradition. Elle est à la fois antitotalitaire et anti-antitotalitaire au

---

1. Imre Kertész, *Un autre. Chronique d'une métamorphose*, *op. cit.*, p. 101.

sens où, comme l'affirme Adam Zagajewski, le mal est quelque chose de démocratique. Au sens où tous ces intellectuels vont s'atteler à une mise en histoire du siècle en rupture avec les récits mystificateurs de la propagande communiste, mais aussi avec le stéréotype consistant à tenir les habitants de l'Europe centrale pour des *outsiders* de l'Histoire n'ayant fait que la subir sans jamais y prendre part. Et lorsque Václav Havel, devenu président de la République, s'adresse le 1er janvier 1990 à ses concitoyens, il persiste et signe : « Nous qui nous sommes tous habitués au système, nous qui l'avons accepté comme un fait intangible, donc entretenu par nos soins [...], nous sommes tous en même temps ses cofondateurs. Pourquoi parler ainsi ? Parce qu'il ne serait pas raisonnable de considérer le triste héritage des dernières quarante années, dit-il, comme quelque chose d'étranger qui nous a été légué par un parent lointain. Nous devons au contraire accepter cet héritage comme quelque chose que nous avons nous-mêmes commis contre nous[1]. »

Méditer davantage cette tradition-là aurait peut-être évité à quelques essayistes occidentaux d'apporter de l'eau au moulin de certaines ambiguïtés insoutenables de la militance paralléliste, type Auschwitz = goulag, très en vogue à l'Est depuis 1989. Non pas que procéder à telle ou telle comparaison empirique soit bien sûr interdit en histoire. Tout le problème est de savoir ce que l'on cherche à montrer avec cette comparaison, d'identifier son ambition explicative, ses fonctions et ses usages. Or, la force avec laquelle certains revendiquent en Europe centrale la légitimité d'une totale assimilation du communisme au nazisme se révèle beaucoup plus lourde d'équivoques qu'il

---

1. Václav Havel, *L'amour et la vérité doivent triompher de la haine et du mensonge*, La Tour d'Aigues, L'Aube, 1990, p. 27.

n'y paraît de prime abord. Car dans le contexte est-européen d'aujourd'hui, invoquer la notion d'« Holocauste rouge », ce peut être aussi une manière d'emprunter la voie la plus courte, *et* pour se débarrasser de l'Holocauste (1941-1944), *et* pour s'abstenir d'avoir à penser ce que le « rouge » en question a dû assimiler de brun (rhétorique xénophobe, antisémitisme, etc.) pour assurer l'assise de systèmes qui n'ont pas reposé, pendant quatre décennies, sur la seule base de la terreur.

Le nerf du problème, encore une fois, consiste à savoir comment affronter le double et douloureux héritage du fascisme et du communisme sans céder à une martyrologie collective telle qu'au communisme-œuvre-exclusive-de-Moscou ferait pendant un fascisme dont les crimes seraient à verser au seul compte de l'Allemagne nazie. Or tel est, bien souvent, l'horizon qui gouverne la démonstration. Comme s'il s'agissait, par la mise en équivalence des crimes du nazisme et de ceux du communisme, de fonder la thèse d'une identité nationale essentiellement pure, européenne et héroïque. Donc de l'inscrire, au plan interne, dans la durée et la continuité d'un patriotisme positif (aspect connexe : négation de toute responsabilité dans la Shoah), tout en l'enracinant ou en la légitimant, au plan externe, dans une vision du communisme auquel reviendrait, au XXᵉ siècle, la prééminence absolue en matière de terreur (aspects connexes et solidaires du premier : négation de toute racine autochtone du communisme, réactivation du mythe du judéo-bolchevisme, etc.).

Ce problème et ce choix nous concernent tous. L'alternative est en effet la suivante : soit décourager, au sein des sociétés centre-européennes, la tradition qu'incarnent Havel, Michnik ou Kertész. Autrement dit fragiliser le développement d'une prise de distance critique des sociétés d'Europe centrale envers leurs propres mythes, en persistant à ne voir dans cette sensibilité qu'autocontrition et moralisme « vigilant ». Soit soutenir et encourager ces forces démocratiques-là. Celles qui, dans le sillage de Milosz, Patočka ou Bibó, doublent leur courageuse méditation sur les deux totalitarismes d'un combat contre la posture victimaire. Ceux-là estiment plus responsable d'inviter la société à regarder le présent et l'avenir, non comme le prolongement sans fin de règlements de comptes liés à un passé mal assumé, mais pour reprendre la belle expression de Pierre Kende, comme « un champ vierge, plus ou moins indéterminé, qui s'ouvre *aussi* à ses initiatives [1] ».

DE BIBÓ À ZYGMUNT BAUMAN : LES LEÇONS CONTEMPORAINES D'UNE DÉBÂCLE ÉTHIQUE

S'il est une énigme obsédante qui traverse toute la réflexion de Bibó sur la Shoah, et l'on pourrait en dire autant de celle conduite par Milosz, c'est bien celle de la « faillite morale » d'une société européenne, en l'espèce la sienne. Comme s'il y avait ici quelque chose sur quoi la raison achoppe et, avec elle, les explications socio-historiques les plus élaborées. D'où vient que le gouvernement hongrois ait pu « en toute légalité » habituer sans mal la société à l'idée que « le respect obligatoire de la dignité humaine ne s'appliquait pas aux Juifs » [2] ? Il s'est produit là, dit Bibó, un processus d'« accoutumance progressive »

1. Pierre Kende, *Le Défi hongrois, op. cit.*, p. 264.
2. « La question juive en Hongrie après 1944 » (1948), *in* István Bibó, *Misère des petits États d'Europe de l'Est, op. cit.*, p. 217.

qui, de proche en proche, rendra possible l'impensable. De l'acceptation sans murmure du port obligatoire de l'étoile jaune à cette absurde soumission qui conduira la plupart des fonctionnaires à continuer d'obéir jusqu'au bout, et en toute loyauté, à l'appareil d'État, malgré l'horreur que pouvait inspirer à certains l'extermination en cours. Or, cela n'aurait pas dû arriver, affirme en substance Bibó en même temps qu'Arendt : dès l'instant où « apparut la simple possibilité de telles horreurs, tout homme doué d'un sens moral intact aurait dû frissonner d'indignation et réagir par des actes » [1], écrit-il toujours en 1948.

On retrouve la même énigme au centre du grand livre déjà cité de Zygmunt Bauman sur la Shoah, *Modernité et Holocauste*, analyse beaucoup plus tardive puisque publiée en anglais en 1989, vingt ans après que son auteur a dû quitter la Pologne, et quarante ans après « La question juive en Hongrie » de son confrère hongrois. Comment cet extraordinaire aveuglement moral a-t-il été possible, se demande quant à lui Bauman à propos du fait que la Shoah se soit produite, non pas dans un quelconque ailleurs, mais au sein même de la « maison modernité » ? Cette proximité de pensée est d'autant plus troublante que le parcours de Bauman, considéré comme une figure majeure de la sociologie contemporaine, est sensiblement distinct de celui de Bibó. Né en Pologne en 1925, issu d'une famille juive, Bauman fait l'expérience de l'antisémitisme dans les années trente mais fuit la Pologne en 1939 pour se réfugier en Union soviétique, d'où il rejoint, à dix-huit ans, l'armée du général Anders dans les rangs de laquelle il participe, en 1945, à la libération de Berlin. Certains de ses anciens étudiants se souviennent encore de lui enseignant après guerre à l'université de Varsovie... en uniforme d'officier. Contrairement

1. *Ibid.*, p. 250.

à Bibó, Bauman, de formation marxiste, est alors membre du Parti communiste polonais et il le restera jusqu'en 1967, quand la campagne antisémite qui secoue le pays (au lendemain de la guerre des Six-Jours) le conduit à rompre. Le sociologue démissionne du Parti en 1968, se voit destitué de toutes ses fonctions universitaires et s'installe définitivement en Grande-Bretagne en 1971 après plusieurs séjours en Amérique du Nord et en Israël.

« Notre expérience européenne commune »

C'est donc en exil, et en anglais, que Zygmunt Bauman, à qui l'on doit plus d'une vingtaine d'ouvrages, va élaborer l'essentiel de son œuvre. Une œuvre de réputation internationale qui, par sa dimension éthique et son interrogation critique sur la modernité, nous semble néanmoins indéchiffrable, tant dans son inspiration que dans ses enjeux, si on omet de la rapporter à sa trajectoire d'Européen de l'Est, souvent ignorée à l'Ouest. Lors d'une conférence prononcée à l'occasion de la remise du prix européen Amalfi, le 24 mai 1990, Bauman précise d'ailleurs à propos de *Modernité et Holocauste* : « C'est un livre qui est né d'une expérience qui enjambe le fossé jusqu'à présent profond et infranchissable séparant ce que nous appelions autrefois l'Europe "de l'Est" de l'Europe "de l'Ouest". Les idées qui ont nourri ce livre, ainsi que ses messages, ont mûri d'abord à l'université de Varsovie, ma ville natale, puis parmi mes collègues de Grande-Bretagne, le pays qui a donné à l'exilé que j'étais une seconde patrie. » La suite rappelle la sensibilité et même la manière de dire de Milosz : « Ces idées ne connaissaient aucune séparation, elles ne connaissaient que notre expérience européenne commune, notre histoire européenne partagée dont l'unité peut être démentie, voire temporairement effacée, mais pas rompue, insiste le sociologue. Le sujet de mon livre, c'est notre destin commun d'Européens »[1].

Or, l'avenir de ce destin passe, pour Bauman, par la réponse que nous saurons apporter à la question suivante : comment expliquer que des individus *a priori* normaux, qui passeraient avec succès n'importe quel examen psychiatrique, aient pu se transformer à une telle échelle en criminels de bureau ? Bauman rappelle par ailleurs que les soldats enrôlés dans les unités les plus directement liées aux massacres n'étaient en règle générale ni particulièrement sadiques ni anormalement fanatiques : en somme, des hommes « ordinaires »[2]. Aussi relève-t-il avec la même stupeur que Bibó la facilité avec laquelle les victimes, une fois marquées et marginalisées, ont pu se voir expulsées de cet « univers d'obligation » qui définit le territoire à l'intérieur duquel les principes moraux ont une signification et nous engagent. Face à l'énigme de cette débâcle éthique, l'idée-force de Bauman et l'originalité de son approche ont consisté à élargir le cadre d'analyse classique : et si c'était la modernité, voire le processus même de civilisation, via la primauté d'une logique instrumentale et bureaucratique, qui étaient en partie en cause ? En cause, donc, cette tendance toujours à l'œuvre dans nos sociétés contemporaines « à refouler, à censurer et à délégitimer les motivations éthiques de l'action sociale[3] ».

---

1. Zygmunt Bauman, *Modernité et Holocauste*, op. cit., p. 255. Voir aussi son essai récent sur l'Europe : *Europe, An Unfinished Adventure*, Cambridge, Polity Press, 2004.

2. Dans son livre, justement intitulé *Des hommes ordinaires. Le 101e bataillon de réserve de la police allemande et la Solution finale en Pologne* (Paris, Les Belles Lettres, trad. de l'anglais par Elie Barnavi, préface de Pierre Vidal-Naquet, 1994), l'historien Christopher R. Browning parvient à la même conclusion.

3. Zygmunt Bauman, *Modernité et Holocauste*, op. cit., p. 63.

Cette intuition, qui doit beaucoup à la réflexion d'Hannah Arendt sur « la banalité du mal », peut surprendre à un double titre. Parce qu'on considère généralement que le processus civilisateur, ou ce qui est la même chose chez Bauman, « l'histoire européenne », assure le triomphe progressif de la raison sur la violence. Or, cette vision, chère à Norbert Elias, est intenable pour Bauman, d'accord sur ce point avec Patočka : la société moderne ne représente en aucun cas une puissance expressément moralisatrice. Autre surprise, propre à ébranler nos catégories de pensée habituelles : voir converger un sociologue néomarxiste (Bauman) et un sociologue d'inspiration plutôt chrétienne (Bibó) dans la même obstination à placer au centre de leur approche la notion de responsabilité morale.

Le génocide, produit terrifiant de notre modernité

Pour l'essentiel, en effet, Bauman soutient que la Shoah ne peut s'interpréter comme une sorte de tumeur sur le corps d'une société saine, comme une folie passagère dans un monde rationnel, bref, comme une pure anomalie de notre civilisation. Une thèse qui semble à première vue l'éloigner de la lecture qu'en fait Bibó qui, lui, raisonne plutôt en terme de pathologie. Tenter de comprendre la modernité à partir de la Shoah, aborder celle-ci « comme un test exceptionnel mais significatif et fiable des possibilités cachées de la société moderne [1] », tel est donc le propos central, et dérangeant, de Bauman.

Car d'où vient qu'aucun des traits caractéristiques de la modernité n'ait recelé le moindre mécanisme capable d'enrayer la perpétration de ce gigantesque crime légal ? Divi-

1. *Ibid.*, p. 38.

sion bureaucratique du travail, principe d'efficacité, idée que la science représente d'abord un instrument, qu'elle se trouve par là même dégagée des « valeurs », d'où la relégation de l'éthique dans la sphère de la subjectivité, dans « l'intimité de la salle de bains » (Havel) : non seulement ces traits n'ont pas empêché la Shoah de se produire, mais elle serait impensable sans eux. Il en va de même, souligne Bauman, des crimes de Staline. En ce sens, les deux génocides « les plus tristement célèbres et les plus extrêmes » n'ont pas trahi l'esprit de la modernité, « ils ne dévièrent pas de l'axe principal du processus civilisateur »[1], tranche le sociologue. Depuis, ces traits ne se sont pas évanouis dans la nature, mais continuent de faire partie de nos vies, note-t-il. Il serait certes plus réconfortant de pouvoir se dire que cela est arrivé là-bas, en d'autres lieux et d'autres temps. De classer l'événement dans la catégorie « passé », disait Milosz, de le considérer, renchérit Bauman, comme un simple objet de recherche universitaire. Ainsi n'aurions-nous pas à mettre en doute les principes qui gouvernent notre existence, les critères de notre conduite, la bonne marche fonctionnelle de nos institutions. Mais il n'en va pas ainsi. Et c'est également pourquoi il ne serait pas bon que la mémoire historique cicatrise trop vite. La Shoah, insiste Bauman, reste notre problème, à nous autres Européens, le problème « de cette société, de cette civilisation et de cette culture[2] ». Et pourtant, déplore-t-il, il ne semble pas que les leçons à la fois sociologiques, psychologiques et politiques de la Shoah n'aient vraiment été incorporées à la conscience démocratique contemporaine.

Il ne s'agit évidemment pas pour Bauman de rejeter la modernité en bloc, pas plus que pour Milosz, Kosik ou

1. *Ibid.*, p. 158.
2. *Ibid.*, p. 14.

Patočka. Avancer que la modernité fut la condition nécessaire de la Shoah, ce n'est pas dire qu'elle en fut la condition suffisante [1]. Bauman précise de surcroît que, pour qu'un génocide moderne ait lieu, pour que les activités ordinaires se transforment en activités criminelles, plusieurs conditions supplémentaires doivent être réunies, à commencer par la montée d'un pouvoir ivre d'idéologie et affranchi de tout contrôle. Il faut encore, explique-t-il, que se trouvent rassemblés, dans une conjoncture particulière, certains facteurs de la modernité qui, d'habitude, ne se mélangent pas. Pris isolément, ces facteurs sont courants. Ce qui est rare (et rend le génocide nazi unique) c'est leur rencontre et leur *combinaison* particulière à un moment donné de l'histoire. Voilà qui nous ramène à l'obsession majeure du sociologue : ne jamais perdre de vue ce dont est capable la pente rationalisante et manipulatrice de notre civilisation si on ne la tempère pas et si on ne la surveille pas. Autrement dit, si on laisse s'éroder le pluralisme des forces sociales et si on ne replace pas la question de l'éthique au cœur de notre action. Voyons plus précisément par quelle voie l'auteur de *Modernité et Holocauste* en arrive à cette conclusion.

Quand l'étouffement de la conscience est assimilé à une vertu

L'un des aspects les plus percutants de son analyse tient à l'idée que « l'instinct moral », ce sens mystérieux qu'il place à la source de tout comportement autonome, compte parmi les premiers critères d'évaluation que la société moderne tend à supprimer. Pour cela, plusieurs opérations

1. *Ibid.*, p. 40.

sont requises. Il faut d'abord que la violence soit autorisée (par des ordres légaux, une discipline) ; qu'elle devienne une technique, par définition sans émotion. Il faut enfin que ces actions soient banalisées (par des pratiques réglementaires) et que les victimes soient déshumanisées (notamment par la propagande idéologique)[1]. Il ne faudrait cependant pas croire que seuls le nazisme ou le stalinisme ont créé ces conditions. À y regarder de près, ces mécanismes sont présents dans toute machine bureaucratique dès lors qu'elle produit d'une part de l'indifférence, de l'autre de l'invisibilité morale.

La production sociale de *l'indifférence morale* exige en premier lieu, selon Bauman, que s'impose cet idéal d'obéissance caractéristique de « l'honneur du fonctionnaire » décrit par Max Weber. L'honneur du fonctionnaire, explique le grand sociologue allemand cité par Bauman, « réside dans sa capacité à exécuter consciencieusement les ordres des autorités supérieures, exactement comme si l'ordre donné était en parfaite harmonie avec sa propre conviction »[2]. Ce *comme si* joue un rôle capital car, au passage, un événement décisif se produit : l'idéal de discipline se substitue à la responsabilité morale. La plus haute vertu, commente Bauman, se confond désormais avec « la légitimation de presque toutes les règles internes de l'organisation en lieu et place de la conscience personnelle[3] ».

Mais ce n'est pas tout, car une autre « vertu » vient encore, dans ce cadre, subrepticement remplacer la responsabilité morale : c'est la responsabilité technique qui, dans toute bureaucratie, va de pair avec une méticuleuse division du travail. Cela signifie que la tâche du bureau-

1. *Ibid.*, p. 52.
2. *Ibid.*, p. 52-53.
3. *Ibid.*, p. 53.

crate devient une fin en soi. Seul compte le fait qu'elle ait été ou non exécutée selon la meilleure méthode, c'est-à-dire la plus rentable et la plus efficace. Résultat : une fois atomisés et isolés, ces actes spécialisés deviennent moralement neutres pour leurs auteurs. Ce sur quoi Bauman attire ici l'attention, c'est à quel point les critères moraux cessent dans ces conditions d'être pertinents par rapport au succès technique de l'opération. Dès lors, « la moralité revient simplement à être un bon ouvrier ou un bon expert, à la fois efficace et diligent[1] ».

C'est bien cette même tendance à la concentration exclusive sur les moyens au détriment des fins qui trouble Bibó dans son essai de 1948. La compétence, la conscience professionnelle et le respect du droit sont ainsi les qualités qui lui viennent à l'esprit pour décrire la partie « européenne » de l'administration publique hongroise dont il constate si amèrement la faillite. Elle a failli car elle ne s'est pas émancipée du mythe de la légalité, alors qu'elle aurait dû « constater l'absence partielle puis totale de la légitimité juridique et morale du pouvoir et agir en conséquence[2] ». Attente déçue : du haut en bas de l'échelle, l'immense machine mobilisée pour exécuter les mesures relatives à la déportation des Juifs n'a opposé aucune résistance sérieuse. Fonctionnaires, officiers d'État civil ou simples membres de l'administration « opéraient peut-être sans enthousiasme, mais toujours conscients de faire leur devoir ». Ainsi estimaient-ils, poursuit le penseur hongrois, que « la morale leur commandait de se convaincre par des arguments spéciaux que, dans des cas concrets, la fraude et la falsification n'avaient ni sens ni utilité. Quel-

<hr />

1. *Ibid.*, p. 172.
2. « La question juive en Hongrie après 1944 » (1948), *in* István Bibó, *Misère des petits États d'Europe de l'Est*, *op. cit.*, p. 229.

ques-uns seulement d'entre eux en étaient arrivés à considérer le pouvoir d'État comme une bande de gangsters, ses décrets comme des chiffons de papier et la désobéissance à leurs ordres, la fraude et la falsification à leur détriment comme un devoir moral » [1]. Ce qui ressort des descriptions de Bibó aussi bien que de l'analyse de Bauman, c'est la nécessité de remplir à ras bord de tâches fonctionnelles et subalternes l'espace qui s'étend entre le projet et son accomplissement. Et Bibó d'énumérer dans cette catégorie l'installation et le ravitaillement des camps de transit, le recensement, la vérification des pièces d'identité, l'examen des demandes de dérogation, la conduite des convois, etc.

Mais encore faut-il, pour que cette indifférence morale soit garantie et consolidée, qu'elle puisse s'adosser, dit Bauman, à une seconde opération, complémentaire : la production sociale de *l'invisibilité morale*. Il faut autrement dit que les objets de l'action bureaucratique soient réifiés de façon à être « annulés comme sujets potentiels d'exigences morales [2] ». D'où l'importance, ici, du vocabulaire : opérations spéciales, dommages collatéraux - cellules souches, pour prendre un exemple contemporain, etc. Grâce à cette terminologie, et via la distance physique et psychique ainsi créé, les « objets » humains se verront bureaucratiquement et techniquement relégués derrière le mur d'enceinte du ghetto évoqué par Milosz. Ce mur au-delà duquel les Varsoviens pouvaient se dire : cela se passe là-bas, de l'autre côté. Le plein succès de l'opération, souligne Bauman, exige donc que les individus n'aient jamais à faire un choix moral, ni à « étouffer une résistance intérieure de leur conscience », dit-il après Jan Hus. Des actes aux conséquences inhumaines pourront

1. *Ibid.*, p. 230.
2. *Ibid.*, p. 175.

être perpétrés comme s'il s'agissait de tâches anodines, sans que nul n'ait à s'en attribuer la responsabilité consciente. Ainsi « le débat sur la moralité des actes n'a jamais lieu », remarque le sociologue, « puisque les aspects moraux de ces actes ne sont pas directement visibles ou sont intentionnellement soustraits à la découverte et à la discussion »[1].

Divorce à Buda : l'Europe crépusculaire de Sándor Márai

Au fil de ces différentes opérations se dégage chaque fois une définition, ou plutôt une antidéfinition de l'humanité de l'homme : être un homme dans cette optique, autrement dit un monstre, implique en effet que l'on sache « surmonter sa pitié » (Arendt), mettre un terme à la débauche métaphysique des émotions et des scrupules (Koestler). Mais suivre cette hypothèse, cela ne revient-il pas à soutenir qu'un système de normes devient hautement problématique quand il parvient à faire en sorte que l'individu puisse faire le mal sans avoir un seul instant l'impression de se départir de son intégrité ? Car la distance engendrée par la logique bureaucratique, observe Bauman, ne fait pas que lever les inhibitions. Elle abolit « la signification morale de l'acte et par conséquent prévient tout conflit entre les critères personnels de moralité et l'immoralité des conséquences sociales de cet acte[2] ». L'abolition de ce conflit, le *divorce* qui se produit alors entre désir de rationalité et valeurs éthiques, le premier pouvant se déployer sans être jamais perturbé par l'interférence des secondes –

1. *Ibid.*, p. 56.
2. *Ibid.*, p. 58.

ce divorce, montre Bauman, est constitutif de notre modernité, même si cette dernière, par d'autres de ses aspects positifs et émancipateurs, ne s'y réduit pas.

Divorce à Buda : tel est justement le titre d'un roman de l'écrivain hongrois Sándor Márai (1900-1989), redécouvert dans les années quatre-vingt-dix. Adulé dans les années trente, Márai va tomber dans l'oubli après guerre. Comme Milosz, il s'exile en Californie (en 1948), où il se suicide en 1989. Publié en 1935, *Divorce à Buda* met en scène un juge qui s'apprête à prononcer le divorce d'un ami médecin, perdu de vue depuis des années. Mais ce récit constitue surtout la saisissante évocation d'une Europe en crise, doublée d'une très subtile description de cette bourgeoisie hongroise des années vingt et trente en pleine décomposition. Le milieu même où István Bibó a grandi, à l'égard duquel il se montre si impitoyable, et dont on comprend, grâce à Márai, comment il va déboucher sur ce monde des consciences « anesthésiées à l'égard des atteintes à la dignité humaine » dépeint par Bibó[1].

Ainsi le juge du roman de Márai est-il en proie à d'« étranges vertiges », moins neurologiques que métaphysiques, secrètement liés, nous dit le narrateur, à un doute venu du fond de l'âme quant aux formes dominantes d'une civilisation qu'il s'efforçait à tout prix de défendre. L'édifice vermoulu de la société n'était-il pas en train de craquer dans toutes ses jointures ? Certes, ce demi-sommeil pouvait durer des années – « il fallait vivre, juger et défendre sa position devant la loi » –, mais le magistrat « sentait confusément, ajoute Márai, que cette obéissance

---

1. Sur ce thème cher à Márai, voir notre article : « Le crépuscule de l'humanisme européen », *Le Monde* du 7 janvier 2005, à propos de ses *Mémoires de Hongrie*, trad. du hongrois par Georges Kassai et Zéno Bianu, Paris, Albin Michel, « Les grandes traductions », 2004.

séculière était insuffisante »[1] bien que tout le monde s'en contentât. Ce personnage prénommé Kristof est une sorte de fonctionnaire type à la Bauman, encore que n'ayant pas tout à fait achevé sa métamorphose puisque par moments visité par cette voix qui, explique l'auteur, lui « ordonnait d'agir autrement ». Ce qui tourmente avant tout le juge Kristof Kömives, c'est son univers à lui, ou plutôt, le sens de cet univers : les salles d'audience, la robe, les procédures et les dossiers, bref, tous les ressorts invisibles de ce grand mécanisme appelé justice. « Et il fallait l'accepter. Il appartenait simplement au juge d'insuffler de l'âme, de la vigueur à cette énorme machine », disait-on. « Et pourtant, Kristof sentait instinctivement que la justice était autre chose que la seule lettre, que les seuls "faits" »[2] – précieux instinct que le juge normalisateur, décrit par Milan Šimečka dans *Le Rétablissement de l'ordre*, aussi bien que les bureaucrates de Bibó et plus tard de Bauman, parviendront justement à étouffer en eux-mêmes.

Autre chose, mais quoi ? La question ébranle Kristof lorsqu'il se demande laquelle des deux écoles, en matière de justice, présente le visage le plus humain : la sienne, lui qui dès son premier verdict « s'était barricadé dans le plus rigide des formalismes » ? Ou celle de ces vieux juges qui entendaient encore s'impliquer dans les procès des hommes, « s'indigner, râler, maugréer » ? Et si la vérité présentait toujours une dimension individuelle ? s'interroge-t-il. Aussi « ces vieux magistrats à la voix tonnante qui "intervenaient" et savaient conduire une audience comme une affaire personnelle, qui conseillaient ici, répliquaient là,

1. Sándor Márai, *Divorce à Buda*, trad. du hongrois par Georges Kassai et Zéno Bianu, Paris, Le Livre de poche, 2004 [Albin Michel, 2002], p. 61.
2. *Ibid.*, p. 67.

blâmaient et consolaient avec force hochements de tête, qui, tout en respectant la lettre de la loi et les rouages de la machine juridique, avaient su conserver leur individualité », peut-être que ces vieux magistrats étaient plus proches de la vie et incarnaient mieux, au fond, l'esprit de la justice ? Une chose est sûre : le voile confortable qu'il avait l'habitude de jeter sur le monde et qui enveloppait du même coup sa conscience chaque fois qu'il sentait poindre quelque interrogation liée au sens de ses actes, ce voile commence à se déchirer. Et voilà que le pressentiment d'un divorce aux conséquences peut-être incalculables pour la civilisation apparaît au juge Kömives : « Il y avait, d'un côté, la loi et de l'autre la "vérité" et la justice, mais seuls, sans doute, pouvaient rendre la justice ceux qui étaient capables de s'indigner en permanence devant le grand charivari du monde » [1].

Par ces réflexions, le juge de Márai apparaît aussi comme un héros typique de la littérature centre-européenne, soudainement saisi par l'extrême fragilité d'un ordre cimenté par l'uniforme et le rituel. Cette irruption inopinée de ce que Havel appelle « l'horizon caché », ce surgissement du côté nocturne et imprévisible de la vie, de ce qui, en elle, échappe au fonctionnel, culmine à la fin du roman avec la visite de son ami d'enfance, le médecin. Une visite bien contraire aux usages, car non seulement se dernier ose se présenter au domicile de Kristof sans y avoir été invité, mais qui plus est à une heure fort tardive. Le magistrat rechigne, mais finit à son corps défendant par se rendre à l'intuition que le divorce entre la raison et la conscience n'est guère tenable, même si cette découverte est loin de le ravir. « La vie, parfois, enfreint les règles de la procédure, pense-t-il, maussade, et c'est en fronçant un

1. *Ibid.*, p. 69-70.

peu le front qu'il considère cette vie "irrégulière" qui tout à coup fait irruption, nuitamment, chez un juge et l'oblige, au mépris du Code civil comme de celui de la bienséance, à tenir audience sur-le-champ[1]. » Le conflit qui se joue là dans la personne de Kristof entre la norme qui l'incite à juger irrecevable la problématique morale fondant sur lui d'un côté, et de l'autre la résistance qu'il éprouve à se mettre hors d'atteinte de cette même problématique (de principes comme l'assistance mutuelle ou le respect réciproque), ce conflit, cette tension, signalent d'emblée que tout n'est pas perdu. « J'ai besoin d'un juge qui ose juger même la nuit », lui dit le médecin. Sur quoi Kömives réplique, comme en écho à ses considérations antérieures sur les deux visages de la justice : « Crois-moi, il n'y a pas deux espèces de juge – et notre seul vrai juge est notre conscience. La nuit comme le jour »[2].

N'est-ce pas pour avoir oublié ce principe, constitutif de son héritage, que l'Europe, au XXᵉ siècle, aura vu la nuit submerger le jour ? C'est ce dont Patočka était convaincu, au même titre que Milosz, Bibó et Márai. À plusieurs reprises dans le roman, ce dernier insiste ainsi sur le fait qu'il y a dans l'existence des moments où l'on ne peut *répondre autrement*, où le haut-parleur de l'âme diffuse la seule réponse que lui dicte le caractère. Mais qu'est-ce au juste que le caractère ? Le juge de Márai parvient tout au plus à associer cette idée au constat qu'« il y a, en chaque homme, un noyau dur, inaltérable[3] ». Comme si la chose était au moins aussi difficile à cerner que la conscience, la dignité ou l'instinct moral – notions dont le sens énigmatique s'impose pourtant et paradoxalement à nous avec une

1. *Ibid.*, p. 152.
2. *Ibid.*, p. 158-159.
3. *Ibid.*, p. 113

évidence quasi contraignante. Ce paradoxe majeur, autour duquel gravitent en vérité tous les romans de Sándor Márai, de même que l'ensemble des écrits sociologiques de Bibó et de Bauman, ne serait-il plus d'actualité ?

De Buda à Paris : malaise dans la normalité

L'enquête du psychanalyste Christophe Dejours sur les ressorts subjectifs qui, en France, notamment dans le monde de l'entreprise, favorisent la tolérance au mal et à l'injustice sociale, est à cet égard particulièrement éclairante. Son ouvrage, *Souffrance en France*, peut en effet se lire comme une passionnante réflexion sur la normalité. Car au fond, qui est normal – normal selon le système de normes en vigueur dans nos sociétés européennes en ce début du XXIe siècle ?

Est-ce l'individu qui souffre, qui le cas échéant se révolte et refuse les règles du jeu parce que la souffrance ou l'injustice qu'il se trouve en position d'infliger à autrui (en licenciant, en imposant à ses subordonnés des conditions de travail insupportables, etc.) lui est moralement insupportable ? Ou est-ce celui qui parvient à divorcer sans heurt, à mobiliser avec succès toute une palette de stratégies défensives qui le désensibilisent et lui rendent tolérable cette souffrance que Dejours propose de qualifier d'« éthique » dans la mesure où elle résulte d'actes que le sujet lui-même commet tout en les réprouvant moralement ? Ce que montre ainsi l'auteur, c'est que cette tolérance à la souffrance n'est pas seulement l'effet du conformisme ou d'une simple résignation devant un destin économique mondialisé sur lequel nous n'aurions plus prise. Elle fonctionne aussi comme une défense contre la conscience douloureuse de notre propre complicité ou de notre « collaboration », dirait Lacan, dans le développement du malheur social.

L'être normal, conformément à l'idéologie aujourd'hui dominante, peut ainsi s'interpréter comme le fruit d'un compromis entre la souffrance et la lutte contre cette même souffrance. Dans le monde du travail, la normalité se présente, selon Christophe Dejours, comme le résultat, *conquis de haute lutte*, d'un combat intérieur contre la déstabilisation psychique provoquée par les souffrances subies et/ou infligées. Le héros de notre temps, selon la logique contemporaine, serait donc celui qui parvient à ne plus jamais se poser la question de savoir dans quelle mesure sa responsabilité personnelle est, ou non, impliquée dans le malheur d'autrui. Il est celui qui parvient à faire définitivement taire son sens moral : en qui ce sens moral ne fonctionne plus, en qui la délibération éthique peut être suspendue sur commande.

L'inquiétant phénomène mis en lumière ici tient à la façon dont l'individu parvient à se rendre indisponible à l'émotion que déclenche en lui la détresse d'autrui. Plusieurs phases sont à distinguer dans ce processus : la perception de la souffrance, qui déclenche une émotion – indispensable à la prise de conscience, laquelle entraîne en principe l'exercice du jugement. Tout dépend donc, souligne Dejours, de la réaction du sujet face à son émotion : s'il s'en défend avec succès – par le rejet, le désaveu, le refoulement –, il perd en quelque sorte la conscience de ce qu'il commet sans risquer pour autant de trahir, à ses yeux, sa propre dignité[1]. Cette analyse, qui dans un contexte tout différent – et faut-il le préciser, non génocidaire – prolonge en partie celle de Bauman, pose le pro-

1. Christophe Dejours, *Souffrance en France. La banalisation de l'injustice sociale*, Paris, Seuil, « Points », 2000, p. 58.

blème de la société dans laquelle une telle absence de conscience, une telle panne, voire un tel renversement du sens moral peuvent être érigés en conduite exemplaire.

Tous ces auteurs, cependant, nous disent aussi que ce processus n'a rien de fatal. Quand Bauman avance que les violences extrêmes du XXe siècle en Europe se révèlent des sous-produits du penchant moderne pour un monde totalement planifié, maîtrisé et percé à jour, il précise aussitôt que ce penchant, pour donner lieu à un génocide, doit échapper à tout contrôle. Il ne peut arriver que si la logique purement instrumentale et fonctionnelle de la modernité ne rencontre plus, sur sa route, aucun obstacle ni aucun contrepoids. Précision capitale. Or, pour Bauman, il existe principalement deux pôles de résistance à même d'endiguer ce devenir-fou de la modernité. Le premier exige que l'on veille sur la pluralité du monde humain, par où il rejoint Hannah Arendt ; le second revient à affirmer le primat de l'éthique, par quoi il se rapproche d'Emmanuel Levinas tout en s'accordant avec Patočka, Havel, Milosz ou Bibó pour considérer que morale et politique ne se dissocient pas.

LA SUBVERSION PAR LA MORALE, ENJEU MAJEUR DU XXIe SIÈCLE

Non pas subvertir la morale, donc, mais ériger celle-ci en nouveau principe de subversion. La responsabilité éthique, instance subversive par excellence à l'aube du XXIe siècle ? Telle est bien la thèse à laquelle parvient la réflexion de Zygmunt Bauman sur la modernité, dénouement de prime abord paradoxal, et encore une fois assez inattendu de la part d'un penseur néomarxiste. Et pourtant, quelles que soient les voies empruntées, de la poésie à la phénoménologie, de l'art du roman à la sociologie, tous les intellectuels est-européens réunis dans ces pages convergent, de façon troublante, vers la même conclusion : vers l'idée que la forme la plus radicale de dissidence, dans un monde qui tend à éroder de façon plus ou moins douce ou invisible les fondements même de l'humain et du souci de l'autre, consiste à rétablir la primauté de la conscience individuelle comme norme et critère des institutions. L'homme moderne s'est émancipé des pesanteurs de la tradition, et il ne vient à l'esprit d'aucun de ces penseurs, tous démocrates, de le déplorer. Mais n'y aurait-il pas malgré tout quelque chose à revoir dans cette libération, quand s'émanciper, pour l'individu, signifie aussi s'émanciper de tout souci touchant à la portée et à l'appréciation morale de ses actes ?

Bauman avance plusieurs arguments en faveur du caractère éminemment subversif de la conscience, ou encore de « l'autonomie du comportement moral », à commencer par sa dimension irréductible et incontrôlable. Cette autonomie, fait-il remarquer, échappe en effet « à toute codification puisqu'elle ne sert rien d'autre qu'elle-même et n'entretient aucune relation avec un élément extérieur à elle-même, aucune relation qui puisse être contrôlée, standardisée ni codifiée »[1]. Le comportement moral est de surcroît imprévisible. C'est d'ailleurs l'une des grandes leçons que l'on peut tirer des études sociologiques menées sur les Justes, ces hommes et ces femmes qui, pendant la guerre, portèrent secours aux Juifs au risque de leur vie. Ces travaux montrent qu'il n'existe dans ce domaine ni critère sociologique fiable (niveau d'études, âge, catégorie socio-

1. Zygmunt Bauman, *Modernité et Holocauste*, *op. cit.*, p. 264.

professionnelle) ni constante susceptible d'être retenue. Le mystère reste entier. Et il le restera à jamais dans la mesure où ce qui déclenche le comportement moral, estime Bauman, ici inspiré de Levinas en qui il voit le plus grand philosophe du XXᵉ siècle, c'est la simple présence de cette autorité impuissante qu'est *le visage de l'autre* : « C'est justement sa faiblesse, écrit le sociologue, qui démontre ma force, ma capacité d'agir, ma responsabilité. L'action morale est tout ce qui s'accorde avec cette responsabilité[1]. »

Parce qu'il n'entre dans aucun calcul, le comportement inspiré par la moralité s'avère en outre inutile et gratuit, et par conséquent inexploitable du point de vue fonctionnel de l'ordre social. D'où précisément son caractère sinon dangereux, du moins déstabilisant pour le système, encore aggravé par le fait qu'il ne répond en vérité à aucun critère objectif. Cette thèse assez provocatrice est au cœur de l'essai de Bauman sur *L'Éthique postmoderne* où il démontre de façon très convaincante qu'une éthique « objectivement fondée » est une impossibilité pratique, voire une contradiction dans les termes[2]. Une éthique sans – pourquoi ? Cette formule résumerait assez fidèlement la conception du sociologue. Une attitude morale est « non rationnelle », expose-t-il, car elle n'est morale que si elle précède précisément toute considération en termes de coûts et de bénéfices. Que le schéma moyens-fins soit étranger à l'éthique – d'où le caractère infini de ses tâches selon Patočka –, c'est aussi, on l'a vu, ce qui, selon Havel, soutenait l'engagement au sein de la Charte 77.

Autre point de convergence : l'insistance sur la dimen-

1. *Ibid.*
2. Zygmunt Bauman, *Postmodern Ethics*, Oxford & Cambridge, Blackwell, 1993 (non traduit en français).

sion fondamentalement *personnelle* de l'exigence morale. Personnelle, dit Bauman, parce qu'elle n'est pas contractuelle et n'implique aucune réciprocité – on s'oblige envers autrui sans rien demander en retour ; personnelle, parce que non universalisable dans la mesure où le souci de l'autre ne fait appel qu'à ma responsabilité propre, et à elle seule. D'où la dimension tragique de la moralité : le sujet moral est toujours irrémédiablement seul. Mais Bauman va plus loin encore dans son plaidoyer en faveur d'une éthique nouvelle enfin instruite par les catastrophes du XXe siècle. Non content de remettre en cause les fondements de la philosophie kantienne, le voilà qui prend à rebours l'ensemble du discours sociologique sur le caractère construit des catégories morales.

Bauman défend en effet dans *La Vie en miettes* (2003) l'existence d'un « statut primitif de la moralité ». La morale, première par rapport à la raison ? Le sociologue veut dire par là qu'avant même « que l'éducation nous inculque les règles de conduite édictées et promues par la société, bien avant qu'elle nous exhorte à suivre certains modèles plutôt que d'autres, nous nous trouvons déjà en situation de *choix moral* », si bien que « nous sommes, pour ainsi dire, inéluctablement – *existentiellement* – des êtres moraux : en d'autres termes, confrontés au défi de l'Autre » [1]. Ainsi serions-nous en fait confrontés au dilemme du bien et du mal dès notre toute première rencontre avec autrui. Cela ne signifie pas que nous sachions ce qu'est le bien et le mal, ni que ces deux notions posséderaient un contenu positif qu'il nous suffirait de découvrir ou de déchiffrer. Le sociologue ne cesse au contraire de

1. Zygmunt Bauman, *La Vie en miettes. Expérience postmoderne et moralité*, trad. de l'anglais par Christophe Rosson, Rodez, Le Rouergue/Chambon, 2003 [1995], p. 7.

répéter que l'« incertitude » constitue l'élément même de la vie morale, en quelque sorte son unique fondement, si tant est qu'elle en ait un. Soutenir le caractère premier ou originel de la conscience revient de la sorte à constater que nous affrontons toujours notre situation existentielle, qu'on le veuille ou non, comme un problème moral. C'est en ce sens que, pour Bauman, « la condition humaine est morale avant d'être ou de pouvoir être quoi que ce soit[1] ».

Originelle, incertaine, irréductible, incontrôlable, imprévisible : on comprend mieux, dès lors, pourquoi la société moderne n'a de cesse de travailler à la privatisation de l'éthique. Une façon de neutraliser son impact éminemment dérégulateur sur un monde qui, comme le constate aussi Patočka, est en passe de se transformer en un vaste ensemble de moyens ne servant rien d'autre que leur propre reproduction et leur propre accroissement.

Cette quête d'un nouveau départ pour une éthique de la coexistence humaine, quête qui traverse toute la pensée démocratique centre-européenne, est également très présente chez Karel Kosik. Dans un essai sur « la morale au temps de la globalisation », le philosophe tchèque constate ainsi au tournant des années quatre-vingt-dix que « l'économie du système » tend à se délester de toutes les charges inutiles qui freinent l'accélération du progrès. Or « la morale appartient aux facteurs qui en perturbent le fonctionnement »[2]. À l'instar de Bauman, Kosik défend le pouvoir libérateur de la morale lorsque l'individu, en tant qu'il est le lieu où se fait l'articulation entre le bien et le mal, respecte, dans sa pensée comme dans son action, une telle différence. Il y va, selon lui, de l'humanité même du

1. *Ibid.*, p. 8.
2. Karel Kosik, *La Crise des temps modernes. Dialectique de la morale*, *op. cit.*, p. 124.

monde. « On débat sans cesse de la distinction entre le bien et le mal », écrit-il, et « le monde tire son origine de ce débat »[1].

POUR UNE « RÉVOLUTION DE LA DIGNITÉ HUMAINE »

Le souci, constant chez tous ces intellectuels est-européens, de penser ensemble la cause de l'universel et la cause de la pluralité, porte, chez Bibó, un nom. Il parle dans cette optique d'une « révolution de la dignité humaine ». La notion de dignité, qui reflète bien la recherche d'un universalisme pluriel, à la fois plus substantiel et plus concret, est d'ailleurs omniprésente sous la plume de nombreux essayistes hongrois contemporains. Elle l'est en particulier chez György Konrád, qui voit dans l'autonomie et la solidarité des êtres humains les deux valeurs mutuellement complémentaires auxquelles toutes les autres se rapportent[2]. Aussi en appelle-t-il, dans la foulée, à l'invention d'une nouvelle rationalité, fondée sur la pluralité culturelle. L'idée mitteleuropéenne pourrait ainsi renvoyer, suggère-t-il, à un « épanouissement dans la diversité », à une conscience de cette diversité[3].

Au terme de son important essai sur les fondements des droits de l'homme, l'ex-dissident hongrois Janós Kis arrête lui aussi une position qui, via l'idée de dignité, débouche

1. *Ibid.*, p. 129.
2. György Konrád, *L'Antipolitique*, *op. cit.*, p. 115.
3. György Konrád, « Rêve-t-on encore d'une Europe centrale ? », *La Nouvelle Alternative*, n° 8, décembre 1987, p. 8.

sur une étonnante synthèse entre l'éthique de la protestation développée par Milosz et la tentative conduite par Patočka en vue de fonder ontologiquement les droits de l'homme. « Quand des hommes sont victimes d'atteintes à leurs droits moraux, écrit le philosophe et ex-opposant hongrois, il nous faut protester. » Non parce que cette protestation serait susceptible de nous rapporter tel bénéfice politique, ni même parce qu'elle aurait une chance réelle d'aboutir. L'exigence morale, rappelle Bauman, ne s'évalue pas à l'aune de critères relatifs au succès ou à l'insuccès. « Il faut protester, continue Kis en 1985-1986, parce qu'il a été porté atteinte à la dignité d'un homme. Il faut protester, parce que s'y résigner serait une atteinte à notre propre dignité. Il faut protester, pour que l'atteinte à la dignité soit nommée, pour qu'il soit dit que les droits fondamentaux des citoyens ne sont pas dus à la générosité de l'État, que les droits de l'homme existent en eux-mêmes. C'est là notre minimum [1]. »

En Hongrie, deux lycées portent aujourd'hui le nom d'István Bibó. On peut y lire, affiché au mur, *Les Dix Commandements de l'homme épris de liberté*, un texte que le penseur avait écrit à la fin des années trente. « Tu ne perdras jamais de vue que la liberté et la dignité humaines sont une et indivisible », dit le cinquième d'entre eux.

Une autre façon de rappeler que l'Europe est une responsabilité avant d'être un destin.

---

1. Janós Kis, *L'Égale Dignité. Essais sur les fondements des droits de l'homme*, Paris, Seuil, 1989, p. 242.

Repères bibliographiques[1]

Czeslaw Milosz

La Pensée captive. Essai sur les logocraties populaires, trad. du polonais par A. Prudhommeaux et l'auteur, préface de Karl Jaspers, Paris, Gallimard, « Les Essais », 1983 [1953 pour la première édition en français].

La Prise du pouvoir, trad. du polonais par Jeanne Hersch, Paris, Gallimard, 1980 [1953].

Sur les bords de l'Issa, trad. du polonais par Jeanne Hersh, Paris, Gallimard, 1980 [1956].

Une autre Europe, trad. du polonais par Georges Sédir, Paris, Gallimard, 1980 [1964].

Enfant d'Europe, et autres poèmes, trad. du polonais par Monique Tschui et Jil Silberstein, revu par l'auteur, Lausanne, L'Âge d'Homme, 1980.

1. Cette bibliographie sélective se limite volontairement aux principaux ouvrages de Czeslaw Milosz, Jan Patočka et István Bibó, parmi ceux accessibles en français et en anglais. Le lecteur trouvera par ailleurs, dans les notes de bas de page, de nombreuses autres sources bibliographiques relatives à l'univers intellectuel centre-européen restitué dans ces pages.

Poèmes, 1934-1982, édition établie par Constantin Jelenski, trad. du polonais par Constantin Jelenski, Paris, Luneau Ascot, 1984.

La Terre d'Ulro, trad. du polonais par Zofia Bobowicz, Paris, Albin Michel, 1985 [1977].

Milosz par Milosz (entretiens avec Ewa Czarnecka et Aleksander Fiut), trad. du polonais par Daniel Beauvois, Paris, Fayard, 1986.

Visions de la baie de San Francisco, trad. du polonais par Marie Bouvard, Paris, Fayard, 1986 [1980].

Histoire de la littérature polonaise, trad. de l'anglais par André Kozimor, Paris, Fayard, 1986.

Témoignage de la poésie, trad. du polonais par Christophe Jezewski et Dominique Autrand, Paris, PUF, 1987.

Empereur de la terre, trad. de l'anglais et du polonais par Laurence Dyèvre, Paris, Fayard, 1987.

L'Immoralité de l'art, trad. du polonais par Marie Bouvard, Paris, Fayard, 1988 [1985].

Terre inépuisable, trad. du polonais par Christophe Jezewski et François-Xavier Jaujard, Paris, Fayard, 1988.

De la Baltique au Pacifique, trad. du polonais par Marie Bouvard, Paris, Fayard, 1990 [1985].

Le Chien mandarin, trad. du polonais par Laurence Dyèvre, Paris, Fayard/Mille et une nuits, 2004.

Abécédaire, trad. du polonais par Laurence Dyèvre, Paris, Fayard, 2004.

Jan Patočka

Le Monde naturel comme problème philosophique, trad. du tchèque par Jaromir Danek et Henri Declève, La Haye, M. Nijhoff, « Phaenomenologica », nº 68, 1976.

Essais hérétiques. Sur la philosophie de l'histoire, trad. du tchèque par Erika Abrams[1], préface de Paul Ricœur, postface de Roman Jakobson, Lagrasse, Verdier, 1981 [1975].

Platon et l'Europe : séminaire privé du semestre d'été 1973, Lagrasse, Verdier, 1983.

La Crise du sens, t. I et II, postface de Henri Declève, Bruxelles, Oussia, 1985-1986.

Le Monde naturel et le mouvement de l'existence humaine, Dorbrecht, Kluwer, « Phaenomenologica », nº 110, 1988.

Liberté et Sacrifice. Écrits politiques, postface d'Anne-Marie Roviello, Grenoble, Jérôme Millon, 1990.

L'Art et le Temps, préface de Ilja Srubar, Paris, POL, 1990.

L'Écrivain, son « objet », Paris, POL, 1990.

L'Idée de l'Europe en Bohême, postface de Zdenek Vasicek, Grenoble, Jérôme Millon, 1991.

Papiers phénoménologiques, Grenoble, Jérôme Millon, 1995.

István Bibó

The Paralysis of International Institutions and the Remedies. A Study of Self-Determination, Concord among the Major

1. Sauf indication contraire, tous les ouvrages de Jan Patočka cités ici ont été traduits du tchèque ou de l'allemand par Erika Abrams.

Powers, and Political Arbitration, introduction de Bernard Crick, Londres, The Harvester Press, 1976.

« Bréviaire politique » [« Political Breviary »], traduit et présenté par George Schöpflin, in *Cross Currents. A Year Book of Central European Culture*, n° 3, Ann Arbor, University of Michigan, 1984.

Misère des petits États d'Europe de l'Est, trad. du hongrois par György Kassai, Paris, L'Harmattan, 1986 ; deuxième éd Albin Michel, 1993.

Le Sens de l'histoire européenne. Esquisse d'une théorie politique, 1994 (tapuscrit) ; des extraits de ce texte ont été publiés en anglais sous le titre « The Meaning of the Social Evolution of Europe », *in* George Schöpflin, Nancy Woood (dir.), *In Search of Central Europe*, Cambridge, Polity Press, 1989, p. 47-56.

INDEX

345

DU MÊME AUTEUR

CIORAN, ELIADE, IONESCO : L'OUBLI DU FASCISME.
Trois intellectuels roumains dans la tourmente du siècle, PUF, « Perspectives critiques », 2002.

JAN PATOČKA : L'ESPRIT DE LA DISSIDENCE, Michalon, « Le bien commun », 1998.

PHILOSOPHIE ET NATIONALISME : LE PARADOXE CONSTANTIN NOICA (1909-1987), Bucarest, Humanitas, trad. du français par Emanoil Marcu, 1998 (thèse de doctorat).

Édition critique et traduction :

Matatias Carp, CARTEA NEAGRA : LE LIVRE NOIR DE LA DESTRUCTION DES JUIFS DE ROUMANIE, 1940-1944, Denoël, 2009.

Composition et impression CPI Bussière
à Saint-Amand (Cher),
le 23 avril 2010.
Dépôt légal : avril 2010.
Numéro d'imprimeur : 101373/1.
ISBN 978-2-07-043589-0./Imprimé en France.